© 2021 Buzz Editora / © 2020 Rohit Bhargava

Título original: *Non Obvious Megatrends:*
How to See What Others Miss and Predict the Future
Publicado mediante acordo com a Ideapress Publishing,
negociado pela agência 2 Seas Literary Agency e coagenciado
pela Villas-Boas & Moss Agência e Consultoria Literária.

Publisher ANDERSON CAVALCANTE
Editora LUISA TIEPPO
Assistente editorial JOÃO LUCAS Z. KOSCE
Tradução DÉBORA ISIDORO
Preparação TAMIRES VON ATZINGEN
Projeto gráfico ESTÚDIO GRIFO
Assistente de design NATHALIA NAVARRO
Foto de capa JAVIER PÉREZ
Revisão VANESSA ALMEIDA, PAOLA CAPUTO, CRISTIANE MARUYAMA

Dados Internacionais de Catalogação na Publicação (CIP)
de acordo com ISBD

B575n
    Bhargava, Rohit
    Não óbvio: Como antecipar tendências
    e dominar o futuro / Rohit Bhargava
    Tradução: Débora Isidoro
    São Paulo: Buzz, 2021
    304 pp.

ISBN 978-65-86077-02-5

1. Autoconhecimento 2. Pensamento 3. Tendências
4. Futuro I. Isidoro, Débora II. Título

2020-1550

CDD 158.1
CDD 159.947

Elaborado por Vagner Rodolfo da Silva, CRB-8/9410

Índice para catálogo sistemático:
1. Autoconhecimento 158.1
2. Autoconhecimento 159.947

Todos os direitos reservados à:
Buzz Editora Ltda.
Av. Paulista, 726 — mezanino
CEP: 01310-100 — São Paulo, SP

[55 11] 4171 2317
[55 11] 4171 2318
contato@buzzeditora.com.br
www.buzzeditora.com.br

ROHIT BHARGAVA

NÃO
ÓBVIO

Como antecipar tendências
e dominar o futuro

SOBRE A SÉRIE *TENDÊNCIAS NÃO ÓBVIAS*

Nos últimos 10 anos, o *Relatório de Tendências Não Óbvias* tem sido uma das coleções de insights sobre o futuro mais lidas no mundo, alcançando mais de um milhão de leitores. Ele é usado anualmente por centenas de líderes de marcas mundiais.

Esta edição de 10° aniversário traz dez novas megatendências escolhidas entre milhares de histórias, dezenas de entrevistas e mais de cem previsões anteriores de tendências.

VENCEDOR DE DEZ PRÊMIOS INTERNACIONAIS

VENCEDOR
Eric Hoffer Book Award (Livro de Negócios do Ano)

FINALISTA
AMA-Leonard Berry Prize (American Marketing Association)

VENCEDOR
Axiom Award (Medalha de Prata, Teoria de Negócios)

VENCEDOR
Indie Book Award (Medalha de Ouro, Negócios)

FINALISTA
International Book Award (Melhor Livro de Negócios)

VENCEDOR
Non-Fiction Book Award (Medalha de Ouro)

VENCEDOR
Ippy Award (Medalha de Prata, Negócios)

VENCEDOR
Pinnacle Best Business Book Award

VENCEDOR
The Independent Publisher Book Award
(Medalha de Prata, Negócios)

SELEÇÃO OFICIAL
Gary's Book Club (no *Consumer Electronics Show*)

*Para meus pais – por terem sempre me
dado a chance de ver o mundo do meu jeito...
mesmo que nem sempre tenha sido não óbvio.*

11   Prefácio especial de Rohit Bhargava

I A ARTE DO PENSAMENTO NÃO ÓBVIO

15   **Introdução**
25   **1**   Os cinco mindsets dos pensadores não óbvios
39   **2**   O Método do Palheiro para a curadoria de ideias não óbvias
63   **3**   Como aplicar o pensamento não óbvio para diversão e lucro

II AS MEGATENDÊNCIAS NÃO ÓBVIAS

83   **4**   Identidade Amplificada
94   **5**   Agenerização
106   **6**   Conhecimento Instantâneo
117   **7**   Revivalismo
129   **8**   Modo Humano
141   **9**   Riqueza de Atenção
155   **10**   Lucro com Propósito
166   **11**   Abundância de Dados
179   **12**   Tecnologia Protetora
191   **13**   Comércio em Fluxo

III RELATÓRIOS DE TENDÊNCIAS ANTERIORES (2011-2019)

205   **Visão geral: como ler estes relatórios de tendências anteriores**

271   **Conclusão**
273   **Agradecimentos**
275   **Bibliografia**
281   **Notas**

PREFÁCIO ESPECIAL DE ROHIT BHARGAVA

Quando *Não óbvio* foi lançado nos Estados Unidos, no começo de janeiro de 2020, sua dinâmica e importância em minha vida pareciam irrefreáveis. Era a décima e também a edição final do livro que tinha se tornado um projeto que, para mim, durou uma década, consumindo grande parte de cada ano meu desde que comecei a escrever sobre tendências em 2010.

Graças a uma grande comunidade de leitores, ao interesse da mídia e ao interesse geral a respeito do assunto — as previsões de tendências na virada de uma década —, o *Relatório de Tendências Não Óbvias*, que deu origem a este livro, decolou. Alcançou o primeiro lugar na lista dos mais vendidos do *Wall Street Journal* e logo depois eu já estava viajando ao redor do mundo para fazer palestras. Parecia que todo mundo queria ouvir a respeito das dez megatendências.

E então a pandemia chegou.

Os eventos foram cancelados. Os aeroportos viraram cidades fantasmas. As vendas do livro pararam. As pessoas começaram a me fazer perguntas muito diferentes sobre o livro e sobre as tendências especificamente: as tendências que eu havia previsto ainda eram relevantes? Que tipos de empresa surgiriam com essa crise e encontrariam um jeito de sobreviver? E, mais importante: o meu trabalho ou minha carreira ainda é "essencial"?

Essas são perguntas importantes, e fiquei tentado a escrever uma nova edição deste livro apenas para responder a elas. Em vez de mergulhar no silêncio para começar a escrever, montei um estúdio em casa e comecei a aceitar os convites para bate-papos virtuais em webinários e em conferências on-line. Grande parte de minhas palestras foi sobre tendências e o futuro.

Nos últimos dois meses, dei mais de trinta palestras — em média, uma a cada dois dias. O que aprendi com elas, principalmente com as sessões de perguntas e respostas que vêm na sequência, é que os insights presentes no livro que você está prestes a ler continuam válidos.

Na verdade, muitos deles acabaram sendo acelerados, aconteceram mais rapidamente do que qualquer um poderia ter previsto, como consequência direta da pandemia.

O ensino a distância tornou-se onipresente. Pessoas estão assistindo a competições de jogos on-line mais do que nunca. A telemedicina, as conferências virtuais, o cinema via streaming, as moedas virtuais, o reconhecimento facial e até mesmo a ideia de renda básica universal – ideias que antes eram futurísticas – agora se tornaram populares.

Não é que a inovação ficou mais rápida. É que as barreiras que antes a seguravam foram superadas.

Conforme o mundo muda rapidamente de um dia para o outro, o pensamento fora da caixa se torna mais urgente do que nunca. É aí que este livro entra. As tendências de que falo são interessantes e valiosas e, sim, ainda são relevantes. Mas as técnicas para pensar fora da caixa apresentadas aqui vão ajudar você a navegar e conquistar o futuro.

Espero que goste de *Não óbvio* e que os insights nele apresentados sejam bastante úteis para você enquanto se prepara para o mundo "normal" pós-Covid-19 que está a caminho. O futuro vai pertencer às pessoas que foram treinadas para ver o que as outras não veem. Você pode ser uma delas.

15 de maio de 2020

I

A ARTE DO PENSAMENTO NÃO ÓBVIO

INTRODUÇÃO

"Eu não leio rápido. Eu compreendo rápido."
ISAAC ASIMOV, escritor, historiador e bioquímico

O ano é 1962, e um homem chamado Robert Townsend acabou de demitir todo o seu departamento de publicidade.

A empresa que ele incorporou recentemente não dava lucro havia mais de uma década e, para reverter sua sorte, Robert precisa de uma grande ideia – mas não tem um grande orçamento. Desesperado, ele manda um briefing rápido para alguns diretores de criação das mais renomadas agências de publicidade em Nova York, fazendo uma única pergunta impossível: "Como conseguir 5 milhões de dólares em publicidade por 1 milhão de dólares?".[1]

Uma agência responde com uma proposta fora do comum. Bill Bernbach, fundador da renomada gigante da publicidade Doyle Dane Bernbach (DDB), pede noventa dias para estudar a empresa e aceita o trabalho, com uma condição: Townsend tem que prometer implementar qualquer ideia de publicidade proposta pela DDB exatamente como for redigida, sem questionar.

Ele concorda.

A DDB começa pesquisando vários grupos focais, mas os resultados são desanimadores. A marca está em um distante segundo lugar, atrás do líder absoluto da área, e não há muita esperança de reduzir essa distância. Encarregada de encontrar algum insight que pudessem usar para construir uma campanha, uma redatora desconhecida chamada Paula Green tem uma ideia inesperada.[2]

Uma das poucas mulheres redatoras durante a era de ouro da publicidade, notoriamente dominada por homens, Green já está acostumada a apresentar uma perspectiva diferente para seu trabalho. Inspirada por algo que ouve os funcionários dizerem durante as pesquisas com grupos focais, ela escreve um novo slogan de campanha de uma honestidade brutal: *"Avis – Somos o segundo lugar. Nosso esforço é maior".*

I A ARTE DO PENSAMENTO NÃO ÓBVIO

De início, Townsend fica inseguro.

Por que qualquer marca gastaria dinheiro para anunciar que é a segunda melhor, em especial se enfrenta tantas dificuldades, como a dele? Mas ele cumpre a promessa e, relutante, aprova a campanha como foi redigida.

Os anúncios são um sucesso imediato. Menos de doze meses após o início da campanha, a Avis passa de um prejuízo anual de US$ 3,2 milhões para um lucro anual de US$ 1,2 milhão. Em questão de anos, alguns preveem que a campanha logo vai precisar de uma atualização, porque a Avis não será mais a número dois de seu segmento. O slogan se torna também um grito de guerra para os funcionários, servindo como um manifesto que eles usariam continuamente nos 50 anos seguintes. Hoje essa é amplamente considerada uma das melhores campanhas de publicidade já feitas.

Por que ela se tornou tão icônica?

A pergunta inspirou décadas de debate. Alguns sugerem que ela foi resultado de um relacionamento de confiança *único* entre a marca e sua agência. Outros acreditam que foi a humildade no slogan que ajudou a humanizar a Avis e inspirou seus colaboradores a se esforçarem mais, de fato, em toda interação com o cliente. Especialistas em liderança, por sua vez, creditam o sucesso ao famoso estilo de administração de Townsend, que colocava as pessoas em primeiro lugar.

A própria Paula Green sugeriu que a campanha tinha dado certo porque "contrariou a ideia de que você deve se vangloriar". Ela também apontou, com alguma ironia, que, como mulher na área de publicidade, ter que se esforçar mais era "um pouco da história de [sua] vida".

Seu comentário sugere que pode haver um detalhe ignorado nessa história. Dezenas de pessoas participaram das pesquisas com grupos focais, e todas deixaram de reconhecer a importância do comentário dessa funcionária sobre se esforçar mais.

Todas, menos Paula Green, a única que viu o que todos os outros deixaram passar.

Por que escrevi este livro

Este é um livro sobre o que é necessário para ver o que ninguém mais vê.

Essa habilidade é frequentemente descrita como criatividade, e vivemos em um mundo que a valoriza. Mas encontrar a solução para um problema particularmente complexo, ou descobrir uma ideia que vai mudar o mundo exige mais que criatividade – um fato que descobri em um dia fatídico quase duas décadas atrás, quando estava sentado à mesa diante de um homem que esperava ser inspirado por qualquer pessoa, menos por mim.

É 2001, e trabalho na área de publicidade há menos de 1 ano. O suficiente para entender a hierarquia. Tem os *criativos* – que têm cargos com nomes legais, como "momentos de gênio da lâmpada" – e tem os outros.

Eu não sou um criativo.

Estamos sentados em uma sala de reunião no último andar de um prédio comercial com vista para Darling Harbor, em Sydney, onde há uma mesa enorme de carvalho da Tasmânia (como nossos clientes fazem questão de comentar conosco). É um cenário intencionalmente intimidante.

Apresentamos nossa ideia épica para mudar o jogo da campanha, e não posso deixar de me sentir aliviado por ninguém esperar que eu me expresse. No início, a apresentação parece ir bem. Infelizmente, quando concluímos a proposta, o cliente faz uma pergunta que não esperávamos: "O que mais vocês têm?".

Isso não é bom.

Passamos dois meses nos preparando para essa reunião, e a equipe de criação estava tão convencida de que seria um sucesso, que não trouxe uma segunda ideia.

Nossa resposta para essa pergunta foi terrível. Silêncio.

Lentamente, percebi que a única pessoa que poderia se lembrar daquelas ideias abandonadas era o membro mais novo da equipe, que tinha feito anotações em todas as reuniões: eu. Reuni coragem, rompi o silêncio e me coloquei. Foi um momento que mudaria minha carreira... Embora não como você possa imaginar, talvez.

Não tirei da cabeça uma ideia de 1 milhão de dólares. Na verdade, não lembro o que eu disse. Mas lembro de como me *senti*. Foi a primeira vez que senti o gosto de estar do outro lado, e aquilo me conquistou. Queria ter o mesmo sentimento de novo.

Infelizmente, criatividade ainda não era meu trabalho. E considerando o fracassado encontro com nosso cliente, talvez criatividade nem fosse a palavra certa para descrever o que nossos clientes queriam de fato, de qualquer maneira.

Mais ou menos nessa época, encontrei inspiração nas palavras de um autor a quem, certa vez, o romancista Kurt Vonnegut perguntou como era ser "o homem que sabe tudo".[3]

Por que ler depressa não faz diferença

Isaac Asimov ficou famoso por ter escrito quase quinhentos livros[4] durante sua prolífica vida. Ele é mais conhecido por seu trabalho inovador em ficção científica, mas também escreveu de tudo, desde um guia ilustrado sobre dinossauros para crianças a um abrangente guia de dois volumes sobre a Bíblia.

Como um homem podia ter interesses e habilidades tão variadas, a ponto de ser capaz de escrever e publicar, em média, mais de dez livros todos os anos? Asimov atribuía seu pensamento criativo ao lendário apetite por leitura e por aprender tudo que podia desde que era muito novo.

"Não leio depressa", ele disse uma vez. "Compreendo depressa."

E se você também pudesse compreender depressa?

É difícil imaginar que se possa seguir a receita de Asimov para a compreensão do mundo de hoje. Somos inundados por conteúdo, e a maior parte dele não é boa. Tornou-se quase impossível separar as besteiras do que é digno de confiança. Ferramentas digitais facilitaram a divulgação de ideias, mesmo que sejam unidimensionais ou idiotas. Mas besteira, por mais que seja bem embalada e de fácil distribuição, continua sendo besteira.

Para enfrentar essa avalanche de conteúdo ruim, contamos cada vez mais com uma combinação de algoritmos e opiniões unidimensionais compartilhadas nas redes sociais para nos ajudar a filtrar o barulho. E criamos novos métodos de filtragem por puro desespero.

Assistimos à televisão em velocidade acelerada,[5] usamos aplicativos de leitura rápida[6] que enfatizam uma palavra de cada vez e nos transformamos em gurus de produtividade especializados em "otimização do tempo".

Nenhuma dessas soluções funciona por um período muito longo.

O problema é que esperar mais conhecimento para conseguir processar conteúdos mais depressa é mais ou menos como entrar em um campeonato de quem come mais rápido com a intenção de saborear uma boa refeição. Comer 26 cachorros-quentes em sessenta segundos pode saciar sua fome, mas é bem provável que você passe mal depois.

Você não pode entender melhor o mundo simplesmente lendo o máximo possível sobre ele. Você o compreende determinando a que vai dedicar sua atenção. E se você pudesse se tornar um aprendiz vitalício, curioso sobre o mundo e capaz de ver, entender e esperar coisas que outras pessoas não veem? E se pudesse usar essa habilidade para entender padrões, identificar intersecções e enxergar além da esquina para desenvolver uma observação do que o futuro pode trazer? E se, depois de juntar todas as peças, você pudesse realmente aprender a prever o futuro?

Você pode, e o ambicioso propósito deste livro é ensinar como fazer isso. Chamo minha abordagem de *Pensamento Não Óbvio*, e ela pode mudar sua vida. Mudou a minha quando a entendi anos atrás, depois de passar uma tarde memorável na Noruega, cercado por 50 mil garrafas de álcool que não podia beber.

O que aprendi com um bilionário norueguês

Christian Ringnes é um dos homens mais ricos da Escandinávia. Empresário exuberante e colecionador de arte, fez fortuna no ramo imobiliário e foi a força propulsora e o financiamento por trás do Parque de Esculturas Ekeberg, em Oslo, na Noruega. Mas seu legado pode vir de uma realização mais excêntrica: reunir uma das maiores coleções independentes de miniaturas de garrafas de bebida do mundo.

Com o tempo, a obsessão de décadas encontrou um oponente intransponível: a esposa dele, Denise. Cansada da bagunça, ela deu um ultimato: encontrar alguma coisa para fazer com as mais de 52 mil garrafas que ele tinha colecionado, ou começar a vendê-las. Como qualquer outro colecionador ávido, Christian não suportou a ideia de se desfazer de suas adoradas garrafas, e fez exatamente o que se poderia esperar de um verdadeiro magnata norueguês do mercado imobiliário: encomendou um museu para suas garrafas.

Hoje, o seu Mini Bottle Gallery[7] é um dos museus mais estranhos do mundo, citado frequentemente em guias de viagens incomuns. Quando visitei a galeria, fiquei fascinado com a forma como ela era organizada. Cada sala tinha garrafas agrupadas em temas peculiares que variavam de uma "Sala do Pecado", inspirada em um bordel, a uma "Sala do Terror", onde havia garrafas de bebida com ratos ou vermes de plástico flutuando dentro delas.

Mais importante, como outras experiências de museus bem projetados, o Mini Bottle Gallery tem uma curadoria cuidadosa. Apenas 20% da coleção de Ringnes é exposta de cada vez. Essa seleção meticulosa cria um significado para toda a galeria, porque cada sala conta uma história, e essas histórias dão vida à experiência.

Quando saí do museu naquela noite, percebi como essa ideia de curadoria poderia ser importante para o meu trabalho. E se o segredo para ter ideias mais interessantes e que os clientes adorassem fosse escolher melhor essas ideias antes de precisar delas?

Como me tornei um curador de ideias

Em 2005, eu fazia parte de uma equipe encarregada de começar o que se tornaria uma das maiores e mais bem-sucedidas equipes de mídia social do mundo. Naquela época, mídia social significava, basicamente, blogs, e nossos serviços incluíam ajudar grandes marcas a encontrar maneiras de engajar blogueiros diretamente.

Escrever um blog parecia fácil, por isso decidi começar um. Meus primeiros posts saíram com facilidade, mas depois fiquei sem ideias.

Como ia manter sempre atualizado meu blog criado às pressas, se tinha um emprego em período integral? Eu precisava de um método melhor para reunir ideias.

Comecei a procurar ideias em todos os lugares. No começo, as reunia mandando links de matérias para mim mesmo. Escrevia possíveis tópicos para o blog em pedaços de papel. Guardava citações de livros e arrancava páginas de revistas. Quando minha coleção de possíveis assuntos cresceu, comecei a guardá-la em uma pasta amarela simples com uma etiqueta onde rabisquei *Ideias*. Gasta rapidamente pelo uso, ela era mantida por um pedaço de fita adesiva no dorso rasgado.

Funcionou, e passei a ter muita inspiração para assuntos sobre os quais escrever. Fiz isso religiosamente durante 4 anos, às vezes postando um texto novo todos os dias.

Durante esse tempo, escrevi mais de mil artigos e conquistei centenas de milhares de seguidores. O blog ganhou vários prêmios, ajudou a aumentar minha rede de contatos e, com o tempo, me rendeu um contrato com a McGraw-Hill para a publicação do meu primeiro livro, *Personality Not Included*, de 2008.

Dois anos mais tarde, fiz algo que daria forma à próxima década de minha vida.

O nascimento do *Relatório de Tendências Não Óbvias*

Perto do fim de 2010, eu lia artigos e mais artigos sobre tendências para o ano seguinte. Quase todos eram preguiçosos, desinformados ou declarações do óbvio em proveito próprio. De acordo com um deles, a tendência mais quente para o próximo ano seria o iPhone 4. Outro artigo sugeria que "mais pessoas se expressariam nas redes sociais". Outro ainda previa que 2011 seria o "ano dos drones". Não surpreendia o fato de um deles ter sido escrito pelo CEO de uma empresa que fazia drones.

Não eram tendências, eram observações profundamente óbvias do mundo.

Na melhor das hipóteses, eram desejos e, na pior, publicidade velada de produtos ou serviços, com a esperança de lucro por serem considerados tendências. Em uma tentativa frustrada de fazer melhor, publiquei minha lista de quinze tendências e a chamei de *Relatório de Tendências Não Óbvias*,[8] um nome que era uma crítica nada sutil a todas as previsões de tendências descaradamente óbvias que tinha lido.

O relatório viralizou, foi lido e compartilhado por centenas de milhares de pessoas.

Ao longo dos 5 anos seguintes, o que começou como um PowerPoint de vinte páginas divulgado na internet evoluiu para um robusto relatório anual de tendências com centenas de páginas de pesquisa, entrevistas, painéis e, em 2015, uma edição impressa e best-seller do livro que você agora tem nas mãos.

Ao longo desse caminho, deixei meu emprego na Ogilvy, tornei-me empreendedor, palestrei em alguns dos maiores palcos do mundo e publiquei uma nova edição anual do livro com tendências atualizadas sempre em janeiro.

Agora, 10 anos e nove editores depois, minha biblioteca de tendências não óbvias cresceu, tem mais de cem previsões. Os livros foram traduzidos para oito idiomas, ganharam nove prêmios internacionais de prestígio e alcançaram mais de um milhão de leitores. Eles também levaram as pessoas a me rotular com um título que sempre relutei em aceitar: um futurista.

Por que sou um "futurista relutante"

Sou inspirado por futuristas que olham para o mundo hoje e antecipam o que virá. Ler *Os próximos 100 anos*, do reconhecido futurista

George Friedman, por exemplo, é como mergulhar em um mundo maravilhoso de ficção científica e em uma descrição presciente de realidade potencial. O ano 2060 pode realmente começar a "Década de Ouro", como ele prevê. É *assim* que pensam os futuristas.

Por outro lado, minha equipe e eu pesquisamos tendências para ajudar marcas e líderes a entender o presente acelerador e atuar, hoje, a partir desse conhecimento. Por isso, dizer que sou "futurista" sempre pareceu exagero para mim.

Em entrevistas passadas, me descrevi, em vez disso, como um "quase futurista". Minhas lentes focam, de maneira típica, tendências que afetam nosso comportamento ou nossas crenças atuais. Mas isso não significa que minhas previsões anuais de tendências perdem a validade; pelo contrário, se forem bem previstas, elas se tornam mais óbvias com o tempo.

Como ler este livro

Depois de uma década fazendo previsões, minha equipe e eu vimos tendências evoluírem para modificações culturais ou comportamentais mais amplas, enquanto outras desapareceram na insignificância.

Nesta edição de décimo aniversário de *Não óbvio*, vamos dar uma olhada na *última* década de pesquisa e incorporar as tendências e histórias mais relevantes, oferecendo um contexto mais amplo em torno da necessidade urgente de mais pensadores não óbvios no mundo.

Na Parte 1, você vai descobrir os cinco mindsets principais necessários para ser um pensador não óbvio, seguido por um exame detalhado do meu Método do Palheiro para escolher tendências e técnicas para colocar insights em prática.

A Parte 2 do livro apresenta previsões de dez megatendências poderosas que vão formar a próxima década, além de implicações para a cultura, os negócios, a carreira e a humanidade. Cada capítulo também explora as implicações potenciais que as megatendências podem ter no mundo.

Finalmente, a Parte 3 inclui uma revisão honesta de cada tendência prevista anteriormente nos últimos 9 anos, bem como uma classificação de que forma cada uma se desenvolveu com o tempo e a fascinante história de como o próprio relatório evoluiu ano após ano.

Como você vai descobrir ao longo deste livro, os benefícios de aprender a ser um *pensador não óbvio* vão muito além de apenas ser capaz de identificar tendências. Ver o que não é óbvio o torna mais aberto para a mudança e pode ajudar a perturbar, em vez de ser perturbado.

O pensamento não óbvio pode fazer de você a pessoa mais criativa em qualquer espaço, seja qual for a mensagem do seu cartão de visitas, e ajudar a resolver seus maiores problemas. E o mais importante: o pensamento não óbvio pode ajudar a prever e conquistar o futuro.

Em última análise, a mais importante lição pode ser a de que você não precisa ler rápido para conquistar o futuro. Compreender rápido é uma aspiração muito mais válida. Espero que este livro o ajude a chegar lá.

1 OS CINCO MINDSETS DOS PENSADORES NÃO ÓBVIOS

"Estudei milhares de pessoas... E é de tirar o fôlego como muitas rejeitam uma oportunidade para aprender."
CAROL DWECK, autora de *Mindset*

Estou sentado em uma sala diante de 25 alunos nervosos.

Serei o professor deles em um curso de dez semanas na Universidade Georgetown, com foco em falar em público e ser mais convincente. Meus novos alunos se apresentam, e mais da metade deles começa declarando que não é muito bom para falar em público. Nos 7 anos seguintes, todas as aulas começam do mesmo jeito.

Enquanto eu avaliava o processo de meus alunos ao longo do curso, ano após ano, percebi um padrão. Os que se apresentavam como oradores ruins acabavam progredindo menos que os outros. Em algum nível, isso faz sentido. Algumas pessoas são, naturalmente, melhores oradoras em público do que outras, certo?

O que me surpreendeu, porém, foi que essa divisão raramente se relacionava com quem era o melhor orador. De fato, alguns alunos exageravam com frequência na avaliação das próprias habilidades, enquanto outros pareciam se retrair e conter o próprio talento. O sucesso não era determinado por habilidades naturais. Algo mais estava acontecendo.

O trabalho de Carol Dweck, renomada professora de psicologia da Universidade de Stanford, oferece uma possível explicação. Carol passou décadas trabalhando com alunos do ensino fundamental, entrevistando atletas profissionais e estudando líderes de negócios para descobrir por que algumas pessoas conseguiam realizar seu potencial, e outras, não.

Sua conclusão fundamental foi que tudo isso se resumia a um mindset individual.

Muitas pessoas têm ou um mindset de crescimento, ou um mindset fixo, sugeriu Dweck. Pessoas com mindsets fixos acreditam que suas competências e habilidades são determinadas. Elas se veem boas ou ruins em alguma coisa e tendem a focar seus esforços em tarefas e carreiras para as quais sentem ter uma habilidade natural.

Pessoas com mindset de crescimento acreditam que o sucesso é resultado de aprendizado, trabalho duro e determinação. Pensam que podem alcançar seu verdadeiro potencial por meio de esforço. O resultado é que têm sucesso em desafios e, muitas vezes, uma paixão pelo aprendizado. Elas também são mais propensas a tratar o fracasso como "uma multa por estacionar em local proibido, não um acidente de carro".[1] São mais resilientes, têm mais autoconfiança e tendem a ser mais felizes.

O pensamento não óbvio, portanto, começa com a adoção de um mindset de crescimento. Porém, só um mindset não explica por que algumas pessoas são capazes de ver o que outras não enxergam, enquanto outras permanecem fixadas, fazendo as coisas do jeito como sempre as fizeram.

Minha obsessão por pensamento não óbvio durante a última década me levou a estudar os processos de centenas de pensadores, líderes de negócios e autores. Muitos deles eram os líderes por trás de inovações que mudaram a indústria, e todos eram muito bem-sucedidos. Além de ter um mindset de crescimento, descobri cinco mindsets adicionais que esses pensadores não óbvios adotaram para impulsionar suas empresas e eles mesmos em direção ao futuro mais rapidamente do que os outros.

OS CINCO MINDSETS DOS PENSADORES NÃO ÓBVIOS

SER OBSERVADOR
Ver o que os outros deixam passar.

SER CURIOSO
Sempre perguntar por quê.

SER INCONSTANTE
Aprender a seguir em frente.

SER PENSATIVO
Dedicar um tempo para refletir.

SER ELEGANTE
Criar ideias bonitas.

MINDSET NÃO ÓBVIO Nº 1

Ser observador
Prestar atenção ao mundo e treinar a si mesmo para notar os detalhes que os outros deixam passar.

Certa vez eu estava na esteira de desembarque de um avião esperando minha bagagem ser entregue depois da verificação no portão. Todas as malas que chegaram antes pareciam ter a manopla amarela, e eu perguntei sobre isso a outro passageiro. Ele me disse que a United Airlines distribui essas manoplas para passageiros com status de "primeira linha". Servem para indicar à tripulação de terra que aquelas malas devem ser levadas primeiro. Lembrei que eu tinha uma manopla daquelas em casa, mas nunca pensei em colocá-la em minha mala, porque não sabia o que ela significava.

Na semana seguinte, comecei a usá-la e, como esperado, minha bagagem chegou antes das outras, junto com a dos demais viajantes frequentes. Aqueles poucos minutos economizados salvaram minha vida? É claro que não, mas tornaram minha impressão geral daquele dia um pouco melhor. Repita essa experiência em dezenas de voos, e o tempo economizado se torna significante.

Ser observador não tem a ver simplesmente com enxergar as grandes coisas. Também tem a ver com treinar-se para prestar atenção nas pequenas coisas. O que você vê em uma situação, que outras pessoas deixam passar? O que os detalhes que você nota ensinam sobre as pessoas, os processos e as empresas, e que não conhecia antes? E como você pode usar esse conhecimento para vencer, mesmo que essa vitória seja tão pequena quanto receber a bagagem um pouco mais depressa do que todo mundo?

ASSISTA A UM VÍDEO SOBRE ESSE HÁBITO (em inglês):
www.nonobvious.com/megatrends/resources

TRÊS MANEIRAS PARA TORNAR-SE MAIS OBSERVADOR

EXPLIQUE O MUNDO ÀS CRIANÇAS

Uma das melhores maneiras de aperfeiçoar suas habilidades de observação é explicar o mundo que o cerca para as crianças. Por exemplo, quando um dos meus filhos me perguntou recentemente por que os veículos de construção e a sinalização de trânsito em geral são amarelos, mas a maioria dos carros não é, fui forçado a pensar em algo que poderia nunca ter considerado. (Resposta: Amarelo é mais visível de longe e, na cultura norte-americana, é uma cor associada a mensagens de "cuidado" ou "alerta".)

ASSISTA A PROCESSOS EM AÇÃO

Muitas interações em nossas vidas, desde a maneira como o barista prepara seu café a quem vai receber um upgrade no voo, são controladas por algum sistema misterioso. Da próxima vez que você se relacionar com uma empresa ou uma pessoa em uma profissão ou ambiente diferentes dos seus, preste atenção aos detalhes. Em que processos você se envolve? Como cada pessoa com quem você interage lida com o processo? Quando se dá conta desses processos, em vez de ignorá-los, você pode ver, *literalmente*, o que todos os outros deixam passar.

GUARDE SEUS APARELHOS

Nossos aparelhos eletrônicos *são ótimos* para nos impedir de ver o mundo à nossa volta. Em vez de fazer coisas de sua rotina, como andar pela rua ou pegar o metrô, com os olhos grudados no celular, experimente guardá-lo e olhar ao redor. Procure coisas interessantes, observe a linguagem corporal das pessoas, ou puxe conversa com um desconhecido.

MINDSET NÃO ÓBVIO Nº 2

Ser curioso
Fazer perguntas, investir em aprendizado e abordar situações desconhecidas com uma atitude de admiração.

Bjarni Herjólfsson poderia ter sido um dos exploradores mais famosos da história do mundo. Em vez disso, sua vida foi em grande parte esquecida.

No ano de 986, Herjólfsson partiu da Noruega para encontrar a Groenlândia. Desviado do curso por uma tempestade, seu navio tornou-se a primeira embarcação europeia na história documentada a ver a América do Norte. Apesar dos pedidos da tripulação, que queria parar e explorar o território, Bjarni Herjólfsson levou o navio de volta ao curso e acabou chegando à Groenlândia. Anos mais tarde, ele contou essa história a um amigo chamado Leif Erikson que, inspirado pela aventura de Herjólfsson, comprou um navio e fez a jornada ele mesmo.

Leif Erikson, então, é lembrado como o primeiro europeu a pisar na América do Norte — quase 500 anos antes de Cristóvão Colombo[2] aportar nas Bahamas e, supostamente, descobrir a América. Herjólfsson, por outro lado, foi esquecido. Sua história oferece um lembrete da enorme importância da curiosidade: ela é pré-requisito para a descoberta.

Nós, humanos, somos naturalmente curiosos, mas muitas vezes enterramos nossa curiosidade porque ela pode parecer distração. É mais fácil seguir em frente do que parar e explorar alguma coisa nova com mais profundidade. Até mesmo o conhecimento pode nos impedir. Quanto mais sabemos sobre um assunto, por exemplo, mais difícil se torna pensar fora da especialização e ampliar nossa visão. Psicólogos descrevem esse fenômeno como "a maldição do conhecimento".[3]

A seguir, relaciono alguns métodos para reanimar sua curiosidade e quebrar essa "maldição".

30

TRÊS MANEIRAS PARA TORNAR-SE MAIS CURIOSO

CONSUMIR "MÍDIA INTELIGENTE"

Estamos cercados de conteúdo vazio – de blogs de fofoca a *reality shows* que mostram pessoas detestáveis fazendo coisas detestáveis. Embora o conteúdo vazio seja divertido a ponto de ser viciante, incentiva a passividade, não a curiosidade. Em vez disso, opte por consumir conteúdo e experiências que alimentem sua curiosidade e façam você pensar. Assista a uma envolvente TED Talk, leia um livro sobre um assunto a respeito do qual você sabe pouco ou assista a uma palestra sobre um tema desconhecido.

LER REVISTAS DESCONHECIDAS

Um dos meus jeitos favoritos de ver o mundo pelo olhar de outra pessoa é ler revistas das quais não sou público-alvo ou não abordam a cultura em que estou inserido. Por exemplo, ao apenas folhear as matérias, os anúncios e as imagens de revistas focadas em temas diversos, como questões ambientais, criação de gado nos dias atuais ou cinema, levam-me para fora do meu mundo (e minha geografia) instantaneamente e com mais facilidade que quase qualquer outra atividade de dez minutos.

FAZER PERGUNTAS A TODO MOMENTO

Alguns anos atrás, fui convidado a dar uma palestra em um evento para a indústria de tintas. Cheguei cedo, andei pelo espaço de exposições e fiz muitas perguntas. Em trinta minutos, aprendi como a tinta é misturada, por que existe um debate na indústria sobre as virtudes das embalagens plásticas em contraposição às de aço, e qual impacto os sistemas computadorizados de combinação de cores tiveram nas vendas. Compartilhei experiências e tive conversas semelhantes com milhares de profissionais em dezenas de áreas. O resultado é que sei um pouco de tantos grupos diferentes, que acredito que posso tornar qualquer palestra relevante para qualquer plateia. Minha curiosidade me preparou para o trabalho bem-sucedido em qualquer área.

MINDSET NÃO ÓBVIO Nº 3

Ser inconstante
Guardar ideias interessantes para consumo posterior sem analisá-las excessivamente no momento.

Ser inconstante não é, em geral, visto como algo positivo. Quando se trata de encontrar novas ideias, porém, descobri um ponto positivo que é deixado de lado sobre aprender a ser deliberadamente inconstante. Para demonstrar por que isso ocorre, considere como funcionam as milhas para quem viaja com frequência. Você não pega um voo, junta algumas milhas e tenta usá-las imediatamente.

Não, você vai colecionando essas milhas até enfim ter o suficiente para ir a algum lugar de seu interesse. *E se você colecionar ideias como a maioria das pessoas que viaja coleciona milhas?*

A chave para isso está em evitar a tentação de atribuir um significado a cada ideia nova. Entendo que, superficialmente, isso pode parecer contraintuitivo. Afinal, por que você não dedicaria um tempo para analisar uma grande ideia e explorá-la de imediato?

Qualquer facilitador experiente ou coach de criatividade vai dizer a você que a melhor maneira de matar o fluxo de uma sessão de *brainstorm* é lidar com ideias individuais. Ideação e análise são etapas que precisam de um tempo entre elas para serem eficientes. Com frequência, o significado de ideias e as conexões entre elas aparecem somente depois de as ideias serem deixadas de lado. Analisá-las posteriormente pode dar mais ideias e perspectivas que permitem que você veja as conexões com maior profundidade.

Quando você lê um livro que ficou na sua estante durante meses ou anos, experimenta o poder secreto de ser inconstante. Quando você comprou o livro, podia não ser o momento ideal para a leitura. Tê-lo na sua prateleira permite que você volte a ele mais tarde, quando estiver pronto para descobri-lo.

Ser inconstante não está relacionado com abandonar ideias depressa demais ou ser incapaz de manter o foco. Tem a ver com libertar-se da pressão para reconhecer imediatamente conexões entre ideias e facilitar o retorno a uma coleção delas para as analisar mais tarde.

TRÊS MANEIRAS PARA TORNAR-SE MAIS INCONSTANTE

GUARDE IDEIAS OFF-LINE

Ferramentas digitais para anotações podem ser ótimas para reunir informações, mas muitas tendem a priorizar o conteúdo adicionado recentemente e enterrar o restante. Embora use aplicativos de notas no meu celular, recorto matérias de revistas e guardo todas elas em uma pasta de ideias que fica sobre minha mesa. Guardar ideias off-line me permite dar o mesmo peso a cada uma delas, independentemente da data em que as guardei. Tê-las na forma física também me permite espalhar essas ideias mais tarde – um elemento-chave do Método do Palheiro, que você vai aprender no Capítulo 3.

ESTABELEÇA UM PRAZO PARA VOCÊ

Para evitar a tentação de analisar excessivamente uma ideia, tente usar uma data-limite para limitar quanto tempo será dedicado a ela. Essa técnica pode ajudar a esvaziar sua cabeça e permitir que você estude com mais rapidez se vale a pena guardar determinada ideia para ser analisada mais tarde.

FAÇA ANOTAÇÕES MAIS CURTAS

Quando reúno esses artigos e matérias durante o ano, normalmente anoto algumas palavras para lembrar por que achei alguma coisa interessante. Também uso etiquetas adesivas coloridas quando leio livros, para marcar os trechos interessantes. Sempre que possível, uso uma caneta marcador para isso, porque as letras mais grossas se destacam e me obrigam a fazer apenas as observações mais úteis no momento.

MINDSET NÃO ÓBVIO Nº 4

Ser pensativo
Dedicar um tempo a desenvolver um ponto de vista significativo e considerar outros alternativos.

Infelizmente, a internet é cheia de comentários inúteis, enviesados, impensados e de opiniões desinformadas.

Ser pensativo e refletir é mais difícil quando a prioridade parece ser responder depressa, independentemente do que você tenha a dizer. Quando temos uma discussão com amigos ou colegas, respondemos um e-mail ou artigo em um blog, ou até interagimos com um vendedor de loja ou qualquer prestador de serviço, muitos de nós nos apressamos para dizer qualquer coisa só para preencher o silêncio, ou para nos posicionarmos antes de qualquer outra pessoa.

Para ser mais pensativo, é preciso lembrar-se de parar por um momento e considerar os pensamentos divergentes das pessoas à nossa volta. Especialmente aquelas que podem não pensar como nós. Precisamos estar atentos quando lemos qualquer coisa, às vezes buscando várias fontes para a mesma história. Quando vejo de que maneira as pessoas e, muitas vezes, as mídias de diferentes países relatam de formas diversas a mesma coisa, construo uma perspectiva mais ampla para mim.

TRÊS MANEIRAS PARA TORNAR-SE
MAIS PENSATIVO

ESPERAR UM POUCO

Em uma interação on-line ou pessoal, dedicar um tempo a pensar no que você quer dizer sempre rende bons frutos. Você não só vai dizer o que realmente pensa, mas vai evitar uma gafe por não ter considerado como outros poderiam interpretar mal seus pensamentos.

ESCREVER. DEPOIS REESCREVER

Os escritores mais talentosos investem um tempo em editar ou reescrever inteiramente seu trabalho, em vez de compartilhar o primeiro rascunho. O processo de editar o próprio trabalho ou reescrevê-lo pode levar um tempão (eu sei!). Se é isso que você sente, lembre-se de que a forma de escrita mais envolvente é o diálogo, então, quando estiver em dúvida, escreva como você falaria.

ACOLHER AS PAUSAS

Como palestrante, precisei de muitos anos de prática antes de me sentir confortável com o silêncio. Não é fácil. Quando você usa essas pausas de maneira eficiente, enfatiza os pontos que realmente quer que as pessoas escutem e dá a si mesmo um tempo para articular o que vai dizer durante uma conversa, ou diante de um auditório, se estiver fazendo uma apresentação para um grupo. Pessoas pensativas e convincentes não têm medo do silêncio.

MINDSET NÃO ÓBVIO Nº 5

Ser elegante
Abordar ideias ou insights de maneira mais bonita, deliberada, simples e compreensível.

Jeff Karp é um cientista que se inspira por elegância e por águas-vivas. Bioengenheiro em Brigham e no Women's Hospital em Boston e professor da Escola de Medicina de Harvard, Karp concentra sua pesquisa no uso de bioinspiração da natureza para desenvolver novas soluções para os tipos de desafios na área médica.[4] O Karp Lab, fundado por ele, tem desenvolvido essas invenções, como um equipamento para capturar células tumorais circulantes em pacientes com câncer, inspirado nos tentáculos da água-viva, e grampos cirúrgicos mais eficientes, inspirados nos porcos-espinhos.

Embora a pesquisa de Karp busque por inspiração na elegância da natureza, é possível aplicar o mesmo princípio na maneira como você aborda suas ideias. Simplicidade é fundamental para soar elegante em como nos expressamos. Quando você elimina palavras desnecessárias, consegue destilar suas ideias e torná-las mais fáceis de entender.

TRÊS MANEIRAS PARA PENSAR COM MAIS ELEGÂNCIA

SER BREVE

Simplicidade e elegância andam de mãos dadas. Quando se trata de expressar suas ideias, isso significa, em geral, usar o mínimo de palavras possível. E quando você realmente entende de alguma coisa e consegue explicar a um leigo sem dar a impressão de que ele é idiota, isso é um notório sinal de expertise.

USAR LINGUAGEM POÉTICA

Poetas usam metáforas, imagens, aliterações e outras ferramentas para expressar emoção e significado em sua escrita. O que você pode fazer para usar linguagem mais provocativa e evitar clichês? Nem tudo precisa ser "ótimo" ou "incrível". Por que não descrever como "de tirar o fôlego", "miraculoso", "foda", ou "formidável"? Graças à internet, palavras melhores estão ao alcance dos seus dedos. Escolha procurá-las!

FRAGMENTAR

Desmembrar um argumento ou uma situação complexa em seus componentes mais relevantes ajuda você a entendê-los ou explicá-los a outras pessoas. Pilotos, por exemplo, usam listas de verificação detalhadas para ter certeza de que não esqueceram nenhuma etapa antes de decolar: uma solução elegante para tornar o complexo mais compreensível.

Colocar os hábitos em prática

Esses cinco mindsets fundamentais podem ajudar você a pensar de maneira diferente e escapar do pensamento preguiçoso, que leva a ideias óbvias. Ao adotá-los, você vai enxergar melhor as conexões entre as histórias que lê, a mídia a que assiste ou ouve e as conversas que mantém. Vai se descobrir tendo mais insights que seus pares e vendo o que os outros deixam passar.

Uma vez que adquire o hábito de usar os cinco mindsets, você está pronto para levar seu pensamento não óbvio ao próximo nível: identificar ideias e padrões interessantes e filtrá-los em insights que podem ajudá-lo a conquistar o futuro. No próximo capítulo, você vai aprender como, usando um processo que chamo de Método do Palheiro.

2 O MÉTODO DO PALHEIRO PARA A CURADORIA DE IDEIAS NÃO ÓBVIAS

"A maneira mais confiável de antecipar o futuro é entender o presente."
JOHN NAISBITT, futurista e autor de *Megatendências*

Em 1982, o livro *Megatendências* mudou a maneira como governantes, empresários e público pensavam sobre o futuro. Como você pode ter imaginado, ele foi uma inspiração para mim também, apesar de o ter lido pela primeira vez quase 25 anos depois de sua publicação.

O autor, John Naisbitt, foi um dos primeiros a prever a evolução da humanidade de uma sociedade industrial para uma sociedade de informação, e o fez mais de uma década antes do advento da internet. Ele também previu a mudança de hierarquias para redes e a ascensão de nossa economia global. Apesar do estilo norte-americano orgulhoso do livro, a maioria das dez grandes mudanças que Naisbitt descreveu eram tão à frente de seu tempo que, quando o livro foi lançado, um crítico o chamou com entusiasmo de "a melhor coisa depois de uma bola de cristal".[1] Com mais de 14 milhões de cópias vendidas no mundo inteiro, ele ainda é o livro sobre o futuro mais vendido publicado nos últimos 40 anos.

Naisbitt é conhecido por acreditar no poder da observação e da curiosidade. Em entrevistas, amigos e família muitas vezes o descrevem como dono de uma "curiosidade sem limites sobre pessoas, culturas e organizações", comentando até que ele tem o hábito de folhear "centenas de jornais e revistas, de *Scientific American* a *Tricycle*, uma revista sobre budismo", em busca de novas ideias.[2]

Aos 91 anos de idade, Naisbitt ainda é um colecionador de ideias. Como ele explicou muitas vezes, se você quer ser melhor em antecipar o futuro, comece melhorando sua compreensão do presente.

Infelizmente, entender o presente não é fácil. É difícil ver o panorama geral quando todos à sua volta tentam vender a melhor moldura para colocar em volta dele. Quando pensam no futuro, muitas pessoas

I A ARTE DO PENSAMENTO NÃO ÓBVIO

se deparam com a armadilha de descrever alguma coisa que é, em última análise, transitória e insignificante.

O problema é que muita gente não sabe o que é ou não é uma tendência. Vamos começar com uma definição: *Uma tendência é uma observação selecionada do presente acelerador.*

Qual é a diferença entre tendência e modismo?

As tendências podem nos ajudar a antecipar o futuro e mudar o que fazemos e pensamos. O problema é que muitas supostas tendências são, na verdade, modismos de curta duração. A linha que separa tendências de modismos pode ser confusa. Embora algumas tendências possam dar a impressão de ressaltar uma história ou um evento cultural popular no momento, elas normalmente definem comportamentos e crenças que se desenvolvem ao longo do tempo. Modismos definem alguma coisa que é popular por um período breve, mas não dura. Grandes tendências refletem um momento no tempo, mas esse momento nunca é fugaz, e a ideia básica é mais elevada.

Boas tendências sempre focam a mudança em um comportamento ou crença humanos. Elas não descrevem uma história interessante ou um novo produto ou indústria.

Aqui vai um exemplo. Há alguns anos, alguém perguntou se eu considerava o surgimento da impressão 3D uma tendência. Respondi que não, mas via o surgimento do *movimento criador* de pessoas que queriam criar alguma coisa delas (que a impressão 3D certamente permite) como uma tendência que valia a pena observar.

Uma expressão que é muito ouvida na arte de prever o futuro é *trend spotting*, ou detecção de tendências. A expressão sugere que as tendências ficam ali, à vista de todos, prontas para serem observadas e catalogadas como espécies de pássaros por ornitófilos. Os caçadores de tendências tendem a se concentrar em descobrir histórias interessantes ou qualquer outra coisa que se destaque.

Detectar tendências não é a mesma coisa que identificar tendências de verdade. Quando você se dedica a perceber quais histórias se destacam, tende a colecionar histórias interessantes sem compreender o contexto mais amplo do que elas significam. Chamar a variedade de ideias encontradas de *tendência* é como chamar ovos, farinha e açúcar na prateleira de *bolo*. Você pode ver os ingredientes, mas tendências de verdade precisam ser selecionadas para ter significado, como um bolo tem que ser assado.

O mito do "caçador de tendências" leva muita gente a comparar o processo de identificar tendências a encontrar uma agulha em um palheiro. O clichê da agulha no palheiro é tão universal que inspirou o nome do meu processo de curadoria de tendências: o Método do Palheiro.

O Método do Palheiro

O Método do Palheiro é um processo para selecionar tendências que começa com a reunião de histórias e ideias e sua separação em grupos que fazem sentido (a palha), depois a análise de cada um desses grupos para ver se revelam uma tendência subjacente (a agulha). O Método do Palheiro tem cinco etapas:

O MÉTODO DO PALHEIRO

1 COLETAR
Guardar ideias interessantes.

2 AGREGAR
Selecionar grupos de informação.

3 LEVANTAR
Identificar temas mais amplos.

4 NOMEAR
Criar descrições elegantes.

5 PROVAR
Validar sem viés.

I   A ARTE DO PENSAMENTO NÃO ÓBVIO

O MÉTODO DO PALHEIRO: ETAPA Nº 1

Coletar
Coletar é o ato disciplinado de colecionar histórias e ideias enquanto anota por que são interessantes.

A melhor maneira de obter valor com a inundação diária de informação é criar o hábito de guardar as histórias mais interessantes para examinar mais tarde.

Como você guarda essas histórias — em um caderno, em uma pasta sobre sua mesa, em um aplicativo de celular — *não é o mais importante*. A chave é dar a si mesmo um lembrete do que achou interessante na história quando a guardou. Isso vai tornar suas notas mais úteis quando você voltar a elas mais tarde.

Etapa nº 1 do Método do Palheiro: fontes e métodos usados para coleta.

Quando escrever lembretes, mantenha em mente os princípios a seguir:

1. Foco em insights. Tomar notas destacando trechos em um livro não funciona se você destacar toda frase. Não tente resumir tudo sobre o artigo ou a ideia; em vez disso, foque no que tornou a ideia memorável ou em quaisquer insights que teve no momento em que a guardou.

2. Adicione etiquetas. Use "caixas de notas" para tornar suas anotações mais fáceis de examinar com rapidez. Escreva algumas palavras-chave em uma caixa ao lado de suas anotações para lembrar por que escolheu o artigo ou a ideia. Por exemplo, você pode escrever GRANDE IDEIA ou LIVRO PARA LER na caixa. Caixas de notas permitem que você examine rapidamente a qualquer momento e destaque as coisas que quer explorar com mais profundidade.

3. Identifique intersecções e aplicações. Pense em como vai aplicar as ideias nos artigos ou outras peças de conteúdo enquanto os guarda. Se não sabe de imediato, tudo bem. Mas se você tem uma ideia, capture-a para não a esquecer.

BAIXE UM GUIA PARA A ANOTAÇÃO NÃO ÓBVIA
(em inglês): www.nonobvious.com/megatrends/resources

EXEMPLO: Guardar o incomum

Há alguns anos, li uma história sobre como o tomate já foi conhecido como "maçã envenenada" e temido na Europa dos anos de 1800. Descobriu-se que a acidez do tomate reagia com o chumbo dos talheres da época e causava envenenamento fatal por chumbo entre aristocratas. Certamente não era uma história atual, mas senti que ela poderia se relacionar com alguma coisa moderna e a guardei. Alguns meses depois, quando estava escrevendo um capítulo da minha tendência para 2018, chamada *Consumo Esclarecido*, a informação sobre o tomate serviu como uma abertura perfeita.

TRÊS DICAS PARA COLETAR IDEIAS

CRIE UMA PASTA

Mantenho uma pasta em cima da minha mesa para guardar ideias escritas à mão, artigos extraídos de revistas e jornais, coisas que imprimo da internet, programação de conferências e anúncios impressos que me intrigam. A pasta física me ajuda a visualizar as ideias e (como você vai notar pelas fotos) serve como um elemento fundamental de como faço a curadoria das ideias.

DETERMINE UM PRAZO

Disparo o relógio do meu *Relatório de Tendências Não Óbvias* anual sempre em janeiro, seleciono meus insights ao longo do ano e publico um relatório todo mês de dezembro. Graças ao ciclo anual dos meus esforços, tenho pontos claros de começo e fim para cada nova coleção de ideias que seleciono. Você não precisa seguir um cronograma rígido, mas é bom determinar uma agenda específica para rever e refletir sobre o que coletou, de forma que seus esforços não sejam desperdiçados.

PROCURE CONCEITOS, NÃO CONCLUSÕES

Quando identificar histórias e ideias para guardar, não se prenda a quantificar seu calor ou entender os insights por trás delas. Muitas vezes, o melhor que se pode fazer é coletar e guardar a ideia ou artigo, depois passar para a tarefa seguinte. Sempre se tem perspectiva com a passagem do tempo e a paciência para permitir que os padrões apareçam por si mesmos.

O MÉTODO DO PALHEIRO: ETAPA N°2

Agregar
Agregar é o processo de agrupar ideias para descobrir temas maiores.

Depois que reunir as ideias, você vai precisar identificar de que maneira elas se conectam umas às outras. Aqui vão algumas questões que o ajudarão a encontrar semelhanças entre as ideias:

→ Qual grande grupo ou demografia essas histórias descrevem?
→ Qual é a necessidade ou o comportamento humano revelado nessas histórias?
→ O que torna essas histórias interessantes? O que elas exemplificam?

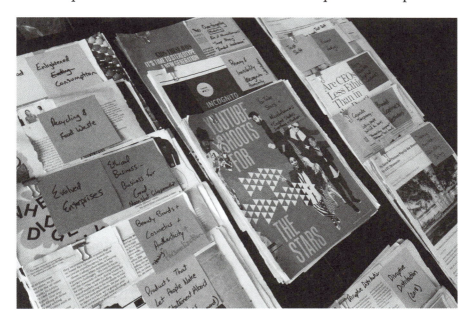

Etapa n° 2 do Método do Palheiro: agregar artigos em possíveis temas ou tópicos.

→ Como o fenômeno que as histórias descrevem está afetando várias indústrias?
→ Quais qualidades ou elementos tornam essas histórias interessantes?

I A ARTE DO PENSAMENTO NÃO ÓBVIO

Durante esse estágio, você precisa resistir a agrupar ideias por indústria ou tópico. Em vez disso, agregue ideias e artigos com base em motivações humanas ou temas mais amplos. O objetivo é organizar pequenos grupos de ideias e histórias em coleções significativas que você possa explorar e dissecar posteriormente.

> **EXEMPLO: Encontrar intersecções em ideias**
> No ano passado, coletei histórias individuais sobre várias empresas que contratavam funcionários com autismo; a Starbucks abrindo algumas lojas cujas equipes eram inteiramente formadas por funcionários surdos; revistas de moda contratando mais modelos com vitiligo (uma doença que causa despigmentação na pele) e profissionais de marketing usando banco de imagens que mostravam modelos com mais diversidade física. Embora as histórias fossem relacionadas a diferentes indústrias e públicos, eu as agreguei sob um tema amplo: "Diversidade, incapacidade e inclusão". A história dos modelos com vitiligo foi incorporada em um capítulo sobre a tendência da *Inveja da Inovação* no meu relatório para 2019, enquanto a dos baristas surdos fez parte de uma tendência daquele ano chamada de *Empatia Empresarial*. E várias dessas histórias reaparecem no Capítulo 8 deste livro como parte da megatendência *Modo Humano*.

ASSISTA A UM VÍDEO RÁPIDO SOBRE O MÉTODO DO PALHEIRO (em inglês):
www.nonobvious.com/megatrends/resources

TRÊS DICAS PARA AGREGAR IDEIAS

COMEÇAR POR NECESSIDADES HUMANAS

Às vezes, focar na emoção humana que está por trás de uma história ou ideia pode ajudar a entender por que ela é importante e como se conecta com as outras. Por exemplo, a necessidade humana de pertencimento básica é o combustível de muitas atividades nas quais as pessoas se envolvem on-line, desde compartilhar suas imagens em redes sociais a se reunir em comunidades.

RECONHECER O ÓBVIO

Ao longo do caminho para a descoberta de insights não óbvios, há valor em reconhecer e celebrar o óbvio. Por exemplo, você pode usar um denominador comum óbvio entre artigos e histórias para agrupá-los — digamos, todas as histórias e ideias sobre nova tecnologia *wearable*. Mais tarde você pode identificar os insights não óbvios escondidos entre elas.

GUARDAR IDEIAS INCOMUNS

Quando você se treina para ser mais observador, pode descobrir que começa a desenvolver uma intuição para histórias que, de alguma maneira, sente ser significativas, embora ainda não consiga explicar o porquê. Acolha essa intuição, e sempre guarde a história. Sua significância vai se revelar mais tarde, com frequência.

O MÉTODO DO PALHEIRO: ETAPA Nº 3

Levantar
Levantar envolve identificar os temas subjacentes que alinham um grupo de ideias para definir um conceito único, maior.

Uma vez que cumprir as duas primeiras etapas desse processo, você pode se deparar com o mesmo problema que eu encontro todos os anos: são muitos temas possíveis. Isso é normal, se você está analisando muitas histórias, e também é um sinal de que tem mais trabalho a fazer. Essa terceira etapa vai ajudar.

O objetivo de levantar é conectar grupos menores de ideias em outros maiores que definam tópicos de tendências potencialmente maiores e mais poderosos. Mais que em qualquer outra etapa, é aqui que descubro que gero ideias inovadoras.

Etapa nº 3 do Método do Palheiro: exemplos de temas de histórias levantados para formar uma tendência.

Para começar a levantar um grupo de suas ideias, considere as seguintes perguntas:

→ O que mais me interessa nesse grupo de ideias?
→ Quais implicações das histórias posso ter perdido antes?
→ Qual é o tema mais amplo que essas histórias têm em comum?
→ Como posso ligar histórias de várias indústrias em uma única ideia?

A terceira etapa pode ser a fase mais desafiadora do Método do Palheiro. O processo de combinar grupos de ideias pode levar a agrupá-las de maneira não intencional em tópicos potenciais maiores que são muito amplos e, por definição, muito óbvios. Seu objetivo nessa etapa deve ser identificar ideias maiores que agrupem muitas histórias.

EXEMPLO: Encontrar o tema maior

Vários anos atrás, eu estava lendo sobre fábricas de automóveis, cinemas e vendedores de software, todos testando modelos de negócios de assinaturas. Ao mesmo tempo, descobri várias ideias incomuns para a entrega de produtos e serviços, desde vendas de colchões on-line a um centro de distribuição de alimentos no meio de Portland, em Oregon. Elevar esses temas a uma ideia maior me levou a descrever a tendência da *Distribuição Inovadora* em 2015.

TRÊS DICAS PARA ELEVAR SUAS IDEIAS

PROCURAR PALAVRAS COMUNS

Quando revisar seus grupos de ideias e histórias, procure palavras-chave que possam revelar os temas comuns entre eles. Quando eu coletava ideias relacionadas a empreendedorismo, por exemplo, uma palavra aparecia repetidamente para descrever o crescente ecossistema de serviços por demanda para empreendedores: *rápido*. Essa palavra me ajudou a unir várias peças para identificar a tendência do *Empreendedorismo de lançamento*.

COMBINAR VERTICAIS INDUSTRIAIS

Apesar de eu mesmo contraindicar o agrupamento de ideias por setores da indústria, às vezes, depois de agregar, ainda acabo com uma coleção de histórias focada principalmente em um setor. Quando reconheço um desses grupos de ideias, procuro outros grupos de indústrias específicas para combinar com ele. Isso, com frequência, leva a pensar maior e ajuda a remover qualquer pensamento enviesado industrial não intencional anterior no processo.

SEGUIR O DINHEIRO

Às vezes, o condutor subjacente de uma tendência tem a ver com quem vai ganhar dinheiro com ela e como. Seguir o rastro do dinheiro pode levar, às vezes, a novas conexões.

O MÉTODO DO PALHEIRO: ETAPA Nº 4

Nomear
Nomear é a arte de descrever uma coleção de ideias de um jeito acessível e memorável.

Nomear uma tendência é um pouco como dar nome a uma criança: você pensa em todos os aspectos pelos quais um nome possa ser ridicularizado, e tenta equilibrar isso com um nome que pareça certo. Ao mesmo tempo, um ótimo nome deve transmitir o significado da tendência com simplicidade e ser memorável.

A escolha do nome para sua tendência vai fazê-la colar na cabeça das pessoas e se destacar — ou ser rapidamente esquecida. Meu segundo livro, *Likeonomics*, decolou imediatamente com um empurrão do título, que defini primeiro como uma tendência em 2011. As pessoas entendiam logo o tema do livro — que é importante ser simpático, porque fazemos negócios com pessoas de quem gostamos — e o nome era pitoresco o bastante para engajar essas pessoas.

Etapa nº 4 do Método do Palheiro: fontes usadas para listas de nomes e palavras.

Dar nome a uma tendência pode ser a parte mais difícil do Método do Palheiro em termos de criatividade e a que mais toma tempo. Para fazer isso bem, considere as seguintes perguntas:

I A ARTE DO PENSAMENTO NÃO ÓBVIO

→ O nome já está em uso ou é bem compreendido?

→ Ele é relativamente fácil de falar em uma conversa?

→ Ele faz sentido sem muitas explicações? Você consegue imaginá-lo como título de um livro?

→ As palavras do nome são únicas, não são clichês ou genéricas?

→ Ele descreve um tópico de um jeito inesperado?

Aqui vão alguns dos meus nomes favoritos de tendências de relatórios anteriores, acompanhados de um pequeno histórico do desenvolvimento e da seleção de cada nome.

EXEMPLOS: A arte de nomear

EMPATIA VIRTUAL (2016 e 2018). Durante o tempo em que a realidade virtual era um assunto quente, o tema subjacente era que ela podia amplificar uma sensação de empatia. Juntei as palavras *virtual* e *empatia*, em vez de *realidade*, para chamar atenção para esse efeito poderoso.

RETROCONFIANÇA (2019). Em 2019, muita gente falava sobre nostalgia para descrever o apelo do passado. Mas *nostalgia* parecia trazer muita bagagem emocional, e eu escolhi *retro*, porque combina bem com confiança para resumir a ideia simples por trás da tendência: em um mundo onde as pessoas estão se tornando mais céticas em relação a instituições e marcas, elas tendem a depositar mais confiança em empresas e marcas reconhecidas de seu passado.

PRODUTIVIDADE OBSESSIVA (2014). Enquanto o movimento transformador gerava incontáveis histórias sobre como tornar todo momento mais produtivo, notei que o interesse nessas ferramentas e orientações beirava a obsessão. Para ilustrar a dualidade da tendência, combinei *obsessiva*, uma palavra que muitas pessoas entendem como negativa, e *produtividade*, que normalmente é considerada positiva.

Quando estou nomeando tendências, experimento muitas possibilidades. Começo anotando possíveis nomes em notas adesivas, depois comparo as opções lado a lado. Também as testo com leitores e clientes iniciais. Só depois de elas terem sido minuciosamente examinadas, finalizo a escolha dos nomes das tendências no relatório do ano.

TRÊS DICAS PARA NOMEAR SUAS IDEIAS

MISTURAR PALAVRAS

Misturar é pegar duas palavras ou conceitos e combiná-los de um jeito significativo. *Likeonomics* é uma mistura de *likeability* (simpatia) e *economics* (economia). Essa técnica pode tornar o nome de uma tendência memorável e unicamente seu, mas pode parecer forçado e artificial, se não for feito com arte e capricho. Tem um motivo para eu não ter dado ao meu livro o título de *Trustonomics*. As melhores misturas são fáceis de pronunciar e soam tão próximas de uma palavra real quanto é possível.

ACRESCENTAR ALITERAÇÃO

Quando bem feita, a aliteração pode criar nomes altamente memoráveis e duradouros, como Coca-Cola e Krispy Kreme. Usar duas palavras que começam com o mesmo som de consoante é uma técnica que apliquei a nomes de tendências como *Muddled Masculinity* (Masculinidade Disruptiva) (2019) e *Disruptive Distribution* (Distribuição Disruptiva) (2015). Como as misturas, a aliteração pode parecer forçada, se você unir duas palavras que não são compatíveis, portanto, use-as com cuidado.

DAR UMA MODIFICADA

Quando você pega uma frase óbvia ou uma expressão de uso comum e introduz uma pequena mudança, acaba obtendo um nome que surpreende e se destaca. Um dos meus exemplos favoritos é uma tendência que chamei de *Unperfection* [Desperfeição, que não existe também em inglês] (2014), uma palavra inventada que brincou com *imperfeição* só o suficiente para dar a sensação de ser nova e diferente.

O MÉTODO DO PALHEIRO: ETAPA Nº 5

Provar
Provar implica buscar dados, histórias e conversas para validar se uma coleção de ideias pode ser chamada de tendência e justificada como tal.

Etapa nº 5 do Método do Palheiro: exemplo de trabalho em grupo para provar ideias.

Pensar uma ideia selecionada de forma subjetiva como tendência que pode ser comprovada talvez pareça exagerado demais. Embora eu use o termo *provar* para descrever essa etapa, uma descrição mais realista do que você tenta fazer é *validar* seus insights e conclusões.

Minha equipe e eu avaliamos tendências usando uma estrutura de três elementos-chave: a ideia central da tendência, seu impacto e sua aceleração. Para descobrir se uma tendência vai passar pelo teste do tempo, examine minuciosamente cada um de seus elementos-chave respondendo às seguintes perguntas:

ELEMENTO DA TENDÊNCIA	QUESTÕES ÚTEIS A FAZER
1. IDEIA Ótimas ideias de tendências descrevem uma única mudança na cultura, nos negócios ou no comportamento, expressas de maneira concisa para serem significativas, sem parecer simplificadas demais.	→ A ideia é única o bastante para se destacar? → Alguém publicou pesquisa relacionada a essa ideia de tendência?
2. IMPACTO Ótimas tendências levam as pessoas a mudar de comportamento ou empresas a adaptar o que vendem ou a maneira como vendem.	→ A mídia está começando a descobrir exemplos dessa tendência, sugerindo que pessoas e negócios estão mudando de comportamento? → Companhias inovadoras e perspicazes estão adotando a tendência de algum jeito?
3. ACELERAÇÃO Ótimas tendências afetam rapidamente, de maneira marcante, negócios, consumidores e comportamento social e mostram sinais de crescimento.	→ Há exemplos suficientes da tendência em várias áreas? → É provável que a tendência continue no futuro previsível?

Durante a etapa de prova, é provável que você encontre algumas ideias que não se enquadrem. Deixe-as para trás. Pode ser difícil, mas abandonar ideias o ajudará a refinar ainda mais seus insights.

TRÊS DICAS PARA PROVAR IDEIAS

FOCAR EM VARIEDADE

Um dos maiores erros que vi as pessoas cometerem quando selecionam tendências é concentrar suas histórias ou exemplos em uma única área. Se uma tendência vai descrever como se faz negócios ou como o consumidor se comporta, ela deve ser sustentada por exemplos ou casos de várias áreas.

ATENÇÃO AO VIÉS

Nada vai prejudicar mais seu julgamento do que começar o processo de curadoria de tendências com a intenção de encontrar as que, de alguma forma, favorecem sua área ou seu negócio. Muitas tendências excessivamente simplificadas ou apenas erradas resultam dessa intenção falha. Tendências não óbvias não servem para favorecer quem as identifica.

USAR FONTES COM AUTORIDADE

A etapa da prova vai dar resultados melhores se você tiver buscado fontes com autoridade para sustentar suas ideias de tendência. Na prática, isso significa colher histórias em fontes confiáveis da mídia, organizações ou instituições acadêmicas.

A curadoria da Dependência Projetada

Agora que você aprendeu as cinco etapas do Método do Palheiro, vamos dar vida ao processo, analisando como minha equipe e eu fizemos a curadoria de uma tendência de um relatório anterior: *Dependência Projetada.*

ETAPA Nº 1   Coletar

Em abril de 2014, li na *Rolling Stone* sobre um vietnamita chamado Dong Nguyen, que havia se tornado uma celebridade da noite para o dia, por causa de sua criação: um jogo de celular enganosamente simples chamado "Flappy bird". O jogo viralizou, mas ele se consumiu de culpa depois de ler relatórios sobre como milhares de pessoas tinham se tornado dependentes e estavam perdendo tempo, ignorando relacionamentos e até (em um caso) perdendo o emprego. Nguyen decidiu retirar seu jogo da internet, e ele desapareceu prontamente.[3] Na primeira vez que li essa reportagem, soube que era significante — por isso a guardei em minha pasta amarela.

Alguns meses depois, li um livro chamado *Hooked*, que explorava como designers de produto do Vale do Silício estavam construindo produtos formadores de hábitos. Isso parecia descrever perfeitamente o que Nguyen tinha feito de maneira não intencional. Guardei esse livro também.

ETAPA Nº 2   Agregar

Quando comecei a agregar ideias da minha pasta, vi um padrão de histórias que pareciam focar algum tipo de comportamento aditivo. A história do "Flappy bird" era sobre o design do jogo, que levava à dependência; o livro *Hooked* era sobre criar produtos viciantes. Quando juntei essas duas ideias, me concentrei no papel que o design de interface parecia desempenhar na criação dessas experiências viciantes. Grampeei as histórias e dei a elas uma etiqueta com "Design Viciante" escrito com marcador preto. Foi minha primeira descrição do tema e um palpite sobre qual poderia ser a tendência.

ETAPA N° 3 Levantar

Quando dei um passo para trás e olhei minha lista inicial de temas agregados, vários pareciam ser relacionados ao *Design Viciante*. Um deles era um agrupamento de histórias que encontrei sobre o uso de técnicas de gamificação para ajudar pessoas de todas as idades a aprender novas habilidades. Para esse grupo, criei uma etiqueta com "Aprendizado Gamificado". Outro tema era um grupo de histórias inspiradas por um livro chamado *Sal, açúcar, gordura*, que expunha como alimentos industrializados eram criados para oferecer um "bliss point", ou ponto de êxtase,[4] que imita as sensações de dependência na maioria das pessoas. Junto com o livro, reuni vários artigos sobre comidas tentadoras populares, uma categoria que descrevi como "Alimento Irresistível".

Quando elevei minhas ideias originais, percebi que essas três ideias únicas (Design Viciante, Aprendizado Gamificado e Alimento Irresistível) poderiam ser elementos de uma única tendência a respeito de como experiências e produtos eram criados para ser intencionalmente viciantes. Reuni o grupo desse levantamento e chamei de "Vício Onipresente".

ETAPA N° 4 Nomear

Depois de considerar as ideias, descartei "Design Viciante" e "Aprendizado Gamificado" por serem muito restritos. "Vício Onipresente" não chegava a dar nó na língua e parecia sugerir que mais pessoas estavam ficando viciadas em mais coisas, o que não era bem o teor da tendência. A inspiração final para um nome melhor veio de um artigo no qual Nir Eyal se descrevia como um "engenheiro comportamental". Essa ideia de engenharia do vício pareceu imediatamente melhor para descrever a tendência — e *Dependência Projetada* se tornou o nome da tendência.

ETAPA N° 5 Provar

Para testar a validade do conceito e do nome, pedi ajuda da minha equipe para ir mais fundo. A pesquisa logo nos direcionou para um estudo de Harvard sobre o vício em redes sociais. Lemos então o trabalho da antropóloga do MIT, Natasha Dow Schüll, que passou mais de 15 anos fazendo pesquisa de campo sobre o design viciante das máquinas caça-níqueis de Las Vegas.[5] Finalmente, compartilhamos o conceito geral da tendência em workshops exclusivos para clientes e usamos o feedback inicial para refinar a ideia e validá-la ainda mais.

Dependência Projetada foi uma das principais tendências daquele ano e se tornou rapidamente um dos assuntos mais comentados na internet. E continua direcionando conversas nas redes sociais todos os dias.

Evitar tagarelice futura

A essa altura, eu deveria avisar sobre o risco de uma previsão de tendência ultrapassar o limite do absurdo.

Vivemos em um mundo frustrado com previsões por boas razões. Economistas deixam de prever políticas que levam a recessões globais. Meteorologistas preveem na televisão chuvas que nunca caem. Previsores de tendências de negócios anunciam entusiasmados previsões que parecem ou tremendamente óbvias, ou ingenuamente impossíveis.

Quando eu escrevia a primeira edição do meu relatório de tendências, li o livro do jornalista Dan Gardner, *Future Babble*, sobre a nossa obsessão com o futuro. Ele compartilhou a pesquisa do psicólogo Philip Tetlock, que passou mais de 20 anos entrevistando todos os tipos de especialistas, inclusive cientistas políticos, economistas e jornalistas. Ele reuniu suas previsões sobre o futuro – um total de 27.450. Quando Tetlock analisou essas previsões em comparação a dados verificáveis, descobriu que não eram mais precisas que palpites aleatórios. Gardner concluiu: "Pelo menos 50% dos especialistas parece estar errado o tempo todo. O difícil é saber qual 50%".

Tetlock descreveu os especialistas que se saíam pior em suas previsões como "ouriços". Superconfiantes e muitas vezes arrogantes, eles justificavam suas previsões erradas como "quase certas" e se apegavam a uma ideia grande, imutável. Em oposição aos ouriços, especialistas mais modestos sobre sua capacidade de prever o futuro ficavam à vontade com a incerteza, eram autocríticos e tinham consciência de que suas previsões podiam estar erradas. Tetlock os descreveu como "raposas" e identificou suas principais características: capacidade de agregar diversas fontes de informação, ser pensativo em relação às previsões que divulgam e manter a humildade ao divulgá-las.

Gardner e Tetlock lançam luz sobre um ponto crucial: para aperfeiçoar sua capacidade de selecionar tendências, você precisa aceitar a ideia de que, às vezes, vai errar. Eu aceitei essa realidade, o que levou à criação das atualizações e classificação de tendências apresentadas na Parte 3 deste livro. Divulgo essa classificação com honestidade (em especial para as tendências que não passaram pelo teste do tempo), porque quero ser tão sincero com você quanto tento ser comigo e minha equipe depois do relatório de cada ano. Raposas, afinal, se sentem à vontade com a incerteza e sabem que não são infalíveis. Sei que erro, às vezes, e garanto que você também vai errar.

Por que o pensamento não óbvio é importante?

O lendário produtor de cinema Samuel Goldwyn uma vez disse: "Só um tolo faria previsões, especialmente sobre o futuro". Sua declaração foi confirmada inúmeras vezes.

Este livro é, pelo menos em parte, sobre o futuro e traz dez previsões com as quais o tempo pode ser igualmente cruel. Vale a pena ter todo esse trabalho para antecipar o que vai acontecer no futuro? Não seria melhor focar no presente e tentar se adaptar o mais depressa possível às mudanças na medida em que elas acontecem?

Aprender a usar pensamento não óbvio para prever o futuro tem um valioso efeito colateral. Torna você mais curioso, observador e compreensivo com o mundo à sua volta. O Método do Palheiro pode ajudar você não só a fazer a curadoria das tendências, mas também a encontrar intersecções entre áreas e evitar a armadilha do pensamento estreito. Essa mudança mental é, em uma última análise, o maior benefício da utilização do processo descrito neste capítulo.

Oscar Wilde escreveu que "esperar o inesperado mostra um intelecto totalmente moderno". *Não óbvio* tem a ver com ajudar você a construir esse tipo de intelecto moderno, notando as coisas que as outras pessoas não veem, pensando diferente e selecionando ideias para descrever o presente acelerador de maneiras novas e únicas.

No próximo capítulo, vou mostrar como colocar esse pensamento não óbvio e a curadoria de ideias para trabalhar. Seja seu objetivo ganhar mais dinheiro, começar uma empresa ou fazer sua carreira progredir, o Capítulo 3 vai mostrar como tirar proveito do pensamento não óbvio para ser mais bem-sucedido e conquistar o futuro.

3 COMO APLICAR O PENSAMENTO NÃO ÓBVIO PARA DIVERSÃO E LUCRO

"Tendências são lucros esperando para acontecer."
MARTIN RAYMOND, *The Trend Forecaster's Guidebook*

Há cerca de 10 anos, bartenders do mundo todo começaram a oferecer uma bebida estranha com um sabor que lembrava o leite que sobra no fundo de uma tigela de cereal Cinnamon Toast Crunch. A mente criativa por trás da bebida era Tom Maas, ex-executivo de marketing da destilaria Jim Beam.

Tom Maas passou anos trabalhando para desenvolver um licor cremoso a partir da "orchata", uma tradicional bebida de origem latino-americana e muito consumida na Espanha. Seu novo licor, batizado de RumChata em homenagem à sua inspiração, era uma mistura de rum leve com creme de leite e especiarias, como canela e baunilha. Não foi um sucesso de imediato.

Uma campanha única, que comparava a bebida ao cereal matinal, acabou ajudando o produto. Quando o licor começou a ganhar visibilidade, um crítico o descreveu como "uma escolha perfeita para alguém que quer algo delicioso para beber, mas não quer levar um tapa na cara do álcool".

Em 2014, uma combinação de promoções criativas e o apoio de bartenders ajudou o RumChata a ganhar um quinto das vendas brutas no mercado de 1 bilhão de dólares de licores de base cremosa.[1] Em algumas regiões, ele começou a ser mais vendido que o antigo líder da categoria, o Baileys Irish Cream da Diageo. Em 2019, o licor era uma das bebidas alcoólicas mais populares nas redes sociais, com mais de 36 milhões de visualizações em seu canal do YouTube. Hoje, especialistas da indústria consideram essa bebida uma mistura que mudou completamente o jogo, devido à sua versatilidade como ingrediente de coquetéis e outras receitas de drinques.

RumChata é um exemplo do sucesso que resulta da mistura entre o poder de observação com uma compreensão do comportamento do consumidor e das tendências. Pensando nisso agora, três tendências culturais podem explicar por que o RumChata ficou tão conhecido:

1. Um desejo crescente do consumidor por produtos autênticos com histórias interessantes.
2. O crescimento da transmissão de programas de culinária na televisão, incentivando mais a criatividade na cozinha e a mistura de bebidas.
3. O aumento do interesse pela cultura e pelo legado latino-americano nos Estados Unidos.

É claro, unir os pontos é fácil, quando se pode olhar para trás. Apesar de podermos ver esses elementos no mundo acelerador à nossa volta, nem sempre entendemos seu valor prático imediato.

Perceber esses ganhos, porém, requer mais do que simplesmente descobrir e descrever uma tendência. As tendências mais valiosas são as que inspiram ação.

Uma introdução ao pensamento de intersecção

As tendências podem ser um sinal de que você precisa começar a refletir sobre abandonar uma linha de produto existente ou se manter no curso, rumo a uma direção que ainda não rendeu dividendos. Ou elas podem sugerir que você precisa mudar o foco de sua carreira e aprender novas habilidades. O que dá a você o poder de receber esses sinais e chegar a tais conclusões é o *pensamento de intersecção*, um método para conectar conceitos e crenças disparatados de indústrias não relacionadas a fim de gerar novas ideias ou produtos.

Existem quatro maneiras de provocar pensamento de intersecção com eficiência:

1. Focar nas semelhanças.
2. Acolher ideias acidentais.
3. Desviar para o desconhecido.
4. Ser persuasível.

PENSAMENTO DE INTERSECÇÃO: MÉTODO Nº 1
Focar nas semelhanças

Quando o ex-executivo da Coca-Cola, Jeff Dunn, se tornou presidente da Bolthouse Farms, entrou em uma companhia agrícola bilionária que havia reinventado a indústria da cenoura ao criar as chamadas cenouras *baby* –[2] pedaços de cenoura de cinco centímetros de comprimento que duplicaram o consumo do alimento nos Estados Unidos. Infelizmente, quando Jeff Dunn assumiu a presidência, as vendas das cenouras normais e das cenouras *baby* estavam despencando, e ele recorreu à agência de publicidade Crispin Porter Bogusky (CPB+) em busca de ajuda.

A agência se surpreendeu com as características em comum das cenouras *baby* e dos alimentos industrializados. "A verdade sobre as cenouras *baby*", explicou o diretor de criação Omid Farhang, "é que elas possuem muitas das características que definem nossas *junk food* favoritas; são cor de laranja, crocantes, podem ser mergulhadas em molho e viciam".

Usando esse insight, a CPB+ construiu a campanha publicitária "Coma como *junk food*", inspirada pelas estratégias de marketing das empresas de produtos embalados prontos para o consumo. Nos testes de mercado da campanha, as vendas aumentaram imediatamente mais de 10%. A centelha que levou a esse insight surgiu da capacidade da equipe de Farhang para traduzir uma tática bem-sucedida de uma indústria (alimentos processados e embalados) e aplicá-la a outra (agricultura). Esse é um exemplo perfeito não só de foco nas semelhanças, mas também de aplicação do poder do pensamento de intersecção.

PENSAMENTO DE INTERSECÇÃO: MÉTODO Nº 2
Aceitar ideias acidentais

No meio da década de 1980, a ideia de uma das marcas mais queridas do mundo ganhou vida em uma caminhada de um hotel a um centro de convenções em Milão. Howard Schultz estava em uma exposição comercial representando a Starbucks que, na época, fornecia equipamento doméstico de alta qualidade para o preparo de café. A caminho da convenção, Schultz ficou espantado com a quantidade de lojas de café *espresso* italiano. Essas lojas ofereciam às pessoas um terceiro lugar para reuniões — além da casa e do trabalho. Quando voltou a Seattle, ele convenceu os proprietários da Starbucks a criar uma cafeteria varejista semelhante na cidade. Anos mais tarde, comprou a marca e a tornou mundial.

O crescimento da Starbucks tem sido impressionante, mas o que considero mais inspirador é como começou com um momento aleatório que Schultz poderia ter deixado passar. É fácil perder ideias acidentais, porque muitas vezes elas parecem distrações irrelevantes. A verdade é que, às vezes, podem ser. O problema é que elas não vêm rotuladas de um ou de outro jeito até você. A única maneira de você se abrir para o acaso é recebendo estrategicamente a distração.

PENSAMENTO DE INTERSECÇÃO: MÉTODO N° 3
Desviar para o desconhecido

Apesar de um universo de opções de mídia em constante expansão, temos a tendência de assistir aos mesmos programas, visitar os mesmos sites e ler os mesmos jornais e revistas, porque encontramos conforto no que é conhecido. Mas e se não fizéssemos isso? E se você não fizer?

No Capítulo 1, comentei o prazer de ler revistas de cujo público-alvo você faz não parte, necessariamente. Esse é um dos muitos caminhos que você pode escolher para prestar atenção a um mundo que não é familiar. Outra maneira é se desviar intencionalmente para destinos incomuns, sejam eles ali na esquina ou do outro lado de um longo voo.

Um desvio para o desconhecido significa fazer um caminho diferente até a loja ou andar até um restaurante próximo, em vez de ir de carro. Significa experimentar um biscoito feito com farinha de grilo. Significa parar e olhar com mais atenção para um mural pelo qual você pode ter passado várias vezes.

O desconhecido abre a mente e nos ajuda a ser mais inovadores. Desviar nos ajuda a abordar essas experiências sem uma agenda rígida.

PENSAMENTO DE INTERSECÇÃO: MÉTODO Nº 4
Seja persuasível

Sempre morei na cidade grande. Como muitos outros moradores de grandes cidades, tinha dificuldade para entender as pessoas que não moravam em uma. Na minha cabeça, "gente do campo" parecia menos culta, menos diversificada e de mente menos aberta. Acreditei nisso durante a maior parte da minha vida, até uma noite quando, finalmente, percebi que poderia estar errado.

Era fim de novembro de 2015, e eu tinha acabado de ver o último filme da série *Jogos Vorazes*. Quando saí do cinema, pensei em outros filmes de ficção científica e programas de televisão de que gosto muito: *Guerra nas Estrelas, Matrix* e *Game of Thrones*. Eles têm em comum um detalhe impressionante: pessoas comuns, heroicas, muitas vezes relativamente sem estudos, que lutam contra uma classe governante opressora de sabe-tudo arrogante. Nessas histórias, as pessoas do campo são os mocinhos, e as da cidade são os bandidos. Em um instante, percebi o quanto era injusto desprezar opiniões de pessoas com base apenas no lugar onde elas moravam.

O mundo conspira de muitas maneiras para nos incentivar a mergulhar na segurança de nossas crenças, mesmo quando sentimos que não. Algoritmos das redes sociais mostram histórias com as quais concordamos. Cookies de sites preveem o que gostaríamos de ver ou em quais anúncios poderíamos clicar para comprar. Políticos polarizadores defendem que a verdade requer que alguém esteja errado para podermos estar certos, e quem discorda de nós deve ser tratado como inimigo.

E se pudéssemos ser corajosos o bastante para mudar de ideia? E se pudéssemos ser persuasíveis? E se, quando ouvirmos um argumento convincente, do qual discordamos, aceitarmos a possibilidade de alguém que vê o mundo de um jeito diferente talvez não ser um idiota?

Alguns pontos de vista parecem ser tão contraditórios aos nossos que temos dificuldades para justificar em algum nível. Mas quando nos colocamos no lugar de outra pessoa e imaginamos suas histórias passadas e razões para tal comportamento, podemos ver o mundo de novos ângulos.

I A ARTE DO PENSAMENTO NÃO ÓBVIO

O jeito não óbvio de ler este livro deste ponto em diante...

Os primeiros dois capítulos desta seção abordaram os mindsets que são requisitos para ser um pensador não óbvio, e um passo a passo para fazer a curadoria de suas ideias e desenvolver seus insights de tendências. Este capítulo começa com a sugestão de usar pensamento de intersecção para encontrar conexões entre ideias e usá-las para identificar novas oportunidades. Agora é a hora de focar em como colocar esses insights em *ação*. Antes disso, quero sugerir um método alternativo para a leitura do restante deste capítulo. Considerar esses métodos é mais útil quando você já tem insights para aplicar. Por isso, você pode continuar e ler essas sugestões como são apresentadas aqui. Ou pode ir agora para a Parte 2, ler uma (ou mais) das megatendências apresentadas lá e depois voltar a esta seção e aprender um modelo para aplicá-las.

A beleza de um livro físico em comparação a qualquer outro canal de informação é que você pode ir e voltar dessa maneira com facilidade. Então, fique à vontade para ir agora para as megatendências, se quiser, ou permanecer aqui e continuar lendo. A escolha é sua.

| FICAR AQUI E CONTINUAR LENDO | PULAR PARA AS MEGATENDÊNCIAS A PARTIR DA PÁGINA 81 → |

Cinco dicas para usar insights de tendências

Se você escolheu continuar lendo ou pular para uma megatendência... bem-vindo!

Vamos ver agora como agir a partir das tendências:

GUIA DA AÇÃO COM BASE EM TENDÊNCIAS:
CINCO DICAS PARA USAR TENDÊNCIAS

ENGAJAR SEUS CLIENTES
Inspirar mais vendas e maior lealdade do cliente.

COMPARTILHAR SUA HISTÓRIA
Tornar suas mensagens de marketing e vendas mais relevantes.

DESENVOLVER SUA ESTRATÉGIA
Acolher a perturbação e preparar-se para o futuro.

FORTALECER SUA CULTURA
Melhorar o engajamento e o recrutamento de seus funcionários.

DESENVOLVER SUA CARREIRA
Construir sua marca pessoal e impulsionar sua reputação.

GUIA DE AÇÃO COM BASE EM TENDÊNCIA: DICA N° 1
Engajar seus clientes

Entender e tirar proveito de tendências para melhorar como você engaja os clientes começa com a construção de uma imagem melhor de como eles se comportam. Uma ferramenta útil é o mapa da jornada do cliente – um diagrama que ilustra as fases que o consumidor típico percorre ao interagir com seu produto ou serviço.

BAIXE O MODELO DO MAPA NÃO ÓBVIO DA JORNADA DO CLIENTE (em inglês) EM:
www.nonobvious.com/megatrends/resources

Mapear a jornada do cliente pode ajudar a entender onde e quando fazer o uso de uma tendência para melhorar a experiência do cliente e conquistar sua lealdade.

ESTUDO DE CASO: Espetáculo Estratégico (2019)

A TENDÊNCIA Marcas, indústrias e criadores recorrem cada vez mais a grandes acrobacias para chamar atenção e conseguir engajamento.

O EXEMPLO Quando a Oatly, uma empresa sueca que produz uma alternativa aos produtos à base de lactose a partir das cascas de aveia, lançou seu primeiro produto, teve que enfrentar um grande desafio de consciência de marca. Ninguém jamais tinha ouvido falar em "leite de aveia", por isso a marca redesenhou sua embalagem para incluir slogans provocantes como "é parecido com leite de vaca, mas feito para humanos". A empresa publicou anúncios ousados em revistas de nicho para construir a marca e promoveu o primeiro festival do "café sem leite" do mundo. A abordagem arrojada da Oatly atraiu até um processo de uma gigantesca indústria de laticínios, que a marca anunciou prontamente on-line. Todas essas manobras chamaram atenção e ajudaram a Oatly a explodir em popularidade.

GUIA DE AÇÃO COM BASE EM TENDÊNCIA: DICA N° 2
Divulgar sua história

Uma história poderosa pode incentivar apoio. Infelizmente, em vez disso, a internet é cheia de páginas chatas "sobre nós". Elas não são a mesma coisa que uma história. Uma história de marca é emocionante e humana. Inspira as pessoas a acreditarem em um produto, marca ou mensagem.

As tendências podem influenciar como você conta sua história. Qual é o maior propósito por trás do motivo pelo qual sua marca existe? Quais mudanças nas crenças do consumidor ou na sua área tornaram sua existência mais relevante hoje? São esses tipos de pergunta que uma história bem contada pode ajudar a responder.

ESTUDO DE CASO: Adorável Desperfeição (2017)

A TENDÊNCIA Com as pessoas buscando experiências mais pessoais e humanas, marcas e criadores focam em usar personalidade, peculiaridade e imperfeições intencionais para tornar seus produtos e experiências mais humanos, autênticos e desejáveis.

O EXEMPLO O Hans Brinker Budget Hotel "desapontava orgulhosamente seus hóspedes por mais de 40 anos, oferecendo padrões de conforto comparáveis a uma prisão de segurança mínima". Esta é só uma das muitas mensagens de marketing inesperadas do Hans Brinker Hotel de Amsterdã – que se descreve como o "pior hotel do mundo". A marca divulga anúncios há mais de uma década enaltecendo o quanto é horrível, o que teve o efeito psicológico inverso: as pessoas querem experimentar só para ver quanto o lugar é realmente ruim. A marca é um exemplo extremo do poder de uma história envolvente. Ela funciona porque os mochileiros que viajam pela Europa e costumam se hospedar no Hans Brinker não estão procurando luxo. O que eles querem é uma ótima história para contar ao mundo – e, no Hans Brinker, essa é praticamente a única coisa com a qual eles podem contar.

I A ARTE DO PENSAMENTO NÃO ÓBVIO

GUIA DE AÇÃO COM BASE EM TENDÊNCIA: DICA N° 3
Desenvolver sua estratégia

Recorrer às tendências pode te ajudar a fazer mudanças na estratégia de sua empresa, seja desenvolvendo o modelo de negócios ou considerando novos sócios para ajudar a se conectar com públicos inesperados. Quando oriento empresários sobre como utilizar as tendências como estratégia, normalmente os incentivo a focar em cinco áreas principais:

1. MISSÃO: Por que você faz o que faz e em que acredita.
2. POSICIONAMENTO: O que torna sua marca única, comparada à concorrência.
3. MODELO DE NEGÓCIOS: Como você cobra dos clientes e ganha dinheiro.
4. PRODUTOS E SERVIÇOS: O que você vende para os clientes.
5. INOVAÇÃO: Quais novos produtos ou serviços pode oferecer.

ESTUDO DE CASO: Simplificação Deliberada (2019)

A TENDÊNCIA Com os produtos de tecnologia cada vez mais complexos, os consumidores estão recuando para versões mais simples, mais baratas ou mais funcionais.

O EXEMPLO O empreendedor suíço Petter Neby pode ser o único CEO de uma fabricante de telefones celulares que acredita não precisar de internet em todos os lugares. Ao perceber um desejo crescente das pessoas de encontrar um equilíbrio para o uso da tecnologia, ele criou um telefone deliberadamente burro que não tem acesso à rede e só permite ligações e mensagens de texto. A estratégia única de sua empresa, que foca em desenvolver produtos elegantes que "cumpram sua função sem invadir o tempo e a atenção do usuário", destaca-se em relação à concorrência, determinada a nos manter conectados 24 horas por dia, sete dias por semana.

GUIA DE AÇÃO COM BASE EM TENDÊNCIA: DICA Nº 4
Fortalecer a cultura de sua empresa

Diferentemente do que você pode ter lido, não é necessário fornecer comida gratuita, massagens ou mesas de pingue-pongue para criar uma boa cultura empresarial. Pesquisas e mais pesquisas sobre o local de trabalho mostram que o que as pessoas mais querem é uma autêntica conexão humana com os colegas, sentir que seu trabalho é importante e ter alguma autonomia sobre o próprio tempo. Recorrer a tendências pode ajudar a fortalecer a cultura de sua empresa em todas essas áreas.

ESTUDO DE CASO: Experimídia (2015)

A TENDÊNCIA As marcas usam experimentos sociais e experiências da vida real para construir confiança, demonstrando atitudes humanizadas de maneiras únicas e inovadoras e construindo um conteúdo mais realista e convincente.

O EXEMPLO Em seus primeiros dias, Zappos vendia sapatos e oferecia frete grátis para incentivar as pessoas a comprarem on-line. Para reduzir a taxa de devolução, o varejista construiu um estúdio para gravar vídeos dos funcionários usando os sapatos que ele vendia. Os colaboradores que eram convidados a criar esses vídeos se sentiam valorizados e dignos de confiança, e a cultura da empresa se tornou mais forte por causa disso. Quando os vídeos eram adicionados à página do produto, os clientes tinham uma ideia muito melhor sobre se os sapatos oferecidos cairiam bem neles. Em pouco tempo o volume de devoluções e os custos despencaram para a marca – tudo graças a uma cultura que permite ao funcionário compartilhar sua experiência de vida real com os clientes.

I A ARTE DO PENSAMENTO NÃO ÓBVIO

Para começar, avalie sua cultura atual fazendo as seguintes perguntas:

→ Você sabe o que sua companhia defende, e acredita nessa missão?
→ Acha que tem as ferramentas e as habilidades que são requisitos para fazer seu trabalho todos os dias?
→ Sente que confiam em você para desempenhar seu trabalho de maneira independente?
→ Recomendaria sua empresa como um lugar para seus amigos trabalharem?
→ De maneira geral, gosta de trabalhar com seus colegas?

Não existe um momento inadequado para considerar de que maneira as tendências atuais podem apontar a necessidade de alterar alguns aspectos da sua cultura empresarial. Porém, isso pode ser uma prioridade, se você vai contratar novos colaboradores, ou se vários funcionários se demitiram em pouco tempo. As tendências podem afetar a maneira como você encontra e mantém seu melhor pessoal.

GUIA DE AÇÃO COM BASE EM TENDÊNCIA: DICA Nº 5
Desenvolver sua carreira

Além das diversas maneiras de aplicar tendências em seus negócios, você pode descobrir que elas rendem um benefício pessoal bastante significativo também.

Em minha vida, recorrer a tendências teve profunda influência no lugar onde estou hoje. *Likeonomics*, uma tendência da primeira edição de *Não óbvio*, me inspirou a escrever um livro com o mesmo título 1 ano mais tarde. Depois de pesquisar as tendências *Publicação de Parceria* e *Impresso Precioso* (ambas publicadas pela primeira vez em 2013), fundei minha própria empresa, chamada Ideapress Publishing (a editora norte-americana deste livro). Nossa tendência *Mindfulness Convencional*, de 2015, levou minha equipe a desenvolver uma nova série de oficinas para nosso grupo de consultoria, e a tendência *Inveja de Inovação*, de 2019, abriu caminho para uma nova série de treinamento e um programa de treinamento executivo, *Inovação Não Óbvia*.

ESTUDO DE CASO: Feminilidade Forte (2017)

A TENDÊNCIA O surgimento da mulher fortemente independente está levando a uma redefinição de feminilidade e dos papéis tradicionais de gênero.

O EXEMPLO Com as mulheres em contínua ascensão na hierarquia profissional e a quebra de expectativas de gênero no trabalho, as empresas perceberam que não há recursos suficientes para apoiar suas aspirações. Conscientes dessa tendência, coletivos trabalham para preencher essa lacuna reunindo mulheres e oferecendo a elas um espaço para obter conselhos sobre como lidar com desafios em comum e forjar novas alianças de negócios.

Tendências podem ajudar você a antecipar o crescimento de uma área ou oferecer insights sobre o que os clientes estão procurando, capacitando-o a fazer novas e oportunas recomendações de produtos ou serviços no trabalho. Elas também podem ajudar você a prever de quais novas habilidades pode precisar no futuro próximo, de forma que possa investir tempo e para aprendê-las enquanto é tempo.

Aqui vão alguns outros jeitos específicos de implementar sua reputação e impulsionar a carreira por meio da compreensão de tendências:

→ Aumente a credibilidade de suas ideias sustentando-as com pesquisa de tendências.
→ Compartilhe insights de tendências com superiores ou clientes.
→ Estabeleça uma conexão pessoal com curadores de tendências (*como eu!*) para desenvolver sua rede de contatos.
→ Avalie de que forma as tendências podem prever uma área ou empresa desejável para a qual trabalhar.

QUATRO DICAS PARA OFERECER UMA OFICINA DE TENDÊNCIAS

Durante a década passada, ajudei milhares de inovadores a transformar tendências em ação dentro de suas empresas, usando-as para modificar sua missão de negócios, repensar o engajamento do cliente, adaptar a estratégia de marketing e transformar a cultura corporativa. O jeito ideal para pensar no possível impacto de tendências é compará-las a uma faísca que pode gerar um incêndio. Só a tendência não é suficiente, mas quando você a usa como catalisador para a mudança, ela pode ser muito poderosa.

O primeiro passo para isso é reunir, com alguma frequência, as pessoas certas na empresa para uma sessão colaborativa, a que costumamos chamar de "workshop" ou "oficina". Isso ajuda a focar a atenção das pessoas e oferecer uma base a partir da qual inovar. Caso você opte por criar uma sessão sobre tendências para sua equipe ou seu cliente, aqui vão quatro elementos-chave que o ajudarão a fazer dela um verdadeiro sucesso.

OFICINA DE TENDÊNCIA: DICA Nº 1
Preparar-se como um profissional

Dedique um tempo para conhecer a fundo os problemas que está tentando resolver: o que já foi feito? O que deu certo ou errado? Quais são as perguntas que precisam ser feitas para impulsionar o grupo em relação à verdadeira mudança? Quais são algumas das tendências atuais aplicáveis ao problema ou à questão?

OFICINA DE TENDÊNCIA: DICA Nº 2
Capture primeiro, critique depois

As pessoas dizem que "não há ideias ruins em um *brainstorm*". Isso não é verdade. Infelizmente, é impossível distinguir boas e más ideias em tempo real. Em relação a como seu negócio pode aplicar determinada tendência ou tirar proveito dela, incentive todos os participantes a divulgar suas ideias abertamente. Não desperdice tempo e energia tentando criticá-las no momento; deixe isso para mais tarde.

OFICINA DE TENDÊNCIA: DICA N° 3
Adote um mindset "Sim, e..."

Atores de improviso colaboram de maneira bem-sucedida em cena acompanhando o fluxo e incorporando as ideias uns dos outros, dizendo "Sim, e", e em seguida adicionando sua contribuição. Essa abordagem aditiva também é uma das marcas das oficinas eficientes. Se alguém tem uma ideia de como alavancar uma tendência, aceite, mesmo que considere improvável de dar certo. Depois, tente colaborar com ela e torná-la melhor. Nunca se sabe aonde ela pode levá-lo.

OFICINA DE TENDÊNCIA: DICA N° 4
Tenha sempre um facilitador imparcial

É fácil presumir que a pessoa mais próxima do problema que você espera resolver é a mais adequada para conduzir a oficina. Nunca é. Em vez disso, os melhores facilitadores de oficina são indivíduos capazes de conduzir uma discussão, manter uma conversa nos trilhos e fazer perguntas provocativas sem viés. Eles também resumem com habilidade a discussão, recapitulando todos os itens da ação e garantindo que todos que dedicaram um tempo precioso à participação entendam o que realizaram coletivamente e o que precisa ser feito a seguir.

Nota especial para equipes menores ou empreendedores individuais: Mesmo que você não faça parte de uma equipe grande, pode usar uma oficina e obter *ótimo resultado* também. Parte do benefício de fazer uma oficina, mesmo que apenas duas pessoas participem, é que ela oferece um momento para quebrar a rotina e dedicar um tempo a criar estratégias para o futuro.

Romper com uma tendência

Agora que exploramos os mindsets, os métodos e as maneiras de se colocar insights em prática, há um último tópico que devemos abordar antes de passarmos à pesquisa de megatendência – a antitendência.

Quando for ler a próxima seção, é possível que leia as histórias relacionadas a uma megatendência em específico e comece imediatamente a pensar em um exemplo para ilustrar o oposto do que determinada tendência ou megatendência está descrevendo. Essa não é uma falha no processo, é uma realidade da humanidade.

Tendências não são teorias matemáticas e não têm uma resposta única e definitiva.

Elas descrevem um comportamento ou uma modificação que está acelerando e vai ganhar proeminência ou popularidade, mas essas não são regras inquebráveis de comportamento. Tendências envolvem humanos, e humanos se comportam de maneira inesperada.

A verdade é que sempre haverá pontos fora da curva que se comportam de forma contrária às tendências – muitas vezes de forma intencional. Algumas pessoas e marcas vão ver uma tendência e se dedicar imediatamente a tentar fazer o oposto, só para se diferenciar. Em outras palavras, focam a antitendência de propósito.

Houve um tempo, logo no início da minha pesquisa de tendências, que isso criaria em mim uma crise de autoconfiança. Como minha ideia poderia ser uma tendência, se eu estava vendo a história de alguém que fazia exatamente o oposto? O que acabei aceitando, com o passar do tempo, é que elas não são leis, são *observações*.

Uma analogia: se você observa pela janela e vê a maioria das pessoas carregando um guarda-chuva, é bem possível que esteja chovendo. Algumas pessoas andam na chuva sem guarda-chuva, e se molham intencionalmente ou por necessidade. Mas o comportamento delas não muda o fato de estar chovendo para todo mundo.

Fazer a curadoria de tendências pode ajudar a trazer à vida ideias não óbvias. Também pode ajudar você a identificar o que a maioria das pessoas ou a concorrência está pensando, de forma que você possa escolher estrategicamente fazer o contrário.

I A ARTE DO PENSAMENTO NÃO ÓBVIO

Tendências não existem para serem seguidas às cegas. Este livro tem a ver com pensar de jeitos novos e diferentes. Através dessas lentes, escolher uma tendência e buscar implementar seu oposto certamente faz sentido.

II
AS MEGATENDÊNCIAS NÃO ÓBVIAS

4 IDENTIDADE AMPLIFICADA

QUAL É A MEGATENDÊNCIA?
Com o crescimento do individualismo em nível mundial, as pessoas estão construindo cuidadosamente a maneira como são percebidas on-line e off-line, almejando o estrelato e se tornando vulneráveis à crítica nesse processo.

Ikuo Nakamura não saiu de seu quarto durante 7 anos. Ele é um *hikikomori*, palavra japonesa que define um subgênero recluso de homens, na maioria, que não saíram de casa ou interagiram com outras pessoas por no mínimo seis meses. Alguns são impelidos à existência solitária por não corresponderem às expectativas dos pais ou da sociedade. Outros se retiram depois de não conseguirem lidar com algum grande conflito.

Quando a fotógrafa Maika Elan publicou um raro ensaio fotográfico e entrevistas com os *hikikomori* na revista *National Geographic*,[1] ela apontou: "No Japão, onde a uniformidade ainda é valorizada e reputação e aparência são fundamentais, a rebelião acontece de maneira silenciosa, como com os *hikikomori*". Elan pode ter acertado. A existência dos *hikikomori*, muitas vezes contada em termos trágicos, poderia representar uma forma silenciosa de individualidade expressa por aqueles que não conseguem corresponder às exigentes demandas da obediente sociedade do Japão.

Uma resposta aparentemente mais saudável às pressões sociais está surgindo na Coreia do Sul. Durante anos, sair sozinho era algo que só um pária social (*wangda*)[2] faria. Hoje, um novo vocabulário coreano descreve atividades individuais que antes eram tabu, como *honbap* (comer sozinho) ou *honsul* (beber sozinho). Um colega coreano comentou que praticar essas atividades individuais se torna mais comum na medida em que elas se tornam aceitáveis.

A existência dos *hikikomori* japoneses e a crescente popularidade das atividades solitárias na Coreia do Sul são sinais de como a cultura está se deslocando para identidades mais individualistas.

Desde 1981, pesquisadores do inovador World Values Survey (WVS) medem os valores e as crenças das pessoas em 78 países. Uma de suas principais descobertas nas últimas duas décadas é um deslocamento cada vez maior em direção ao individualismo em quase todas as regiões do mundo. Essa mudança global contribui para uma noção amplificada da importância do "eu".[3] A ousadia com que criamos nossas identidades, especialmente on-line, pode fortalecer o sentimento de valor pessoal — ou colocá-lo em risco. Você só precisa olhar para o que é, sem dúvida, a forma mais moderna de expressão digital, a selfie, para entender a maneira como isso acontece.

A verdade sobre as selfies

Vários anos atrás, durante um ensolarado dia de primavera, minha família e eu estávamos a caminho de um dos mais conhecidos observatórios do Arizona, o Horseshoe Bend. O lugar havia aparecido nos jornais várias vezes nos meses anteriores por uma razão trágica: vários turistas tinham caído no cânion e morrido.[4]

Quando vi a multidão naquele dia, foi fácil entender o que tinha tornado o local tão mortal. Uma garota estava sentada sobre os ombros do namorado, segurando a câmera fotográfica acima da cabeça, enquanto o rapaz se equilibrava precariamente na beirada do precipício. Como muitos outros, tentavam tirar a selfie perfeita com o cânion atrás deles. Felizmente, eles conseguiram fazer a foto sem consequências fatais.

Tirar e postar a selfie perfeita se tornou tão importante que as pessoas estão arriscando as vidas, literalmente, nessa busca. Um motivo para isso ser tão importante é que as selfies permitem que selecionemos as versões de nós mesmos que apresentamos a amigos distantes e parentes que raramente vemos na vida real. Mas quanto essa apresentação é *real*? Isso depende de quem pergunta. Alguns dizem que as redes sociais e as selfies ajudam a expressar nossa identidade autêntica, única, enquanto outros culpam as selfies pela criação de uma geração profundamente narcisista, arrogante e insegura. O premiado jornalista Will Storr explora essa questão em seu livro intitulado *Selfie*.[5]

No livro, Storr sugere que o "mito da autoestima" é o culpado pela obsessão por selfies e por nós mesmos, e ele acredita que isso influenciou como construímos nossa identidade on-line. "Para se dar bem e progredir nessa arena nova das mídias sociais, saturada de você, de repente era preciso ser uma versão de você melhor que todos os outros vocês que o cercavam", ele escreve. "Você tinha que ser mais divertido, mais original, mais bonito, ter mais amigos, ter declarações mais inteligentes e opiniões mais justas, e tudo isso com muito estilo, em lugares interessantes, com seu café da manhã saudável, delicioso e lindamente iluminado."

A pressão para tentar alcançar um ideal impossível, de acordo com Storr, pode estar contribuindo para o índice perturbadoramente elevado de depressão e suicídios – e para a necessidade da selfie perfeita, em primeiro lugar. Nesse panorama, a selfie representa um perigoso reflexo da nossa crescente necessidade de aprovação.

Mas nem todo mundo concorda.

Um autorretrato confiante

Uma visão mais otimista é que as selfies podem ser, na verdade, um condutor para *mais* autenticidade e confiança, em vez de um pedido inseguro por validação externa.

A cofundadora do Girls Leadership, Rachel Simmons, está entre esses otimistas. Ela descreve a selfie como "uma pequena pulsão de orgulho feminino – um *viva* para o eu".[6] Em 2015, apresentei a tendência *Selfie Confidence* (uma brincadeira com selfie e *self confidence*, que significa autoconfiança) e concordei com o argumento dela sobre a selfie ser profundamente incompreendida. E se ela fosse uma ferramenta subestimada para a construção de autoestima? Partindo desse ponto de vista, a selfie poderia ser uma declaração de poder.

Como Simmons também colocou, "se você desqualifica o infinito fluxo de posts como narcisismo preocupado com a imagem, perde a oportunidade de ver meninas praticando a autopromoção – uma habilidade que os meninos, por outro lado, têm mais permissão para desenvolver, e que mais tarde os favorece na negociação de aumentos e promoções. Uma selfie sugere alguma coisa em forma de foto – acho que pareço [bonito] [feliz] [engraçado] [sexy]. Você concorda? – algo que uma menina dificilmente se sentiria à vontade para transmitir falando".

Quando contamos essa história sobre nós mesmos, é fácil presumir que a maioria das pessoas se retrataria de um jeito exageradamente positivo. No entanto, pesquisadores estão descobrindo que as pessoas são mais verdadeiras nas redes sociais do que se poderia esperar.[7] Em muitos sentidos, a natureza pública da rede social oferece mais responsabilidade, porque alguém em sua rede provavelmente sabe quando você mente. Dados recentes do Social Media Lab na Universidade Cornell, por exemplo, apontaram que universitários mentem menos no perfil do LinkedIn do que em um currículo que redigiram.[8]

Estudos indicam que, em vez de fazer de nós mentirosos autocentrados, as redes sociais podem nos dar a única coisa de que precisamos para formar a identidade em um mundo digital: poder sobre nossas histórias. E qual é a graça em ter poder sobre nossas histórias, se não damos a nós mesmos o papel principal?

Estrelato diário e a revolução do influenciador

Dale Carnegie, renomado autor do livro clássico *Como fazer amigos e influenciar pessoas*, certa vez escreveu: "O nome de uma pessoa é para ela o som mais doce, mais importante em qualquer idioma".[9] Seu argumento, construído com base em anos de observação, era que somos programados para buscar momentos de reconhecimento nos quais nos sentimos destacados, entendidos e apreciados. Em um mundo no qual o individualismo cresce, o mundo on-line tornou a conquista dos nossos quinze minutos de fama (ou menos) algo mais fácil que nunca. Podemos criar conteúdo que nos retrata como as estrelas do nosso espetáculo.

Considere o caso da "Noiva de Bollywood", um fenômeno sobre o qual escrevi pela primeira vez ao apresentar a tendência *Estrelato*

Diário – a expectativa crescente de que o mundo deveria nos tratar como estrelas. Muitos filmes de Bollywood incluem um casamento musical exagerado com coreografias do tipo *flash mob* e rituais melodramáticos de romance. Essas encenações perfeitas de um casamento de fantasia são tão populares, que casais de noivos na Índia agora estão contratando equipes de produção cinematográfica para recriar e capturar essas cenas icônicas estrelando eles mesmos como protagonistas.[10]

Muita gente também encontra fama mais duradoura como estrela das próprias redes sociais. YouTube e Instagram tornaram muito fácil para a pessoa comum criar conteúdo que as exiba falando e dando conselhos sobre um assunto de que gostam muito – fazendo avaliações de produtos de moda e beleza, desembrulhando presentes, jogando *video games* ao vivo – e conquistando audiência. Aqueles que conseguem construir um público de tamanho considerável para seu conteúdo são chamados de "influenciadores", o que confere a eles fama e lucro por meio de anunciantes e patrocinadores.[11]

Na medida em que personalidades da mídia continuam surgindo em plataformas sociais e as pessoas se acostumam a protagonizar as próprias narrativas, os consumidores esperam, cada vez mais, que marcas e empresas de todos os portes criem experiências pessoais e os façam se sentir VIP também.

A indústria em torno da identidade está levando mais pessoas e marcas a focar nela para atrair atenção e obter lucro, mas sempre tem um lado negativo.

O lado sombrio da Identidade Amplificada

Em um mundo onde *Identidade Amplificada* prospera e as pessoas cuidadosamente constroem como são percebidas, manter o controle sobre sua história pode ser complicado. Narrativas no mundo digital são públicas, normalmente, e podem, portanto, chamar atenção de stalkers indesejados ou levar o indivíduo a se tornar alvo de crítica, exposição ou roubo de identidade. Quando observamos o controle da narrativa das identidades que construímos, vamos descobrindo como elas podem ser desmanteladas de forma fácil e destrutiva.

Em seu livro *It's Complicated: The Social Lives of Networked Teens* (2014), a principal pesquisadora da Microsoft, danah boyd[12] (que escreve seu nome sem letras maiúsculas mesmo) explora como adolescentes transitam por esse difícil mundo on-line, no qual atenção se tornou uma mercadoria. Ela acredita que o conforto de se fazer comentários anônimos e uma cultura de mídia que está frequentemente criticando celebridades e outras personalidades faz parecer normal a resposta maldosa à maneira como os outros se exprimem on-line. Nesse mundo onde o *cyberbullying* é comum,[13] as identidades individuais, em especial de pessoas mais jovens, estão sob ataque constante.

Os desafios que enfrentamos vão além de pessoas que reagem de maneira maldosa aos nossos posts ou tuítes. Se erramos, podemos nos tornar um alvo ainda maior. Em *Humilhado: como a era da internet mudou o julgamento público*, o autor e documentarista Jon Ronson analisa por que a humilhação virtual se tornou lugar-comum.[14] Para entender esse fenômeno, ele entrevistou pessoas que foram atacadas depois de cometerem alguma transgressão. Entre os casos retratados, estão o do escritor Jonah Lehrer, cujo plágio foi exposto por um jornalista, e o de Justine Sacco, uma executiva de relações públicas que postou um tuíte de conteúdo racista quando viajou à África do Sul. Ronson concluiu que, quando nos envolvemos em humilhação pública, estamos "definindo os limites de normalidade ao destroçar as pessoas fora deles".

Nossas identidades digitais, tão cuidadosamente construídas, não são vulneráveis apenas à crítica e à humilhação, mas também ao risco de cooptação. As chamadas *deepfakes*,[15] que são imagens e vídeos surreais gerados por inteligência artificial, oferecem a outras pessoas a oportunidade de produzir conteúdo falso no qual nossa imagem pode ser inserida depois.

Alguns tecnólogos estão construindo recriações eticamente questionáveis de algoritmos que poderiam reproduzir a voz humana e permitir que outros a usassem para criar mensagens que pareceriam ser, por exemplo, de uma pessoa amada que já morreu.[16] Outros estão levando isso um passo adiante usando imagens de vídeo antigas para desenvolver hologramas sofisticados de figuras públicas[17] e até criar uma versão funcional delas. Por exemplo, hologramas de artistas como Michael Jackson e Amy Winehouse já saíram em turnê, com novos shows integrados por artistas de verdade ao lado desses substitutos das celebridades mortas.

O surgimento de inovações de ética questionável leva a uma nova área de pessoas encarregadas de avaliar essas questões e criar regras básicas sobre quem é dono da identidade digital de uma pessoa morta e como sua integridade pode ser preservada.

Porém, apesar de a tendência *Identidade Amplificada* abrigar perigos consideráveis para nossas identidades, também existe um importante lado positivo.

Esperança Amplificada

Em 2015, a "nova obsessão da América", de acordo com a revista *People*,[18] era a série chamada *The Keswanis: A Most Modern Family*. A família da Califórnia incluía "doutor papai" Anil e a "mãe empresária" Vaishali, que abandonou a carreira de optometrista para administrar a explosiva popularidade do filho deles, "Big Nik", nas redes sociais. Nik, que é portador de uma forma rara de nanismo, construiu um público fiel de mais de 2,5 milhões de seguidores. Para completar a família criada para o programa, há ainda Sarina, a irmã de 15 anos, aspirante a estrela de concursos de beleza, e Devina, a irmã de 6 anos, uma "princesa transgênero".

A série demonstrou uma disponibilidade evolutiva para acolher aqueles que são diferentes de nós ou poderiam ter ficado à margem da nossa cultura no passado. Escrevi pela primeira vez sobre a série dos *Keswani* em 2016 para dar um exemplo de *Multiculturalismo Convencional*, uma tendência que mostrava que, após anos sendo vistos como "os outros", diversos grupos encontram mais aceitação na cultura convencional, especialmente no entretenimento e na mídia.

Ao que parece, essa tendência pode estar em desacordo com o perturbador crescimento da xenofobia no mundo.[19] Mas há sinais de que o atual clima de ódio é alimentado, em grande parte, por um grupo contido, mas eloquente, de populistas anti-imigrantes e políticos que usam o ultraje e esperam obter lucros com ele. Seus movimentos não refletem as crenças da maioria das pessoas. De fato, evidências mostram que as pessoas estão se tornando mais tolerantes, não menos. Um estudo descobriu que 3 anos após a eleição de Donald Trump para a presidência, o preconceito racial em muitas áreas dos Estados Unidos diminuiu.[20] O World Values Survey[21] também descobriu uma diminuição muito abrangente do número de pessoas que se disseram incomodadas por morar perto de alguém de etnia diferente, o que é uma das perguntas mais diretas que a pesquisa faz para isolar crenças racistas.

Faz sentido que, na medida em que desenvolvemos uma noção de "eu" amplificada, acolhemos nossa individualidade e a compartilhamos com os outros, possamos apreciar, aceitar e até celebrar a identidade alheia. Isso é especialmente verdadeiro para aqueles que nossas normas sociais consideram marginalizados, uma ideia que também exploramos em 2017, com a tendência *Excluídos Ultrajantes*. Nesse sentido, a megatendência *Identidade Amplificada*, apesar de todos os riscos que pode oferecer ao sentimento de valor pessoal e à integridade de nossas identidades, é talvez a mais esperançosa das megatendências apresentadas neste livro.

Uma olhada rápida em Identidade Amplificada

Uma crescente mudança mundial em direção à individualidade e dos meios para controlar nossas histórias nos leva a passar mais tempo pensando sobre como nos apresentamos. De perfis no LinkedIn a tuítes e selfies, as identidades on-line se tornaram a expressão final de quem somos – ou, talvez, um autorretrato cuidadosamente construído.

Como muitas outras megatendências, *Identidade Amplificada* antecipa mudanças positivas e negativas. O lado positivo é que esse maior foco no "eu" causa um efeito de onda sobre pessoas que, no passado, tinham pouca voz ou eram consideradas excluídas. Agora elas podem se expressar e ser percebidas de maneira positiva, sejam ativas on-line ou não. O lado negativo é que, quando sua noção de "eu" é externalizada, você pode se tornar mais narcisista, mais exposto a críticas e mais vulnerável à cooptação de suas identidades.

COMO USAR IDENTIDADE AMPLIFICADA

1. Superar o viés do narcisismo.

A crítica comum ao crescimento da identidade digital é que ela pode estar criando uma geração de monstros "eu primeiro", incapazes de sentir empatia. Se você não se enquadra na chamada geração selfie, é tentador condenar os que passam tanto tempo nas redes sociais e chamá-los de superficiais e narcisistas. Em vez de julgar, olhe além das ferramentas e plataformas digitais. Lembre-se de que no centro da maioria das atividades nas redes sociais está o desejo normal de encontrar a própria identidade e a compartilhar com o mundo. Isso não é narcisismo. É a natureza humana.

2. Pense na divisão de identidade.

À medida que identidades e relacionamentos se mudam para o espaço virtual, torna-se comum, e até necessário, compartilhar mais de nós nas plataformas digitais. Quem é mais discreto e avesso à tecnologia pode enfrentar dificuldades com essa nova realidade, e pode surgir uma divisão cultural entre aqueles que evitam criar identidades on-line e os que aceitam integralmente o mundo digital. Será preciso um novo tipo de empatia e compromisso para incluir os que relutam mais em amplificar suas identidades, mas ainda querem e precisam participar de interações sociais.

3. Ajudar outras pessoas a administrar sua identidade.

À medida que nossa noção de eu continua crescendo, recorremos a profissionais em busca de ajuda para construir nossa identidade, especialmente on-line. Se você está interessado em uma nova carreira, pense que vai surgir toda uma indústria de treinadores pessoais, gurus de estilo de vida e outros conselheiros de autoajuda. Mais profissões incomuns estão surgindo, como o "embalsamador digital", que trabalha para preservar o legado da identidade digital de uma pessoa depois da morte. Consultores de software e advogados se encarregam de criar ferramentas ou redigir leis para responder a perguntas sobre identidade on-line e privacidade.

A EVOLUÇÃO DA IDENTIDADE AMPLIFICADA

Uma análise de tendências passadas que têm relação com essa megatendência:

SELFIE CONFIDENCE (2015)
A possibilidade de compartilhar uma personalidade on-line construída com cuidado permite que as pessoas usem conteúdo social como selfies (sim, selfies) para construir a própria confiança.

ESTRELATO DIÁRIO (2015)
O crescimento da personalização leva mais consumidores a esperar que suas interações diárias sejam transformadas em experiências como as das celebridades.

MAPEAMENTO DE PERSONALIDADE (2016)
Com ferramentas de mensuração de comportamento mapeando os detalhes de nossa personalidade, marcas começam a usar esses dados para atrair pessoas de pensamento semelhante e envolvê-las em experiências únicas.

MULTICULTURALISMO CONVENCIONAL (2016)
Depois de anos sendo oprimidos, cidadãos multiculturais encontram ampla aceitação por meio de uma crescente integração de diferentes ideias e pessoas em entretenimento, produtos e política.

AUTÊNTICOS BUSCA-FAMA (2017)
Uma nova geração de criadores que se tornaram autênticos caçadores de fama, recorrendo à mídia social para estabelecer suas marcas, construir um público e se tornar a próxima coisa importante.

↓

EXCLUÍDOS ULTRAJANTES (2017)

A ascensão dos excluídos e sua crescente disposição para dizer ou fazer coisas que antes poderíamos considerar ultrajantes para conquistar atenção e influência.

PECULIARIDADES SECUNDÁRIAS (2017 + 2019)

Com a continuação da mudança global em direção ao individualismo, pessoas de todas as idades aceitam o que as tornam únicas, seguem sua paixão, podem começar um negócio paralelo e, cada vez mais, apreciam as diferenças peculiares umas nas outras.

IDENTIDADE AMPLIFICADA

5   AGENERIZAÇÃO

QUAL É A MEGATENDÊNCIA?
Divisões e rótulos tradicionais de gênero estão sendo substituídos por uma compreensão mais fluida de identidade de gênero, forçando uma reavaliação de como vemos funcionários, clientes, marcas e uns aos outros.

Eu estava dando os toques finais na sétima edição de *Não óbvio* em 2017, quando notei algo incomum na assinatura de um e-mail que tinha acabado de receber. Embaixo do nome do remetente e do assunto, havia a frase: "Meus pronomes preferidos são *them/they*" (pronomes neutros em inglês). Alguns dias depois, recebi um e-mail de outra pessoa com uma assinatura semelhante: "Meus pronomes preferidos são ela/dela". Percebi imediatamente que essa nova convenção de assinatura era o sinal mais recente de uma mudança em relação aos gêneros que eu acompanhava havia anos, antes mesmo de começar a pesquisa para a primeira edição do relatório de tendências em 2011.

Em 2008, quando eu estava terminando a pesquisa para o meu primeiro livro, *Personality Not Included*, descobri que era muito mais fácil encontrar histórias on-line sobre empresários pioneiros do que histórias semelhantes sobre mulheres. Para tentar remediar a desigualdade, lancei uma coisa que chamei de "Projeto Personalidade",[1] para destacar as histórias de quarenta mulheres bem-sucedidas. O conhecimento que obtive com esse trabalho acabou me levando a publicar em 2013 a primeira tendência relacionada a gênero: *Movido por Mulheres*.

Desde então, nossa compreensão tradicional dos papéis de gênero tem sido desafiada e desmontada. Gênero já foi uma simples definição binária: você era mulher ou homem. Embora nossa compreensão tradicional de papéis de gênero tenha evoluído desde a década de 1970, assinaturas como as dos e-mails que recebi teriam parecido insondáveis até mesmo 10 anos atrás.

Mas as coisas estão mudando depressa. No começo de 2014, o Facebook expandiu suas antes limitadas possibilidades de gênero nos perfis pessoais e incluiu outras 58.[2] Menos de 1 ano depois desse anúncio, a lista da plataforma social cresceu para mais de setenta possibilidades e incluiu um campo de formato livre no qual o usuário pode criar o próprio rótulo de gênero ou simplesmente não colocar nenhum.

Três anos mais tarde, a revista *National Geographic* dedicou uma edição inteira à "revolução de gênero", que se tornou um filme documentário sobre identidade de gênero, produzido e narrado pela jornalista Katie Couric.[3] Ao entrevistar cientistas, psicólogos, ativistas, autores e famílias sobre gênero, ela fez todo tipo de perguntas. O que é gênero? O que é intersexo? De quantas classificações de gênero precisamos?

O documentário não ofereceu respostas definitivas para as questões, mas deixou evidente que muitas pessoas não consideram mais o gênero uma denominação determinada na concepção. Em vez disso, ele é cada vez mais aceito como uma escolha que fazemos para o eu atual e que talvez até se desenvolva ao longo da vida. Além disso, as palavras usadas para descrever gênero estão se expandindo e incluindo termos como não binário, agênero, não conforme, fluido (ou gênero-fluido), trans, assexual e poligênero.[4]

Vivemos no tempo da *Agenerização*. Com os estereótipos de ideais feminino e masculino suplantados, os rótulos e papéis tradicionais antes prescritos para nossa identidade com base no gênero não são mais tão significativos. Isso está levando a uma visão evoluída sobre que papel o gênero deve desempenhar nos produtos que compramos, nas experiências que temos e até em como nos definimos.

Para um número cada vez maior de empresas, isso força uma reformulação fundamental de presunções básicas e mensagens em marketing, *merchandising* (tamanhos masculinos e femininos) e em como prestar serviços ou até categorizar os produtos.

Um movimento de feminilidade forte

Um número cada vez maior de poderosas personagens femininas surgiu das indústrias cinematográfica e editorial durante a última década. Séries best-sellers de distopias adolescentes, como *Jogos vorazes* e *Divergente*, por exemplo, mostram protagonistas femininas fortes.[5] *Girl Rising* e outros documentários premiados provocam uma discussão global sobre a importância de educar meninas.[6] E séries para a televisão que transformam a cultura, como *Orange is the New Black*[7] e *Game of Thrones*, trazem personagens femininas complexas que passam por transformações pessoais. O surgimento desses personagens reflete uma mudança em como as mulheres estão definindo seus papéis e feminilidade, uma tendência que descrevi pela primeira vez em 2017 como *Feminilidade Forte*.

Um exemplo é a *graphic novel* chamada *Priya's Shakti*.[8] Mesmo para os padrões de histórias de super-herói, a de *Priya* é extremamente violenta. Apresentada no Mumbai Comic and Film Convention em 2014, a história gira em torno de uma menina de interior chamada Priya, que sobreviveu a um estupro coletivo e assumiu a missão de deter a violência contra as mulheres. Quando foi lançado, o romance, que oferecia um modelo ousado de heroína forte que poderia inspirar uma nova geração de meninas, teve mais de meio milhão de downloads.

Meses depois de o livro ir para a gráfica, o movimento #MeToo começou a varrer a internet. A hashtag se tornou um grito de guerra para as mulheres que compartilhavam suas histórias de assédio ou agressão sexual no local de trabalho. Um ano depois de o movimento ter viralizado, o *New York Times* divulgou que cerca de duzentos homens poderosos haviam sido demitidos após acusações públicas de assédio sexual feitas contra eles.[9] Pela contagem do jornal, mulheres substituíram metade desses homens em seus postos. Roteirista e autora de um livro best-seller, Gillian Flynn comentou em uma entrevista: "Em última análise, [mulheres] estão ganhando vida por estarem descobrindo a raiva, encontrando sua força e reagindo".

Na década de 1970, para muita gente, o ideal de feminilidade era uma mulher que "tinha tudo" – um emprego, uma família e uma casa para cuidar. Mais tarde, as mulheres foram celebradas por serem as "equilibristas supremas", e esperava-se que correspondessem a padrões impossíveis no local de trabalho e em casa. Essa ilusão agora desmorona com velocidade vertiginosa, substituída por um modelo forte de feminilidade. Mulheres podem ser e são fortes e sérias.[10] Elas podem ser mães, ou podem escolher o *"otherhood"*, um termo que a autora Melanie Notkin cunhou para descrever mulheres que, por opção ou "infertilidade circunstancial"[11] (nunca encontrar a pessoa certa), não têm filhos. As mulheres estão se casando mais tarde, quando se casam, se dedicando em maior número que os homens à educação de nível superior, fundando mais empresas e "tomando seu lugar à mesa", em vez de esperar alguém ceder esse assento a elas, como aponta Flynn.

Porém, embora essa mudança nas mulheres e na feminilidade esteja acontecendo há mais de uma década, uma evolução correspondente dos homens e da masculinidade só se manifestou e começou a acelerar muito mais recentemente.

Masculinidade confusa

Quando eu estava no fim do ensino fundamental, minha série favorita de livros era *Sweet Valley High,* que acompanhava a vida de Jessica e Elizabeth Wakefield, gêmeas loiras idênticas e perfeitas da cidade fictícia de Sweet Valley, Califórnia. Muitas vezes chamados de romances de banca para jovens, esses livros eram muito populares nos anos de 1980 e inspiraram jovens leitores a procurar os livros, no lugar da televisão. Jovens leitoras, na verdade. Como disse Francine Pascal, autora da série, em uma entrevista ao *Los Angeles Times*, "a verdade é que meninos leem antes dos 12 anos, depois vão para rua e não voltam a ler até os 18, mais ou menos".[12]

Lembro que adorava ir lá para fora, mas cada vez que entrava, era para ler outra história sobre as aventuras românticas de Jessica e Elizabeth. Também lembro com algum constrangimento como era estranho um garoto retirar da biblioteca cinco ou seis livros *Sweet Valley High* de uma vez só. Em mais de uma ocasião, tenho certeza de que a bibliotecária achou que eu os levaria para a irmã que nem tinha. Um menino lendo sobre amor, relacionamentos e dramas colegiais era algo incomum.

Desde então, mesmo que as perspectivas sobre papéis de gênero feminino tenham mudado de forma crucial, a maneira como percebemos masculinidade e paternidade continua sendo confusa e unidimensional. Há evidências de que essa inquietação está causando ansiedade entre homens e meninos sobre o que significa ser homem hoje em dia, uma tendência que descrevemos como *Masculinidade Confusa*, na edição de 2019 do relatório de tendências.

Em junho de 2018, o site de pesquisa de opinião *FiveThirtyEight* encomendou uma pesquisa com 1.615 adultos que se identificavam como homens.[13] Os pesquisadores queriam descobrir se a atenção dada pela mídia recentemente à desigualdade de gênero e ao assédio sexual no local de trabalho depois do #MeToo havia mudado como os homens pensavam sobre masculinidade. Os resultados foram conflitantes. Entre os homens pesquisados, 53% disseram achar importante que os outros os vissem como masculinos. Outros 49% relataram que sempre tentavam pagar a conta quando tinham um encontro. Mais da metade achava que, depois do movimento #MeToo, era desvantajoso ser homem no local de trabalho quando os homens "corriam maior risco de ser acusados de assédio sexual". Os resultados da pesquisa sugeriram que, enquanto outras áreas da nossa cultura reconhecem desigualdade ligada ao papel de gênero no trabalho, muitos homens continuam sentindo as mesmas pressões da sociedade para aderirem ao ideal tradicional, mas ultrapassado, do que significa ser homem.

Em um trecho poderoso de um artigo escrito para a revista *The Atlantic*, a escritora Sarah Rich[14] levanta a hipótese de que abordar a igualdade de gênero focando apenas no empoderamento das meninas reforçou, de maneira não intencional, a ideia de que meninas que adotam comportamentos tradicionalmente mais masculinos, como ser assertivas e corajosas, serão mais bem-sucedidas, enquanto meninos que adotam comportamentos tradicionalmente mais femininos, como ser gentis e cooperativos, não serão. "Quando agentes da escola e pais mandam para as crianças a mensagem de que meninas 'molecas' são poderosas, mas meninos 'menininhas' são constrangedores, estão dizendo que a sociedade valoriza e recompensa masculinidade, mas não feminilidade", conclui Rich. "Quando meninos recebem essa mensagem, ela reforça a crença confusa de que só tem um jeito de ser menino (e, por extensão, só um jeito de agir como homem). E esse jeito não inclui se dedicar a nenhuma atividade que seja vista como 'de menina'."

O que isso significa? Infelizmente, ainda hoje, é provável que um menino que pegue livros *Sweet Valley High* na biblioteca cause algum espanto.

Confusão masculina

A confusão que os homens sentem sobre o que significa ser masculino hoje em dia é alimentada, em grande parte, pela mídia e por estereótipos culturais. Enquanto as mulheres recebem mensagens de maior empoderamento do gênero por parte dos anunciantes ("Você pode fazer qualquer coisa!"), os homens muitas vezes se veem retratados como o mesmo idiota adorável, incompetente e bebedor de cerveja interessado apenas em diversão. Apesar de haver ampla insatisfação com esses estereótipos, os anúncios continuam. Uma pesquisa recente[15] da MDG Advertising descobriu que 85% dos pais disseram que sabiam mais do que os anúncios sugeriam, e 74% dos pais *millennials* sentiam que anunciantes e profissionais de marketing "não tinham contato com as dinâmicas da família moderna".

Alguns anunciantes estão começando a perceber. Bonecas Barbie agora são anunciadas para meninas e meninos. Uma marca de detergente mostrou o conhecido *quarterback* da NFL, Drew Brees, lavando roupa, e o chamou de forma astuta de "gerente de equipamento da casa".[16] Porém, essas imagens ocasionalmente progressivas na mídia não mudaram muita coisa, pelo menos não o suficiente. O local de trabalho ainda não alcançou as dinâmicas da família moderna. Depois de várias décadas debatendo e desprezando o estereótipo das mães que devem ficar em casa e cuidar dos filhos, nossa cultura ainda não captou com seriedade o estereótipo do "pai confinado ao trabalho", que deveria ter um emprego em tempo integral, das nove da manhã às cinco da tarde (ou mais).

Ainda hoje, espera-se que pais de famílias com duas fontes de renda sejam os principais provedores, de acordo com um relatório Pew.[17] Das mães, espera-se, de maneira desproporcional, que conciliem emprego, consultas médicas dos filhos e compras de supermercado.[18] Essas expectativas prevalecem em muitas empresas, nas quais muitas vezes não é culturalmente aceitável um homem sair mais cedo para ir a um evento na escola, embora a política da companhia possa permitir.

"Anunciar sua mais recente vitória com as fraldas ainda não é uma parte da conversa dos caras", escreve Brittany Levine Beckman no site Mashable.[19] "Até a licença-paternidade ainda pode ser vista como fraqueza." O resultado é que recai sobre os homens a expectativa, que eles se dispõem a atender, de dar apoio, serem parceiros igualitários e pais emocionalmente disponíveis, mas têm dificuldades para conciliar essas demandas com locais de trabalho que não as acomodam e, em vez disso, tornam mais difícil priorizar a família sobre o trabalho.

Por que testosterona pode ser superestimada

Durante anos, a ideia de que existe uma diferença intrínseca entre homens e mulheres serviu de alimento para tudo, de piadas de stand-up a abordagens de terapia de casal. Para resumir a discussão, homens e mulheres nasceram diferentes, ou, como John Gray intitulou seu livro popular de 1992: *Homens são de Marte, mulheres são de Vênus.* Mas e se não forem?

A psicóloga e professora Cordelia Fine, bem como outros pesquisadores proeminentes, marcaram essa ideia como uma forma inaceitável de neurossexismo. Em seus livros *Delusions of Gender* (2010) e *Testosterona Rex: mitos de sexo, ciência e sociedade* (2017), ela desafia a presunção de que o cérebro de homens e mulheres têm diferenças inerentes. Mais especificamente, ela discute a teoria comum de que a testosterona, presente em maior quantidade no cérebro masculino que no feminino, torna os homens mais adequados para algumas tarefas, e as mulheres, para outras. Ela acredita que essa teoria é a base de quase todo estereótipo de gênero. Homens são pensadores mais lógicos; mulheres são mais cuidadoras. Homens são mais decididos; mulheres são melhores colaboradoras.

As ideias de Fine são tão fora do comum que algumas pessoas as leram como um ataque pessoal ao gênero e, talvez, à sua própria identidade. Apenas seis meses depois da publicação de *Testosterona Rex,* quase metade das avaliações na Amazon davam apenas uma estrela ao livro – um número incomumente alto que, é bem provável, reflete a resposta política polarizada à sua pesquisa, não seu valor inerente. O trabalho de Fine, no entanto, é só um exemplo da transformação que acontece hoje em dia em como entendemos, nos relacionamos e discutimos questões de gênero além de masculino e feminino.

Gênero X

Embora o conceito de gênero não binário ainda possa parecer uma ideia marginal, há sinais de que esse rótulo, muitas vezes mal entendido, está conquistando aceitação do público em geral no mundo todo. Há uma compreensão crescente de que o gênero de uma pessoa pode ser diferente do sexo da pessoa.

O sexo de um recém-nascido é atribuído no nascimento com base na genitália do bebê. Gênero, no entanto, para muitos, é uma questão de identidade; é como você se comporta e interage socialmente com o mundo. Para um número cada vez maior de pessoas, gênero nunca é descrito em termos singulares, mas ao longo de um espectro, dependendo de como elas se apresentam ao mundo. Jonathan Van Ness, um dos astros da série da Netflix *Queer Eye*, talvez tenha resumido melhor essa perspectiva de gênero em uma entrevista para a revista *Out*: "Sou não conforme de gênero. Tipo, alguns dias me sinto homem, mas em outros me sinto mulher".[20]

Na época em que eu escrevia este livro, mais de dez estados dos Estados Unidos haviam aprovado leis que permitiam que os indivíduos escolhessem gênero neutro X (esta é a letra usada no lugar de M ou F) na carteira de motorista e nos documentos de identidade.[21] Ao longo da década passada, cerca de uma dezena de países, inclusive Austrália, Alemanha, Canadá e Índia, também permitiram uma terceira opção de gênero nos passaportes.

À medida que países pelo mundo todo aceitam o status de gênero não binário, empresas e marcas respondem reformulando os produtos e as experiências que vendem para se enquadrar nesse nosso mundo da *Agenerização*.

Consumo agênero

Em 2016, a marca de maquiagens CoverGirl anunciou seu primeiro garoto-propaganda do sexo masculino, James Charles, de 17 anos, cujas fotos viralizaram rapidamente.[22] Só 2 anos mais tarde, a Chanel lançou Boy de Chanel,[23] sua primeira linha de maquiagem para o público masculino. Clinique, Tom Ford, Glossier e outras marcas seguiram a mesma linha, e é provável que o restante da indústria faça a mesma coisa. De acordo com a Allied Market Research, espera-se que o valor do mercado de cuidados pessoais masculinos chegue a US 166 bilhões em 2022, com uma taxa de crescimento anual de mais de 5%.[24]

Produtos feitos para crianças, como roupas, brinquedos e produtos domésticos se afastam da inútil caracterização de seus produtos por gênero. Citando uma ampla reação contra a marcação rosa e azul, muitos fabricantes de brinquedos estão criando embalagens mais inclusivas e evitando associar gênero aos produtos, em particular àqueles voltados para o público em idade pré-escolar.

A transição para brinquedos de gênero neutro não foi inteiramente suave, no entanto, como a LEGO descobriu em 2012 ao lançar sua controversa linha LEGO Friends, projetada para meninas. A crítica foi imediata. Pais e jornalistas queriam saber por que meninas precisavam de LEGOs especiais cor-de-rosa. Em vez de promover um *recall* apavorado, a LEGO começou a divulgar quanta pesquisa havia precedido o desenvolvimento de uma linha especial para meninas (4 anos de entrevistas com 4.500 meninas e mães no mundo todo) e explicar por que essa era uma boa ideia.[25]

Os consumidores concordaram. A linha LEGO Friends foi um sucesso, alcançando recordes de vendas para a empresa e atraindo mais meninas para comprar e brincar com os blocos e bonecos de plástico, um desafio para a marca desde sua fundação, mais de 80 anos atrás.

O sucesso de uma linha de produtos criada para ser "tradicionalmente feminina" sugere que dissociar gênero e produtos não é algo fácil ou direto. Afinal, as crianças recebem dicas sociais sobre o que é aceitável para meninas e meninos desde a infância. Preconceitos demoram para mudar, muitas vezes demoram gerações.

Porém, há sinais de que esse processo está em aceleração. De acordo com uma pesquisa recente do grupo de insights da gigante de publicidade JWT, "82% dos indivíduos da Geração Z (pessoas nascidas entre 1995 e 2015) pensam que 'gênero não define uma pessoa tanto quanto antes'".[26] Essa geração de jovens parece aceitar relutante os limites de papéis tradicionais de gênero um dia colocados em seus documentos de identidade, sem mencionar o que escolhem apreciar e quem amar.

Em outras palavras, o futuro pertence àqueles para quem gêneros tradicionais não são mais significativos – e aos que pensam como eles.

Uma olhada rápida em Agenerização

Talvez nenhuma outra tendência confronte alguma coisa que pareça ser tão fundamental à nossa cultura, como a identidade de gênero, ou tenha tanto potencial para mudar como vivemos e nos relacionamos uns com os outros. Quando gênero não é mais a primeira pergunta ou a lente pela qual vivemos nossa vida, isso gera confusão, bem como oportunidades para quem está disposto a se reinventar, reinventar o que faz e como interage com suas equipes, seus clientes e aqueles à sua volta a partir disso.

Em alguns casos, isso vai causar controvérsia, com marcas e líderes mais lentos para acompanhar a mudança perdendo oportunidades ou cometendo deslizes que são rapidamente rejeitados por consumidores sensíveis. De um ângulo mais positivo, vai haver muitas novas oportunidades para abrir o mercado de produtos e experiências antes associados a gênero para públicos mais variados, promover um local de trabalho mais inclusivo e se beneficiar das perspectivas diversas daqueles que veem gênero como um espectro, não uma escolha binária.

COMO USAR AGENERIZAÇÃO

1. Remover associação a gênero desnecessária.

Em um mundo onde as pessoas estão redescobrindo que papel a identidade de gênero desempenha nas experiências que elas amam, os produtos e serviços que terão sucesso serão aqueles que forem inclusivos e empáticos. Examine com atenção os produtos e serviços da concorrência, especialmente como são embalados e comercializados, e considere de que maneira você pode remover associações desnecessárias ao gênero e torná-los mais inclusivos e abrangentes.

2. Incentivar a masculinidade não tóxica.

Quando homens ou meninos demonstram uma paixão ou curiosidade por explorar coisas tradicionalmente femininas, evite julgamentos rápidos e, em vez disso, incentive-os. Para reforçar essas experiências, considere o uso de imagens e mensagens não comuns ao retratar homens e seus relacionamentos com mulheres, afim de incentivar perspectivas de masculinidade não tóxica e garantir que homens, e em especial meninos, sintam que é aceitável amar o que amam, compartilhar suas emoções com mais espontaneidade e tratar todas as pessoas com respeito, independentemente de identidade de gênero.

3. Ter mais empatia de gênero.

Mudar o pensamento de alguém para considerar o gênero como algo em um espectro, não como algo binário, não é fácil. Mas líderes, professores e políticos que o fizerem se tornarão mais eficientes, porque terão o respeito e a lealdade daqueles que antes eram considerados excluídos, e finalmente se sentem entendidos.

A EVOLUÇÃO DA AGENERIZAÇÃO

Uma análise de tendências passadas que se relacionam com essa megatendência:

MOVIDO POR MULHERES (2013)

Líderes empresariais, cultura pop e pesquisa avançada se encontram para provar que o futuro ideal será conduzido por mulheres fortes e inovadoras trabalhando nas linhas de frente.

ANTIESTEREOTIPAGEM (2014 + 2016)

Por toda mídia e no entretenimento, papéis de gênero começam a ser revertidos, presunções sobre estilos alternativos de vida são contestadas, a diversidade aumenta e percepções de como as pessoas são vistas continuam evoluindo.

FEMINILIDADE FORTE (2017)

A mulher forte, independente surgiu em anos recentes, redefinindo o conceito de feminilidade e repensando os papéis de gênero.

AGENERIZADO (2018)

Mudanças nas definições dos papéis tradicionais de gênero levam algumas pessoas a rejeitar completamente a ideia de gênero, enquanto outras tentam remover gênero de produtos, experiências e até da própria identidade.

MASCULINIDADE CONFUSA (2019)

O crescente empoderamento das mulheres e a reavaliação de gênero causam confusão e aflição sobre o que significa ser um homem hoje em dia.

AGENERIZAÇÃO

6 CONHECIMENTO INSTANTÂNEO

QUAL É A MEGATENDÊNCIA?
Na medida em que nos acostumamos a consumir bocados de conhecimento por demanda, nos beneficiamos aprendendo tudo mais depressa, mas corremos o risco de esquecer o valor da maestria e da sabedoria.

Quando eu estava na faculdade, havia dois tipos de aulas: palestras e discussões. Nas palestras, uma sala cheia de alunos ouvia um especialista falar sobre um tema ou assunto; e em uma aula com discussão, professores ou monitores orientavam pequenos grupos de alunos em uma troca significativa sobre a tarefa da semana. Como aluno da graduação em Inglês, eu frequentava mais aulas com discussões do que palestras.

No meu terceiro ano na Universidade Emory, em Atlanta, lembro de ter assistido a uma aula de poesia irlandesa em uma biblioteca, que guardava os arquivos reunidos do poeta Seamus Heaney, ganhador de um Prêmio Nobel. Naquele mesmo semestre, assisti a uma aula de ciências bem ao lado do mundialmente renomado Yerkes National Primate Research Center.

Naquela época, a única maneira de ter acesso a esse tipo de conhecimento sobre os dois assuntos era se matricular em um curso e aprender com professores durante um longo semestre.

Hoje, posso acessar a internet e assistir a dezenas de entrevistas com Heaney, bem como um documentário de uma hora sobre sua vida. Posso acessar uma palestra sobre a evolução de "assimetrias cerebrais em primatas" no YouTube,[1] ou posso me inscrever em uma aula on-line sobre eles. Mas ver entrevistas ou palestras on-line não é o mesmo que participar de um animado debate entre colegas em sala de aula ou interagir pessoalmente com uma mente renomada.

Mesmo assim, é uma espécie de substituto e, para o bem ou para o mal, o mundo parece cada vez mais disposto a fazer essa concessão.

Hoje, especialistas não são mais encontrados apenas na torre de marfim da academia, colocando em questão sua importância. Hoje, eles podem ser especialistas famosos ou amadores que encontram novas maneiras de dividir seu conhecimento. Mas conhecimento, uma palavra que descreve superficialmente o que você *sabe*, é diferente de sabedoria. Os benefícios desse *Conhecimento Instantâneo*, como é chamada essa megatendência, também podem levar a uma crise de *expertise*. O que significa *expertise* em um mundo onde se pode aprender um pouco sobre qualquer coisa com qualquer pessoa, sem a necessidade de procurar maestria? E o que acontece com as instituições que há muito tempo prometeram oferecer um portal para a maestria, quando não parece mais ser tão importante obtê-la?

Uma crise de educação superior

De acordo com algumas estimativas, o valor da dívida de financiamento estudantil nos Estados Unidos ultrapassou US$ 1 trilhão. Alguns relatórios sensacionais, embora não inteiramente precisos, preveem que o custo médio para 1 ano em uma universidade particular para uma criança nascida em 2020 poderá chegar a US$ 500 mil.[2] Mas os alunos não estão necessariamente recebendo pelo valor que pagam, apesar de os custos da educação superior decolarem.[3] Mais universidades estão gastando mais com esporte do que com ensino e pesquisa.[4] Críticos da academia questionam a verdadeira eficiência e o valor fundamental do sistema. Kevin Carey, autor de *The End of College* (O fim da faculdade), é um desses críticos. "Quase não existe evidência do aprendizado dos alunos nas tradicionais graduações de faculdade", ele escreve. "As faculdades não se preocupam sistematicamente com a qualidade do ensino e do aprendizado que oferecem em troca de muito dinheiro."[5]

O que também questiona o valor da educação superior são os exemplos altamente visíveis de empreendedores muito bem-sucedidos que usam a falta de um diploma universitário como distintivo de honra.

A tropa dos que abandonaram a faculdade e se tornaram bilionários do Vale do Silício minou a crença inabalável de que é preciso fazer um curso universitário para ser bem-sucedido, trocando-a pela ideia de que há muitos caminhos alternativos para o sucesso. Escolas técnicas e vocacionais que oferecem certificados e focam os cursos preparatórios para o mundo real estão ganhando popularidade com a mais nova geração de estudantes.[6] Avanços na tecnologia do ensino a distância disponibilizam todo tipo de aprendizado por demanda, acessível além dos limites das universidades e independentemente da conquista de um diploma universitário – uma tendência que em 2013 chamamos de *Aprendizado sem Diploma*.

Aprendizado para autoiniciantes

Em resposta a essas mudanças na educação superior, organizações não tradicionais de muitos tipos se apresentam para satisfazer o desejo das pessoas de aprender e se preparar para as demandas das carreiras de hoje em dia. A Tech School 42,[7] uma escola experimental de programação de computadores localizada em Paris, oferece uma alternativa radicalmente diferente das universidades. Fundada em 2013 pelo bilionário francês Xavier Niel, que aprendeu sozinho a codificar e acredita que qualquer pessoa pode fazer a mesma coisa, a escola é completamente livre, não tem professores nem salas de aula. Os alunos estudam e aprendem no próprio ritmo. Quando encontram problemas, são incentivados a perguntar aos colegas ou a encontrar a resposta sozinhos.

A escola valoriza muito a ambição e defende que pessoas automotivadas e dispostas ao trabalho independente podem ter sucesso. Esse *ethos* autoiniciante está ganhando força. Algumas escolas inovadoras trazem o "currículo de 60 anos",[8] que envolve várias instituições de educação superior que fornecem educação continuada com base em certificados e cursos rápidos focados em habilidades profissionais tangíveis ou assuntos de ponta.

Há apenas duas décadas, o mindset da geração X dos anos 1990 era muitas vezes criticado por ser uma "cultura indolente."[9] Hoje as pessoas superaram esse mindset. Elas são curiosas, ambiciosas e dispostas a aprender, apesar da falta de tempo. Acham que são inteligentes e podem absorver e entender qualquer tópico rapidamente, se ele for ensinado por especialistas respeitados e de um jeito acessível.

Descrevi pela primeira vez esse tipo de pessoa como o "Fazedor Faminto de Tempo",[10] um segmento que minha equipe e eu tentamos engajar com a série de livros *Non-Obvious Guide*, que lançamos em 2019. Esse mindset nos levou ao slogan da série: "Como tomar café com um especialista". A intenção é representar uma nova verdade sobre como as pessoas querem aprender: pelo acesso direto a especialistas e *expertise*. Talvez o maior impacto dessa mudança não seja, necessariamente, como aprendemos, mas com que *rapidez* esperamos que aconteça a maior parte do aprendizado.

Aprendizado à velocidade da luz

Andy Mooney, CEO da Fender, que durante 70 anos fez algumas das melhores guitarras do mundo, estima que cerca de 70% dos alunos que escolheram estudar guitarra desistiram no primeiro ano.[11] Isso é ruim, não só para a música, mas também para os lucros da Fender. O que seria necessário para fazer as pessoas aderirem ao instrumento? Depois de longas entrevistas com professores e alunos e a repetição dessa pergunta, Mooney e sua equipe tiveram um insight fundamental: quando os alunos sentem que não estão progredindo com rapidez suficiente, ficam mais propensos a desistir. O segredo para incentivar aspirantes a guitarristas a persistir é ajudá-los a aprender em etapas menores, de forma que sintam que estão melhorando mais depressa. Então, a equipe de Mooney desenvolveu a Fender Play, uma plataforma on-line que oferece instrução em vídeo por demanda. Foi um sucesso. A Fender Play serviu como exemplo de uma tendência que descrevi em 2018 como *Aprendizado à Velocidade da Luz* — a ideia de que a rapidez ao adquirir uma nova habilidade é mais importante que nunca.

Muitas evidências indicam que essa tendência não está perdendo força. Um exemplo é a popularidade dos vídeos de culinária Tasty, que usa um formato *time-lapse* (vídeo acelerado) para ensinar técnicas culinárias e receitas. Em 2017, o canal relatou meio milhão de visualizações no Facebook, todos os meses.[12] Outro serviço, o Flocabulary, fornece acesso à biblioteca de mais de mil vídeos de canções originais de hip-hop sobre matérias escolares, como história, matemática, ciências e gramática.[13] Seu sucesso se baseia em uma verdade simples: é mais fácil decorar canções do que resumos.

Hoje recorremos a vídeos on-line para ter ajuda com a lição de casa de matemática, fazer o controle do extrato bancário ou melhorar como jogador de basquete. Essas porções embaladas de conhecimento instantâneo não só oferecem o meio mais rápido de aprender sobre um tema, como também fornecem acesso por demanda a especialistas que antes eram ocupados demais ou inacessíveis... até celebridades.

Ir direto à fonte

Conteúdo on-line muitas vezes é ridicularizado, porque a rede permite que qualquer pessoa compartilhe seus pensamentos e criações, boas ou ruins, com o mundo. Essa mesma onipresença, porém, começa a oferecer um benefício colateral fascinante: acesso ao aprendizado com especialistas de respeito. Quer aprender comédia com Steve Martin? Fotografia com Annie Leibovitz? Xadrez com Garry Kasparov? Todos eles oferecem cursos on-line nos quais compartilham conhecimento por um preço relativamente baixo.[14]

A tecnologia também é empregada para ensinar habilidades práticas em simulações realistas. Realidade virtual e outras ferramentas digitais imersivas ajudam a indústria do encanamento e do aquecimento a melhorar seus programas de treinamento para certificação.[15] A indústria médica está usando ferramentas virtuais para ajudar os estudantes a aprender anatomia, desenvolver melhores habilidades de comunicação com os pacientes e até aprender técnicas cirúrgicas com cirurgiões mais experientes.[16] Em mais de uma dezena de instalações nos Estados Unidos e na Europa, a gigante de entregas UPS usa módulos de treinamento em realidade virtual para preparar seus motoristas para possíveis riscos na estrada.[17]

À medida que essas ferramentas digitais imersivas mudam como e onde aprendemos, a ideia da própria especialização vai se tornando mais inclusiva, menos orientada para a sala de aula e mais amplamente disponível. Essa é uma tendência sobre a qual escrevi em 2014 e que chamei de *Expertise Distribuída*.

Mas essas aulas instantâneas introduzem um novo problema. Nem sempre processamos o conhecimento adquirido rapidamente como processamos o que aprendemos mais devagar ou com mais reflexão. Sabemos um pouco sobre muita coisa, mas as pessoas que sabem muito sobre pouco correm o risco de se tornar uma raça em extinção. Segmentos inteiros de conhecimento humano – do tipo que leva muito tempo para ser adquirido – estão desaparecendo.[18]

A morte dos idiomas e das competências tradicionais

A cada duas semanas, um idioma morre. De acordo com o *Unesco Atlas of the World's Languages In Danger* (Atlas da Unesco dos Idiomas em Perigo no Mundo), mais de 230 idiomas foram extintos nos últimos 70 anos. Outros 2.500 – quase metade das línguas restantes no mundo – correm algum nível de perigo.[19] Muitas iniciativas digitais trabalham para registrar alguns desses idiomas, antes que morra seu último falante vivo.[20] Mas mesmo que esses esforços sejam bem-sucedidos, muitos dos idiomas preservados podem sobreviver apenas em um banco de dados.

Línguas raras encontraram a morte inevitável durante séculos. Com o mundo se tornando mais conectado, a necessidade de falar diversos idiomas tem diminuído lentamente. Hoje, conhecer um idioma falado por poucos povos é um prejuízo, porque limita as perspectivas de sucesso da pessoa na economia global.

Porém, quando uma língua morre, o que muitas vezes se perde com ela é sua profunda sabedoria. A maneira como a língua descreve a condição humana revela mistérios de nosso passado e contém possibilidades de um jeito que não pode ser traduzido. Quando a sabedoria profunda e o domínio de idiomas morrem, desaparece também nossa capacidade de revelar e entender mais sobre nosso passado e, frequentemente, o conhecimento sobre como nós e o planeta podemos sobreviver no futuro.

Quase toda competência tradicional que nossos antepassados um dia dominaram, desde o tempo em que se orientavam pelo céu para caçar e conseguir comida, pode ter um destino semelhante. As pessoas não precisam mais exercitar essas competências para sobreviver, por isso perdem a capacidade de usá-las. Embora esse processo tenha sido gradual, hoje não somos mais adeptos de práticas e atitudes para as quais um dia fomos a única espécie capacitada. Da mesma forma, nosso conhecimento sobre alimentos nutritivos e medicinais está atrofiando.[21]

Um estudo perturbador sugeriu, inclusive, que *millennials* podem enfrentar uma ampla perda de força de preensão, devido ao tempo cada vez maior dedicado à tecnologia, em detrimento de mais atividades físicas.[22] Essa dependência da tecnologia também pode estar mudando a maneira como o cérebro funciona, fenômeno apontado em 2010 pelo autor Nicholas Carr, em seu livro *The Shallows: What the Internet Is Doing to Our Brains* (Geração superficial: o que a internet está fazendo com nossos cérebros). Testemunhando uma alteração no próprio pensamento, ele escreveu: "Antigamente eu era um mergulhador em um mar das palavras. Hoje deslizo pela superfície como um sujeito com um jet ski".[23]

Cultura do atalho

Quando não nos esforçamos para adquirir conhecimento sobre como fazer e produzir coisas, podemos deixar de apreciar sua importância. Buscamos sempre atalhos para melhorar o trabalho e a vida, e assim subestimamos a importância de desenvolver nossa maestria. As tecnologias atuais aumentam esse risco, na medida em que criam meios para evitar o único requisito vital para aprender qualquer habilidade ou desenvolver qualquer maestria: a prática.

Na última década, uma pequena equipe de cientistas do Georgia Tech's GVU Center estudou o *aprendizado háptico passivo*,[24] "a aquisição de habilidades sensório-motoras sem atenção ativa ao aprendizado". Eles desenvolveram uma luva, por exemplo, que emite pulsos elétricos para criar subconscientemente uma "memória muscular" e ensinar às pessoas tarefas táteis, como ler em braile ou tocar piano, sem atenção ativa. Nos testes iniciais, o método demonstrou ajudar as pessoas a aprender em questão de horas tarefas que, normalmente, exigiriam semanas ou meses de prática.

A Neuralink, empresa fundada por Elon Musk em San Francisco, está trabalhando para desenvolver interfaces cérebro-computador implantáveis, que poderiam melhorar a memória e permitir que a mente humana estabeleça uma ligação direta com um computador.[25] Cientistas descrevem a habilidade do cérebro para se adaptar a novos estímulos e formar novas vias neurais como *neuroplasticidade*.[26] Por exemplo, testes descobriram densidade de massa cinzenta significativamente maior (associada a habilidades cognitivas mais sofisticadas) em pessoas bilíngues, em comparação àquelas que falam só uma língua.[27] E se pudéssemos recorrer à tecnologia para ajudar a aumentar a densidade da massa cinzenta de qualquer pessoa, sem nenhum esforço por parte dela?

Há muitos anos esse tipo de aprendizado sem esforço tem sido parte do reino da ficção científica. O personagem Neo, interpretado por Keanu Reeves no filme *Matrix*, por exemplo, se conecta para baixar habilidades, como artes marciais, diretamente no cérebro. No futuro, esse tipo de aprendizado pode se tornar comum. Por enquanto, avançamos em direção a essa visão de maneiras mais modestas e mais realistas todos os dias, com o crescimento da megatendência do *Conhecimento Instantâneo*.

Uma olhada rápida em Conhecimento Instantâneo

Podemos aprender quase tudo mais depressa e com mais facilidade, às vezes com amadores investidos de autoridade, às vezes com especialistas de renome. Com a facilitação do acesso a essa informação e os custos da educação superior aumentando incontrolavelmente, o valor do aprendizado por demanda vai continuar crescendo. Porém, essa megatendência é acompanhada por um preocupante lado negativo.

Vamos nos tornar uma sociedade na qual rápidos trechos de áudio e conhecimento superficial substituem profundidade e sabedoria? Pior ainda, se estamos criando uma geração movida pela expectativa do aprendizado rápido e caracterizada pela falta de paciência ou capacidade para um aprendizado mais profundo, podemos confiar na longevidade das coisas que construímos ou na segurança dos serviços que oferecem? São esses tipos de questões que vamos enfrentar no futuro. Provavelmente, elas levarão as pessoas envolvidas com educação, bem como qualquer pessoa que tenha alguma coisa a ensinar, a reinventar a todo momento a maneira como compartilham seu conhecimento com o mundo.

COMO USAR CONHECIMENTO INSTANTÂNEO

1. Acelerar seu conteúdo.

Dez por cento dos ouvintes de audiolivros aumentam a velocidade da narração. Um porcentual semelhante de alunos da Khan Academy assiste a vídeos em velocidade acelerada.[28] Um estudo recente descobriu que acelerar conteúdo não tem impacto negativo sobre a compreensão.[29] Considerando o tempo escasso e a sobrecarga de conteúdo que recebemos diariamente, acelerar a forma de consumir conteúdo se tornou um jeito inteligente e até necessário para aprender. Ainda que não conduza à sabedoria e talvez até prejudique a capacidade de enxergar temas maiores (ou tendências – como divulguei na Parte I), permite, de fato, que o conhecimento seja adquirido de forma mais rápida.

2. Oferecer aprendizado por demanda.

Como a maioria dos consumidores sabe hoje em dia, a melhor maneira de conseguir orientação para consertar um aparelho eletrônico ou uma torneira que pinga não é ler o manual de instruções do fabricante. É assistir a vídeos no YouTube que oferecem instruções simples e diretas para seus objetivos. Empresas que colaboram com especialistas para oferecer esses recursos por demanda para seus produtos têm uma oportunidade de criar laços duradouros com os clientes, ajudando-os a ter mais conhecimento.

3. Tornar-se um especialista profundo.

Em um mundo no qual as pessoas sabem um pouco sobre muita coisa, quem tem décadas de experiência em um ofício, arte ou habilidade vai ser mais valorizado por seu conhecimento. Se você quer ser bem-sucedido nos próximos anos, nos quais o *Conhecimento Instantâneo* deve expandir-se, uma maneira de fazer isso é equilibrando autoaprendizado rápido e maestria intencional mais profunda sobre um assunto, tema ou competência.

A EVOLUÇÃO DO CONHECIMENTO INSTANTÂNEO

Uma análise das tendências passadas que se relacionam com essa megatendência:

APRENDIZADO SEM DIPLOMA (2013)

O padrão de aprendizado virtual de conteúdo explode, à medida que mais estudantes consideram alternativas à educação em faculdades tradicionais.

CONSULTORIA DE MÉTODO (2013)

Empresas e empreendedores bem-sucedidos criam modelos paralelos de consultoria para ajudar outras pessoas a reproduzir seu sucesso.

EXPERTISE DISTRIBUÍDA (2014)

Com plataformas on-line oferecendo acesso para aprender com especialistas, a própria especialização se torna mais inclusiva, menos acadêmica e amplamente disponível por demanda.

APRENDIZADO À VELOCIDADE DA LUZ (2018)

O caminho para a maestria em qualquer tema acelera com a ajuda de pequenos módulos de aprendizado que tornam a educação mais eficiente, envolvente, útil e divertida.

CONHECIMENTO INSTANTÂNEO

7 REVIVALISMO

QUAL É A MEGATENDÊNCIA?
Sobrecarregadas pela tecnologia e pela sensação de que a vida é agora muito complexa e superficial, as pessoas buscam experiências mais simples, que ofereçam um sentimento de nostalgia e que as façam lembrar de uma época mais confiável.

Tem um momento na quarta temporada da popular série de comédia *The Office*[1] em que o atrapalhado, mas adorável gerente, Michael Scott decide criar um anúncio de TV para sua empresa, a Dunder Mifflin. O slogan hilário e ineficiente que ele propõe para a companhia de papel, "papel ilimitado para um mundo sem papel", é, ao mesmo tempo, irônico, ingênuo e profundo.

Há sinais de que um mundo sem papel pode ser, de fato, inevitável. Revistas que existem há muito tempo, como *NewsWeek* e *Teen Vogue*, anunciaram a decisão de manter apenas as publicações digitais.[2] De acordo com o Relatório Global de Entretenimento e Mídia da PwC 2018-2022, "as vendas de *video games* físicos, música e DVDs devem cair anualmente, em alguns casos com percentuais de dois dígitos". Mas um formato de mídia demonstrou resistência impressionante a essa mudança: livros impressos.[3]

O mesmo relatório da PwC também aponta que as vendas dos livros físicos devem ter um crescimento modesto nos próximos 7 anos. Vi a realidade pessoalmente por meio das preferências de meus filhos. Sempre que pergunto se querem ler um livro no formato digital ou um "livro de verdade", eles preferem a segunda opção.[4]

Em outras categorias de produtos, há uma lacuna geracional entre as preferências dos jovens e a dos mais velhos. Estudos mostram que pessoas mais novas, por exemplo, preferem mandar mensagens de texto,[5] enquanto as mais velhas preferem falar ao telefone. Mas a simpatia por livros físicos parece atravessar gerações e demografias. Especialistas do mercado editorial ofereceram algumas explicações lógicas para isso. As pessoas gostam de fazer anotações nas margens dos livros. Ler livros físicos cansa menos os olhos do que ler em uma tela. E muitas pessoas gostam de virar página por página e sentir o aroma singular de um livro.

Os argumentos fazem sentido intuitivamente, mas é possível que exista uma explicação mais profunda.

Desde 2013, tenho acompanhado o crescimento da popularidade de cadernos físicos, leilões de arte on-line, jogos de tabuleiro, discos de vinil e outros produtos que combinam elementos táteis e um toque de nostalgia.[6,7,8] Catalogamos essas mudanças em duas tendências, *Impresso Precioso* (2013) e *Tocável* (2018). Ambas exploram como valorizamos cada vez mais coisas que podemos segurar nas mãos e experimentar de um jeito tátil. Esses itens parecem ser mais significativos exatamente porque passamos muito tempo da vida no domínio digital. As fotos que imprimimos e deixamos à mostra, por exemplo, carregam um significado adicional diferente daquelas outras milhares que tiramos e arquivamos no celular ou na nuvem, e nunca mais vemos.

Hoje vemos uma mudança maior. Quando somos dominados por uma ideia geral de que a vida se tornou muito complexa, encontramos conforto em objetos, produtos e experiências que são mais nostálgicos, como um livro ou jogo de tabuleiro, e lembram uma época mais simples da nossa vida.

Essa mudança está no centro da megatendência *Revivalismo*, que explica desde o desejo crescente por produtos menos habilitados para a tecnologia e o apelo ressurgente do artesanato e de marcas retrô icônicas, até a vontade de preservar nossa história e os "bons e velhos tempos" mais simples que ela representa.[9]

Tecnologia mais simples para um tempo mais simples

Embora tecnologia e design sempre prometam tornar as coisas melhores, mais ágeis e inteligentes, às vezes a última versão de um produto não é tão funcional, durável, segura, econômica ou fácil de usar quanto as versões anteriores. Carros automáticos inteligentes prometem segurança e conveniência, mas podem ser hackeados. Brinquedos, roupas, utensílios de cozinha e inúmeros outros produtos parecem ser produzidos de forma mais barata que no passado e, portanto, bem menos duráveis.

Existe até uma expressão nos círculos de tecnologia, *brick*, que descreve um aparelho habilitado para tecnologia que foi danificado ou que deixou de funcionar por erro de atualização de software. Hoje em dia, qualquer coisa, de telefone celular a carros inteligentes, pode ser transformada em um caro, mas inútil peso para papel (*brick*, em inglês).

Às vezes, o lado negativo de contar excessivamente com a tecnologia pode ser fatal, como foi em 2019, com os trágicos acidentes de dois aviões Boeing 737 Max.[10] Os acidentes foram causados, ao que parece, por um mal funcionamento do software de um novo comando que tirou o controle da aeronave dos pilotos e apontou o nariz do avião para baixo, embora membros da tripulação tentassem desesperadamente, e sem sucesso, recuperar o controle sobre o computador.

Felizmente, as consequências de uma nova e inteligente tecnologia, mesmo em caso de mau funcionamento, não costumam ser tão terríveis. Porém, tragédias como as quedas dos Boeing 737 alimentam a crença de que a chamada tecnologia atualizada nem sempre é melhor. Pelo contrário, às vezes, uma opção mais antiga, mais lenta e mais "burra" torna-se mais desejável.

Quando escrevi sobre essa mudança pela primeira vez, em 2016, nós a descrevemos como uma tendência chamada *Simplificação Estratégica*. Três anos depois, a tendência evoluiu para *Simplificação Deliberada*. O insight por trás das duas era o mesmo: em muitos casos, a opção simplificada era preferível. Um exemplo perfeito disso está no setor agrícola, no qual um número cada vez maior de tratores John Deere tem dados meteorológicos e software integrados — porém demoram muito mais para serem consertados quando quebram.

Por exemplo, a venda global de smartphones cresceu apenas 2% em 2017, enquanto a venda dos chamados "celulares que só ligam",[11] aqueles mais simples, sem aplicativos ou acesso à internet, aumentou 5%. Em alguns casos, esses celulares sem recursos foram procurados por pessoas que queriam se livrar da dependência do smartphone. Em outros casos, o crescimento foi provocado por pessoas frustradas com os aspectos negativos dos smartphones, como as baterias que mal aguentam um dia de uso.[12]

De maneira semelhante, muita gente está deixando de lado dispositivos *wearables*,[13] com alguns relatórios estimando que um terço das pessoas que compram aparelhos para acompanhamento de atividades físicas desistem de usá-los em cerca de seis meses. Os usuários percebem rapidamente que os dados gerados têm utilidade limitada.

As pessoas estão retornando à tecnologia mais básica não apenas por se sentirem sobrecarregadas pelas versões sofisticadas, mas também por receio de que a tecnologia avançada possa nos tornar vulneráveis a fraudes e manipulação. Em abril de 2018, o professor de ciência/engenharia da computação Alex Halderman, da Universidade de Michigan, postou um vídeo mostrando como era fácil invadir uma urna eletrônica.[14] Diante de uma pequena plateia, ele infectou a urna com um *malware* que garantia determinado resultado, independentemente dos votos registrados.

Essa possibilidade de invasão do processo político e das eleições é uma preocupação global e tornou-se particularmente urgente desde que veio à tona a prova da interferência russa nas eleições presidenciais de 2016 nos Estados Unidos.[15,16] Esse medo levou muita gente a pedir uma solução menos tecnológica: a volta das cédulas de papel. Como disse Halderman ao *Atlanta Journal-Constitution*, "Votar não é tão seguro quanto deve ser. A tecnologia mais segura é a da eleição em cédulas de papel".[17]

Suspeitando de que a tecnologia atual torna nossa vida vulnerável ao ataque, não só estamos retornando para a tecnologia mais básica, como também recorremos a produtos e marcas que nos fazem lembrar de coisas mais simples.

De volta às marcas em que confiamos

Em outubro de 2019, um anúncio inesperado surgiu na contracapa da *PhotoKlassik International*, uma revista alemã de fotografia analógica. O anúncio trazia uma ilustração de uma família passando de carro por antigos pontos turísticos da década de 1960 e o slogan: "Acrescente um ingrediente especial aos seus passeios... fotografe em filme e guarde suas lembranças por gerações!".

A surpreendente empresa por trás do anúncio era a Kodak,[18] que havia passado a maior parte da década anterior lembrando silenciosamente as pessoas de que ela ainda existia.

Depois de 131 anos de atuação, a Eastman Kodak declarou falência em 2012.[19] A quebra da empresa tornou-se um alerta quanto aos perigos da visão de curto prazo nos negócios. Apesar da lenda de que um engenheiro da Kodak chamado Steve Sasson tenha inventado a câmera digital na década de 1970,[20] a empresa não abraçou a fotografia digital,[21] preferindo proteger seu principal negócio: a venda de filme. Hoje a marca é uma sombra do que foi um dia. A renda anual despencou quase 90% desde 1990.[22] E a Kodak reduziu sua força de trabalho em quase cem mil empregados durante a última década.

Mas, apesar do declínio e da morte amplamente presumida, a Kodak vive um pequeno ressurgimento.

A Kodak faz parte da história de quem cresceu antes do surgimento de todas as coisas digitais. Ainda nos lembramos de comprar filme Kodak e acreditar que ele nos ajudaria a registrar e a reviver os momentos mais importantes da vida. O logo da Kodak até aparece atrás de muitas de nossas antigas fotos reveladas, enfatizando o fato de a marca estar, literalmente, carimbada em nossas recordações.

Desde 2017, a Kodak vem capitalizando sobre o desejo crescente de experiências mais analógicas, bem como sobre a boa vontade das pessoas com a marca, apelando para um marketing pesado de seu legado e de produtos analógicos. Ela relançou as icônicas câmeras Super 8,[23] retomou a produção do filme Ektachrome para os fãs persistentes, lançou uma revista impressa chamada *Kodakchrome*, para celebrar a "cultura analógica",[24] e associou-se a uma empresa de moda em uma linha retrô de *streetwear* que traz o logo da marca.[25]

O retorno da Kodak é só mais uma das muitas histórias que acontecem em diversas áreas, com consumidores céticos se voltando cada vez mais para marcas que os fazem lembrar de seu passado.

Em todo o mundo, de Buenos Aires, Argentina, a Edmonton, Canadá, houve um crescimento significativo de "bares fliperama",[26,27] fliperamas retrô que servem bebida alcoólica e comida e onde clientes de 30 e 40 e poucos anos tentam se reconectar ao passado jogando jogos de sua juventude. Também se valendo dessa mudança, fabricantes de *video games*, como Sony, Nintendo e Sega, lançaram sistemas clássicos, trazendo de volta interfaces e jogos das décadas de 1980 e 1990.[28] A maioria foi muito popular. Quando o Nintendo Entertainment System Classic com trinta jogos pré-instalados foi lançado, por exemplo, o console de US$ 60 esgotou imediatamente e reapareceu mais tarde no eBay à venda por centenas de dólares.[29]

Nosso forte fascínio pelo passado também se infiltra na indústria do entretenimento. Franquias populares no cinema, como *Jurassic Park, Toy Story* e *Matrix*,[30] anunciaram ou acrescentaram novas sequências. Além disso, muitos atores estão voltando para os papéis que os definiram. Sir Patrick Stewart está repetindo o Capitão Jean-Luc Picard na nova série *Jornada nas Estrelas*.[31] Harrison Ford voltou às suas icônicas representações de Han Solo, em *Guerra nas Estrelas*, Indiana Jones e Rick Deckard, em *Blade Runner*.

Em um mundo que nos assola com tantas escolhas, estamos voltando o relógio para franquias do cinema, produtos e jogos de que lembramos e amamos e, mais importante, que sabemos que não vão nos decepcionar.

O apelo contínuo do artesanato

Essa mesma mudança está levando consumidores a buscarem coisas que foram feitas do jeito antigo e, portanto, que resistirão ao teste do tempo: produtos artesanais e trabalhos manuais tradicionais. Comprar esses produtos oferece uma experiência de compra mais significativa e valiosa, bem como um antídoto ao consumo de itens baratos e descartáveis.

Pense, por exemplo, no melhor guarda-chuva do mundo, que só é vendido em uma lojinha em Nápoles, Itália, onde gerações de artesãos da família Talarico têm produzido guarda-chuvas há mais de 150 anos.[32] Esses guarda-chuvas são feitos a mão com madeira italiana local por Mario Talarico e seu sobrinho, um aprendiz. Cada um demora sete horas para ficar pronto. A loja vende apenas 220 guarda-chuvas por ano, cada um pelo preço aproximado de 200 euros.

A algumas horas de carro, na cidade suíça de Neuchâtel, existe uma mistura de oficina e castelo que pertence a um homem que pode ser descrito como o melhor relojoeiro do mundo.[33] Kari Voutilainen ganhou cinco prêmios máximos no Grand Prix d'Horlogerie Genève, o Oscar da relojoaria. Ele produz cerca de cinquenta relógios por ano, e seus clientes pagam alguma coisa entre US$ 75 mil e US$ 500 mil por suas criações.

Há um número cada vez menor desses artesãos no mundo fazendo produtos muito admirados, e eles se tornam mais e mais difíceis de encontrar.

Os belos objetos que esses artesãos criam se baseiam em história, tradição e folclore. Quando os compramos, nos sentimos ligados ao passado. Eles nos levam de volta a um tempo quando comprávamos produtos feitos a mão por alguém que conhecíamos, não de um conglomerado corporativo sem rosto ou de uma loja on-line. São produtos em que podemos confiar porque nós os compramos diretamente da pessoa que os fez.

Nosso caso de amor com o artesanato não é só pelo desejo de reconexão com produtos do passado, mas também pela vontade de estabelecer conexão com o modo como as coisas eram feitas no passado e como nos relacionamos uns com os outros.

Conservação digital e história marcada

O último elemento dessa megatendência tem menos a ver com as coisas que compramos e mais com nosso crescente desejo de preservar e aprender com o passado para lidar com nosso complexo presente. Tememos que, à medida que a tecnologia se torna mais sofisticada e que corremos em direção a um futuro que só imaginamos ser possível na ficção científica, deixemos grande parte do nosso passado para trás. Esse receio se manifesta no número crescente de esforços para preservar o passado, muitas vezes no formato digital.[34]

Em setembro de 2018, um incêndio devastador arrasou o Museu Nacional, de 200 anos, no Rio de Janeiro. Vários anos antes disso, houve uma destruição mais intencional de artefatos históricos no Iraque e na Síria. Ambos apontam para uma triste realidade de destruição cultural e histórica que parece impossível prevenir. Apesar de não sermos capazes de prever ou de combater esses desastres, equipes de "conservadores digitais" começaram iniciativas ao longo da última década para usar uma combinação de tecnologias que inclui *scanners* 3D, imagens de satélite e mapeamento por drone. Pequenos exércitos de jovens conhecedores de tecnologia são enviados para fotografar marcos históricos e preservar sua memória antes que o impensável aconteça.

O desejo de salvar e de lembrar o presente existiu durante a maior parte da história humana de que se tem registro. Nos últimos 100 anos, nós nos tornamos muito mais visuais nesse desejo, graças à fotografia e ao vídeo. O belo efeito colateral é que essas iniciativas também tornam o passado mais fácil de experimentar e mais acessível por demanda, muitas vezes como se coexistisse com o presente.[35, 36]

Esta é a última peça da megatendência *Revivalismo* e é um lembrete sério de que, ao lado de experiências agradavelmente nostálgicas, como jogar um jogo de tabuleiro ou comprar um guarda-chuva feito por um artesão, existe a necessidade muito real e urgente de encontrar melhores maneiras de preservar e proteger o passado para nós e para as futuras gerações.

Uma olhada rápida no Revivalismo

Acima de tudo, a megatendência *Revivalismo* descreve nosso abrangente desejo de voltar às coisas mais simples como um mecanismo de defesa diante de um mundo que se move cada vez mais depressa. Conduzidos pela nostalgia e pela propensão a romantizar o passado, procuramos produtos artesanais, tecnologias mais básicas e marcas históricas que resistem ao teste do tempo. Resumindo, estamos buscando lembretes culturais daquela época mais simples em um esforço para recriá-la para nós no presente.

Apesar de, no presente, nós nos voltarmos ao passado e às coisas físicas, a ironia é que usamos a tecnologia para preservar exatamente esses artefatos antes que desapareçam por completo. A megatendência *Revivalismo* diz respeito a reviver o passado e também a preservá-lo.

COMO USAR REVIVALISMO

1. Compartilhar sua história.

Sempre que possível, preserve e catalogue a história de sua empresa. Uma maneira de fazer isso é registrar as histórias dos funcionários sobre como é trabalhar em sua empresa, fabricar seus produtos e levá-los ao mercado. Essas histórias podem oferecer uma riqueza de conteúdo que não só aumenta o engajamento do consumidor, como também cria uma tradição que contribui para a construção da cultura, para os esforços de recrutamento e de treinamento, para o marketing e as relações públicas.

2. Oferecer um modo clássico.

Às vezes, o consumidor quer funcionalidades reduzidas nos produtos que compra. As melhores empresas oferecem um jeito fácil de fazer essa redução. Por exemplo, sempre que a Microsoft lança um novo sistema operacional, permite que os usuários voltem à interface em seu modo clássico de exibição, que fazia parte da versão anterior, com a qual estavam acostumados. O mais novo celular Samsung Galaxy permite a adoção de um modo ultraeconômico de energia, que desliga quase todas as funcionalidades, exceto ligações, "emburrecendo" o telefone para economizar energia. Descubra como oferecer um modo clássico para seus produtos e serviços.

3. Tornar sua experiência colecionável.

Parte do apelo de produtos táteis, como os livros físicos e a arte, vem do desejo humano de colecionar coisas. Gostamos da sensação de conquista quando completamos uma coleção ou acrescentamos objetos significativos a ela. Por isso adoramos ter mais um carimbo no passaporte ou comprar produtos em conjunto, em vez de individualmente. Considere os aspectos da experiência do cliente que você poderia tornar colecionáveis, de forma que o consumidor sempre volte para continuar colecionando.

A EVOLUÇÃO DO REVIVALISMO

Uma análise de tendências anteriores que se relacionam com essa megatendência:

IMPRESSO PRECIOSO (2013 + 2017)
Em razão da revolução digital, as pessoas dão mais valor a objetos físicos e impressos.

SIMPLIFICAÇÃO ESTRATÉGICA (2016)
Consumidores rejeitam versões atualizadas e escolhem as versões mais simples, mais baratas e, às vezes, mais funcionais.

PASSADO PRESERVADO (2017)
A tecnologia oferece novos meios para preservar a história, mudando, com isso, a maneira como experimentamos, lembramos e aprendemos com o passado.

DESINTOXICAÇÃO DESESPERADA (2017)
Com a tecnologia, o acúmulo de mídias e a sobrecarga de equipamentos tornando a vida cada vez mais estressante, as pessoas estão procurando momentos de reflexão e pausa.

TOCÁVEL (2018)
Sobrecarregados pelo digital e cansados de ficar sentados na frente de uma tela, os consumidores buscam produtos e experiências que possam tocar e sentir.

SIMPLIFICAÇÃO DELIBERADA (2019)

Com os produtos habilitados para tecnologia se tornando invasivos, os consumidores escolhem recuar para versões mais simples, mais baratas ou mais funcionais.

RETROCONFIANÇA (2019)

Muitas vezes, inseguro sobre em quem confiar, o consumidor de hoje em dia se conecta com marcas que têm um rico legado em história cultural ou aquelas que lhe suscitam um forte sentimento de nostalgia.

REVIVALISMO

8 MODO HUMANO

QUAL É A MEGATENDÊNCIA?
Cansadas da tecnologia que as isola umas das outras, as pessoas procuram e valorizam mais experiências físicas, autênticas e "imperfeitas" criadas com empatia e entregues por humanos.

Quando os Estados Unidos estavam atolados na crise financeira de 2008, um pequeno grupo de tecnólogos criou o "robô conselheiro", uma ferramenta automatizada que dava orientações sobre planejamento financeiro com base em algoritmos. A ferramenta removia a necessidade de os clientes interagirem com consultores financeiros e seus possíveis interesses pessoais e enviesados. Dois anos mais tarde, o empreendedor Jon Stein criou a Betterment, uma plataforma de orientação automatizada baseada nessa ferramenta, que cresceu rapidamente e passou a atender mais de 300 mil clientes e administrar US$ 16,4 bilhões em bens.[1] Uma década mais tarde, a Betterment fez um anúncio que surpreendeu muita gente na comunidade financeira: acrescentou uma opção humana.[2] Em troca de uma porcentagem maior sobre os bens administrados, os clientes teriam acesso ilimitado a um consultor financeiro humano. Por que um dos maiores proponentes de serviços financeiros automatizados voltaria atrás e ofereceria consultoria humana como um serviço premium? Acontece que, para certos aspectos da vida, e apesar da oportunidade de automação, ainda preferimos lidar com pessoas de verdade.

Em muitas áreas, a interação humana com o cliente vem sendo substituída por tecnologias automatizadas para reduzir custos e aumentar eficiência. Varejistas testam quiosques de pagamento sem caixas. Marcas prestam serviço de atendimento por meio de *chats* de inteligência artificial. E inovações na tecnologia de drones e caminhões autônomos parecem apontar para um futuro de entregas completamente automatizadas.

Um relatório recente da empresa de consultoria McKinsey estimou que 45% das atividades pelas quais as pessoas são pagas atualmente podem ser automatizadas no futuro.[3] Porém, apesar dessa revolução da automação em curso, há sinais de que ela cria uma ressurgência do valor e da necessidade de uma opção mais humana que, muitas vezes, envolve interações com pessoas de verdade, que sejam compassivas e habilidosas. À medida que essa preferência cresce, as marcas respondem dando um toque mais pessoal a seus produtos e serviços para mostrar sua humanidade e encantar os clientes.

Essa é a *Modo Humano*, uma megatendência que acreditamos estar se formando há anos. Quando publiquei o primeiro relatório de tendências em 2011, escrevi sobre o número crescente de organizações que apresentavam no marketing funcionários e suas histórias maravilhosas, uma tendência que minha equipe chamou de *Empregados Heróis*. Um ano mais tarde, identificamos a tendência *Humanismo Corporativo*: como as corporações tentavam ser mais transparentes e mostrar um lado humano. Em 2014, descrevemos como as histórias mais humanas on-line eram frequentemente aquelas compartilhadas de maneira mais viral, uma tendência que chamamos de *Humanidade Compartilhável*.

Essas tendências têm em comum um tema constante: em um mundo repleto de tecnologia, há sinais de que nossa humanidade é mais importante do que jamais foi.

Autenticidade em um mundo falso

Para ilustrar essa mudança, vamos considerar o setor do luxo. O fato de os consumidores desejarem cada vez mais gastar dinheiro em experiências, em vez de produtos, promove uma reavaliação do que torna um produto um luxo. Em 2018, observamos que experiências luxuosas estão se tornando menos uma coisa relacionada a exclusividade e extravagância, e mais sobre como elas ou a história que oferecem são autenticamente humanas – uma tendência que chamamos de *Luxo Acessível*.

Uma marca que exemplifica essa tendência é a Shinola, que comercializa produtos de couro e que a revista *Adweek* já descreveu como "a marca mais descolada da América".[4] A empresa, que tem sede em Detroit, cresceu e abriu 31 lojas nos Estados Unidos e em Londres em 9 anos. Seu imenso sucesso se deve, em parte, ao uso de sua história "Made in Detroit", focada no compromisso de abrir uma loja em uma cidade que muitos empresários haviam abandonado. A história da origem da Shinola e mais um toque de nostalgia conferido pelos produtos de couro feitos à moda antiga conquistaram o coração dos consumidores que procuravam autenticidade.[5]

Os clientes que compram um produto Shinola sabem que também estão ajudando a reconstruir uma das cidades mais lendárias dos Estados Unidos. A Shinola pode cobrar US$ 500 por um relógio, mas ele é feito em Detroit, um lugar sem dúvidas realista, não na Suíça. É algo que parece mais autêntico para sua base de clientes, majoritariamente norte-americana.

A história da Shinola mostra que os consumidores estão perguntando quanto de humanidade e autenticidade tem uma marca, antes de decidir se vale a pena comprar ou investir seu tempo nela. Um dos exemplos mais curiosos dessa preferência por autenticidade é a popularidade viral dos *mukbang* coreanos,[6] os quais milhares de espectadores sintonizam para ver um desconhecido comer uma robusta refeição. Alguns sugerem que esses programas são populares graças às fãs, mulheres que fazem dieta e ficam eufóricas ao ver um estranho devorar várias refeições de uma vez só. Outros pensam que a popularidade dos vídeos reflete um desejo mais profundo por algo real em nosso mundo falso, especialmente on-line. Há muitas evidências corroborando essa hipótese.

Em louvor à vulnerabilidade e à "desperfeição"

É fácil pensar que a mídia social se baseia principalmente em conteúdos fúteis, mas muitos momentos genuínos da humanidade se misturam a essa superficialidade. As pessoas não só acolhem a vulnerabilidade on-line, como também compartilham os momentos tristes, de insegurança, turbulentos ou de outra forma imperfeitos com amigos, familiares, seguidores e até completos desconhecidos. Na verdade, a moeda hoje não é a perfeição, mas o que chamei de *Desperfeição* em uma tendência com o mesmo nome: uma combinação de vulnerabilidade e autenticidade.

O canal do YouTube de Anna Akana, com mais de 300 milhões de visualizações, pode ser muito parecido com o de outras aspirantes a atriz ou musicista. Ela posta vídeos fofos sobre sua rotina de exercícios físicos e segmentos de empoderamento voltados para sua jovem plateia feminina. Mas seu vídeo mais popular tem quase 10 anos e não é como os outros. É intitulado "Please Don't Kill Yourself" (Por favor, não se mate).[7] Em quatro minutos e quarenta e quatro segundos de vídeo direto para a câmera, Akana compartilha o que ela e a família passaram depois que a irmã cometeu suicídio. Em lágrimas, ela suplica aos espectadores para que não façam a mesma coisa com as pessoas que amam. É dolorosamente franco e mereceu se tornar viral.

Em outro exemplo muito visto, a comediante Amy Schumer demonstrou sua imperfeição posando seminua em um ensaio fotográfico para um calendário,[8] depois postando a mensagem nas redes sociais: "Bonita, repulsiva, forte, magra, gorda, linda, feia, sexy, repugnante, impecável, mulher. Obrigada, @annieleibovitz". Sua experiência ilustra a realidade de como celebridades estão conquistando fãs sendo francas sobre si mesmas. Também é um sinal de como as indústrias do entretenimento e da moda, tão criticadas por perpetuarem padrões físicos irreais, estão mudando e valorizando imperfeições.

Em maio de 2017, a capa da revista *Elle* trazia Winnie Harlow, uma modelo com vitiligo,[9] condição que faz parte da pele ficar branca devido à ausência de pigmentação. Muitas marcas estão usando modelos mais realistas em suas propagandas, e várias até assinaram o manifesto "No Photoshop" para evitar retoques excessivos nas fotos.[10]

Enxergar mais as falhas de outras pessoas está gerando mais empatia e compreensão. Também está nos tornando mais receptivos a marcas que nos ajudam a agir com empatia e que a oferecem também em seus produtos e serviços.

Marcas investem em empatia

Em janeiro de 2017, a gigante dos supermercados do Reino Unido, Tesco, criou deliberadamente um caixa lento em uma de suas lojas na Escócia.[11] Idosos, portadores de necessidades especiais ou doença mental e outras pessoas que podem precisar de mais tempo ou da ajuda de um funcionário muitas vezes são esquecidos na corrida para otimizar o comércio para o grande público. A Tesco criou seu "caixa tranquilo" especificamente para eles.

Nos últimos anos, vimos muitas marcas trabalharem para criar experiências semelhantes, que atendam àqueles que foram ignorados no passado. A Starbucks, por exemplo, abriu uma loja "só de linguagem de sinais" em Washington, D.C.,[12] perto da famosa Universidade Gallaudet, focada na educação de surdos e de parcialmente surdos. Microsoft, SAP, Ford e outras grandes empresas investem em iniciativas para contratar mais pessoas neurodiversas e diferentemente capacitadas.[13]

Em Madri, Espanha, o Museu do Prado exibe seis réplicas tridimensionais de pinturas famosas para que pessoas cegas possam experimentá-las pelo toque. A grife norte-americana Tommy Hilfiger lançou uma linha de roupas para portadores de necessidades especiais, a Tommy Adaptative,[14] que inclui itens com fechos magnéticos simplificados e aberturas amplas para quem usa próteses.

Todas essas iniciativas colocam a empatia por trabalhadores e consumidores no centro da experiência, em vez de torná-la um projeto secundário e útil de responsabilidade social corporativa. Mais importante, esses esforços estão permitindo que organizações obtenham importantes resultados comerciais, desde construir uma força de trabalho mais leal a atrair a atenção de clientes mais exigentes e empoderados.

Em alguns casos, esse foco em empatia também está ajudando a mudar a forma como as pessoas enxergam o mundo e entendem as experiências e a mentalidade daqueles que são diferentes de nós. O Magdas Hotel de Viena é um exemplo importante. O hotel butique permite que viajantes ricos convivam com jovens refugiados. Lançado pela Caritas, organização europeia sem fins lucrativos, o projeto oferece uma poderosa possibilidade de desenvolver empatia por um grupo frequentemente ignorado.

Empatia virtual

A realidade virtual (VR) entrega conteúdo imersivo que nos transporta para versões simuladas de situações muitas vezes desconhecidas. Ela permite que nos coloquemos no lugar daqueles que podem ser diferentes de nós, como pessoas que vivem em extrema pobreza e sob ameaça de guerra. Também nos ajuda a apreciar melhor nosso próprio meio. Pode até nos tornar mais humanos.

Clouds over Sidra, um poderoso filme de VR do produtor Chris Milk, permitiu que os participantes experimentassem a dura realidade diária de refugiados sírios pelos olhos de Sidra, uma menina de 12 anos. Em *1.000 Cut Journey*,[15] os espectadores podem ver como é ser um jovem negro enfrentando o racismo de colegas de escola ou de policiais. E um projeto do *The Guardian*, um jornal do Reino Unido, permite que os espectadores sintam o que é ser um prisioneiro colocado em confinamento solitário.[16] Essas criações de conteúdo são exemplo de *Empatia Virtual*, uma tendência que tenho acompanhado desde que criamos a expressão, em 2016. Como Milk declarou em uma entrevista em 2015, a VR é "a grande máquina de empatia do mundo",[17] com potencial para nos ajudar a entender melhor os outros.

Conforme a qualidade da VR melhora, cresce também sua capacidade de engajamento. Isso promoverá o uso mais disseminado da tecnologia, além de experiências envolventes de entretenimento. Ela já é usada na fabricação de produtos, para entender melhor as necessidades do consumidor, na educação, para determinar como aprendemos, e de outras maneiras, para ajudar a ampliar nossa empatia.

O desespero da solidão

Talvez em nenhum outro lugar o valor humano da empatia seja mais aparente do que na considerável criatividade usada por empreendedores para aliviar o triste crescimento exponencial da solidão no mundo.

A tecnologia não é totalmente culpada por esse crescimento. Em alguns casos, a solidão é resultado de empregos bastante solitários, como o de motorista de caminhão.[18] Em outros casos, pode ser resultado natural do tempo, com o falecimento de pessoas queridas e daqueles que ficam se esforçando para continuar vivendo sozinhos. A solidão pode ser tão perniciosa que algumas pessoas recorrem a alternativas comuns para lutar contra ela.

Algumas recorrem até ao crime comum. No Japão, por exemplo, 20% de todas as prisioneiras do sexo feminino têm mais de 65 anos. Muitas foram presas por crimes como furto em lojas, cometidos intencionalmente com o objetivo de serem detidas. "Gosto mais da vida na prisão", reconhece uma delas. "Sempre tem gente por perto, e aqui não me sinto sozinha... não tenho nada lá fora que me faça querer sair daqui."[19]

Esse é o tipo de história que ouvimos sobre solidão: desespero misturado à falta de perspectivas. Em muitos casos, a solidão coincide com o envelhecimento e a perda das redes social e familiar, que eram parte da vida anteriormente. Em parte, é resultado da matemática da longevidade. Na medida em que vivemos mais, há menos pessoas mais jovens para cuidar de nós quando envelhecemos. Algumas culturas, como a japonesa, já sentem esses efeitos, e o restante do mundo logo vai enfrentar essa realidade demográfica. Só nos Estados Unidos, projeta-se que, no ano de 2030, haverá mais idosos que crianças.[20]

Como vamos cuidar de nossas populações idosas e garantir qualidade de vida para elas é algo que se torna particularmente urgente porque, de acordo com a AARP, quase 90% das pessoas com mais de 65 anos preferem envelhecer em casa.[21] Há ampla evidência médica para sugerir que, se assim for, essas pessoas também podem ter melhor saúde. Mas pessoas da família nem sempre podem cuidar de parentes idosos em casa ou contratar alguém para ajudá-los, e uma grande variedade de problemas, inclusive a solidão, pode surgir.

Ironicamente, a tecnologia pode nos ajudar a encontrar uma solução humana para esse problema.

Robôs *pets* e avatares digitais

Outra categoria solitária no Japão é o homem assalariado que trabalha em escritórios, com longos expedientes, e que não tem família. Para essas pessoas, uma empresa chamada Gatebox criou uma assistente virtual, "esposa holográfica", que é oferecida mediante uma assinatura mensal. O holograma cumprimenta a pessoa quando ela chega em casa do trabalho, acorda o indivíduo e pode até mandar mensagens de texto durante o dia, só para perguntar se está tudo bem.

Se isso parece extremo, vamos pensar na história de Jibo, criado para ser o robô mais amigável do mundo. Quando Jibo foi lançado, no fim de 2017, os primeiros consumidores amaram. A revista *Time* até declarou Jibo uma das melhores invenções do ano e o colocou na capa. Infelizmente, menos de 1 ano depois, a empresa por trás do Jibo encerrou suas operações. Seus servidores podem ficar off-line a qualquer momento.

A perda de Jibo, de acordo com um relato, foi como a de um membro da família.[22] Era essa a profundidade da ligação emocional que poderia ser estabelecida com um robô bem projetado. A conexão pode ser ainda mais profunda quando acontece com um avatar digital que tem uma pessoa real por trás dele.

Uma startup chamada care.coach oferece um avatar digital, em geral na forma de um animal de estimação animado, que aparece na tela de um tablet e interage com os clientes. Esse avatar lembra o cliente de tomar os remédios, beber água para permanecer hidratado e ir ao médico na próxima consulta. Na verdade, o avatar é um membro da equipe da empresa e é a voz do bichinho nos bastidores. O tablet tem uma câmera de vídeo unilateral habilitada para que a equipe da care.coach possa ficar de olho no cliente. Se virem a pessoa cair ou acreditarem que ela precisa de atendimento médico, eles podem chamar ajuda rapidamente. Mais importante, os membros da equipe da care.coach interagem com seus clientes de um jeito significativo, incentivando-os a compartilhar lembranças, ouvindo suas histórias, lendo para eles e fazendo companhia.

Para os clientes, o avatar é como uma mistura de animal de estimação e amigo, o tempo todo atento a eles e ajudando-o com suas necessidades. O serviço profundamente personalizado da care.coach funciona porque não só responde às necessidades básicas de cuidado, mas também considera as necessidades emocionais. Ele oferece empatia com o desejo do cliente de viver em um lugar conhecido, seguro, e conversar com alguém que o entenda.

Uma olhada rápida em Modo Humano

O crescimento da automação tem tido um efeito colateral marcante: experiências humanas são mais desejáveis e valorizadas. Sentimos falta de interações diretas, frente a frente, e confiamos em personalidades, marcas e produtos que parecem autênticos por terem imperfeições. Muitas vezes acusada de ser uma força desumanizadora, a tecnologia está oferecendo meios novos e tangíveis para que haja mais experiências humanas por meio da interação com hologramas e robôs que parecem vivos, da relação com pessoas de verdade por intermédio de avatares digitais e de experiências que criam empatia por meio de realidade virtual.

Essas inovações mudarão de maneira drástica o modo como cuidamos dos idosos e também como ajudamos a lidar com a solidão e a necessidade de companhia. Ao mesmo tempo, há o perigo de que o contato humano possa cada vez mais ser visto (e vendido) como um item de luxo e, portanto, disponível apenas para quem tem meios financeiros para pagar por ele. No futuro, essa tensão entre a necessidade de experiências humanas e o custo de tornar essas experiências disponíveis a todos que as quiserem ou precisarem delas se tornará grande fonte de atrito, bem como uma oportunidade.

COMO USAR MODO HUMANO

1. Comunicar-se de maneira humana.

Frases insensíveis são muito comuns e usadas nos negócios sem que se pense muito nelas, mas podem ser mal interpretadas por pessoas que não as conhecem. Uma vez vi um líder empresarial garantir que estava dizendo a verdade quando falava que não tinha intenção de "obliterar". É difícil confiar em um líder que usa uma palavra como essa. No futuro, empresas e líderes que eliminarem sistematicamente o jargão e se comunicarem de um jeito mais humano serão aqueles que conquistarão mais confiança.

2. Inovar por humanidade, não por velocidade.

A palavra inovação é frequentemente usada como sinônimo de tecnologia, em especial quando uma tecnologia é atualizada para que seja levada a um nível mais avançado. Porém, inovação tem a ver, na verdade, com descobrir novas maneiras de fazer coisas, e, às vezes, a melhor inovação é se concentrar em melhorar o caráter humano de uma experiência em vez de torná-la mais rápida ou mais barata. Como o caixa "tranquilo" da Tesco reimagina a visita ao supermercado com mais empatia, você pode repensar suas experiências para oferecer mais humanidade.

3. Aceitar a "desperfeição".

Você acha que a Torre de Pisa teria se tornado uma atração turística se não fosse inclinada? Coisas com defeitos são interessantes porque as imperfeições as tornam mais autênticas. Isso se traduz em uma lição interessante, seja para usar essa ideia nos negócios ou na vida pessoal. Compartilhar suas imperfeições pode proporcionar uma razão autêntica e crível para alguém confiar em você, porque demonstra honestidade e vulnerabilidade. Ser falho torna você mais humano e, em um número crescente de situações, isso é o que mais importa.

A EVOLUÇÃO DO MODO HUMANO

Uma análise de tendências anteriores que se relacionam com essa megatendência:

LIKEONOMICS (2011)
Influenciadores emprestam capital social a marcas, ajudando as que são mais humanas a vencer.

CELEBRIDADE ACESSÍVEL (2011)
A mídia social permite acesso direto a celebridades antes inacessíveis.

EMPREGADOS HERÓIS (2011)
Marcas grandes e pequenas demonstram humanidade divulgando histórias de seus funcionários.

HUMANISMO CORPORATIVO (2012)
Companhias encontram mais maneiras de deixar de ser uma empresa sem rosto e mostrar sua humanidade.

HUMANIDADE COMPARTILHÁVEL (2014)
Conteúdo compartilhado em mídias sociais se torna mais emocional à medida que as pessoas compartilham exemplos incríveis de humanidade e as marcas a injetam mais em seus esforços de comunicação de marketing.

EMPATIA VIRTUAL (2016 + 2018)
Um aumento nas experiências de realidade virtual vai culminar em maior empatia humana e corporativa graças à capacidade imersiva de ver o mundo pelo olhar de desconhecidos.

LUXO ACESSÍVEL (2018)

Luxo não é mais definido por escassez e privilégio, e sim por experiências humanas mais reais, que criam momentos inesquecíveis dignos de serem compartilhados.

(ADORÁVEL) DESPERFEIÇÃO (2014, 2015 + 2017)

Enquanto as pessoas buscam experiências mais pessoais e humanas, marcas e criadores concentram-se intencionalmente em empregar personalidade, peculiaridade e imperfeições intencionais para tornar seus produtos e experiências mais autênticos e desejáveis.

MODO HUMANO (2018)

Com o aumento da automação, pessoas ávidas por experiências mais autênticas e pessoais começam a pagar por consultoria, serviços e interação que envolvem outras pessoas.

EMPATIA EMPRESARIAL (2019)

A empatia se torna um propulsor de inovação e renda e um ponto de diferenciação para produtos, serviços, contratações e experiências.

MODO HUMANO

9 RIQUEZA DE ATENÇÃO

QUAL É A MEGATENDÊNCIA?
Na economia da informação, atenção é o recurso mais valioso que temos e é o que nos leva a ser mais céticos em relação àqueles que nos manipulam e, por outro lado, procurar e confiar mais naqueles que se comunicam de maneira mais autêntica.

Na primeira vez que fui convidado para falar no popular South by Southwest Festival (SXSW) no Texas, cometi o engano de olhar a programação para ver quantas outras palestras estavam marcadas no mesmo horário: 27. Felizmente, eu sabia que o evento atrairia muita gente, então, meu problema não era atrair pessoas. Não, o verdadeiro desafio era manter a atenção do público sentado em minha sala, enquanto aquelas pessoas pensavam em todas as outras palestras que estavam perdendo.

O medo de perder uma oportunidade (MPO) pode ser uma emoção poderosa. No SXSW, sabe-se que os ouvintes de uma palestra se levantam e deixam a sala se a mídia social explode com comentários positivos sobre alguma palestra concorrente próxima. Felizmente, minha palestra não provocou um êxodo, mas ouvi dizer que aconteceu com vários outros palestrantes.

Algumas semanas depois do evento, escrevi um artigo sugerindo que talvez o SXSW houvesse se tornado o maior exemplo de sempre se perder uma oportunidade: o que quer que você fizesse ou aonde quer que fosse, com certeza perderia pelo menos 95% de todo o restante.[1] Havia um custo difícil para escolher qualquer palestra: os lembretes em tempo real de todas as outras que você deixou de escolher. Ninguém estava realmente presente, o que significava que todo mundo perdia 100% da experiência, tanto na sala em que estava quanto em todos os outros lugares.

Infelizmente, esse é um problema que parecemos enfrentar todos os dias. Somos bombardeados com tantas opções às quais direcionar nossa atenção que decidir pode ser paralisante. Para piorar, relatórios confiáveis mostram que nossos períodos de atenção estão ficando mais curtos.[2] Embora tenhamos a capacidade de focar por um tempo limitado, o barulho que nos cerca tem tornado isso mais difícil. Nossa atenção está se tornando mais seletiva e menos fácil de atrair.

Ao mesmo tempo, a atenção continua sendo algo extremamente valioso para organizações, marcas, políticos e até nossa rede de amigos e colegas. Este é um mundo movido por *Riqueza de Atenção*, expressão que criamos para uma megatendência que descreve nossa sociedade movida por informação. Aqui, a maior influência política, financeira e social pertence àqueles que conseguem atrair a melhor atenção. O resultado dessa realidade é que a competição por nossa riqueza de atenção evoluiu para uma guerra declarada entre aqueles que esperam monetizar ou tirar proveito dela para consolidar seu poder. Os efeitos dessa batalha podem ser vistos em quase todas as áreas de nossa cultura.

Marcas criam espetáculos maiores para se promover e promover seus produtos. Manchetes sensacionalistas em novos sites oferecem tentações irresistíveis para atrair cliques. Políticos ganham popularidade postando tuítes ultrajantes que chamam atenção como um carro muito amassado no acostamento da estrada.

Os que estão ganhando a batalha por nossa atenção são os que escolhem atacá-la, provocando choque ou admiração. Previsivelmente, talvez, sua grandiosidade nos fez *mais* céticos em relação ao mundo de maneira geral, mais seletivos sobre em quem confiamos e mais fáceis de distrair de qualquer coisa que consiga atrair nossa atenção momentaneamente. Em resposta, os espetáculos que projetam para conquistar nossa atenção vão ficando cada vez maiores.

A era do espetáculo

A Flugtag é, talvez, a maior reunião anual no mundo de pessoas dispostas a assistir ao fracasso previsível.[3] Equipes competem para construir e lançar uma máquina movida pelo homem que voe o mais longe possível antes de aterrissar sem a menor cerimônia na água sob a plataforma de lançamento. Muitas criações caem quase imediatamente.

O evento é um dos muitos espetáculos patrocinados pela marca de bebida energética Red Bull. Mais que a maioria das outras marcas, a Red Bull descobriu como monetizar o espetáculo. A marca promove um evento de *mountain bike* radical e organizou de maneira notória a mais longa queda livre supersônica do mundo – um evento que milhões de pessoas assistiram ao vivo on-line. Durante a última década, a marca construiu um império de mídia que inclui programação de televisão, uma revista popular e dezenas de eventos e acrobacias que ela cria e assina.

Com isso, a Red Bull é o caminho a ser seguido por centenas de outras marcas que esperam se tornar igualmente aptas a atrair e lucrar com nossa riqueza de atenção. Há muitos exemplos divertidos, estranhos e, às vezes, exagerados.

Por exemplo, a Frito-Lay lançou um Museu do Cheetos on-line e físico,[4] dentro da locação do Ripley's Believe It or Not! na Times Square. O lugar exibe formatos famosos do Cheetos sugeridos por consumidores, incluindo o "Cheesebraham Lincoln" e o "Locheese Monster". O local tem um padrão estabelecido por instalações de arte pop, como o Museum of Ice Cream (museu do sorvete), que tem exposições com temas de sorvetes excêntricos, e a Candytopia, um "espetáculo açucarado"[5] que oferece uma dezena de instalações interativas, inclusive um poço de marshmallow. Quando eu dava os toques finais neste livro, em uma visita ao centro comercial da nossa região, passei por um Museu da Selfie de Halloween, onde você pode pagar para tirar fotos de si mesmo com fantasias macabras de Halloween.

Essas instalações oferecem o cenário perfeito para a melhor selfie, encantando visitantes com espetáculos instagramáveis ainda mais coloridos e animadores. Eles apelam para o nosso desejo de ter uma experiência única, ironicamente, tirando as mesmas fotos e compartilhando o mesmo espetáculo com inúmeras outras pessoas. Em 2019, descrevemos essa tendência e esses grupos que tiram proveito delas como alguém que promove um *Espetáculo Estratégico*. Desde então, temos visto cada vez mais exemplos dessa técnica.

II AS MEGATENDÊNCIAS NÃO ÓBVIAS

Espetáculo no comércio

Lojistas também adotaram a estratégia de conquistar a atenção do consumidor com espetáculos que inspiram admiração. Lojas estão deixando de ser meramente lugares onde os clientes podem comprar seus produtos, para serem lugares onde os clientes podem experimentá-los. A loja de roupas masculinas MartinPatrick3 faz isso há mais de uma década, indo muito além dos limites tradicionais do varejo.[6]

Instalada em um galpão de 130 anos na periferia moderna das Twin Cities em Minnesota, a loja vende uma combinação incomum de produtos: mobília, roupas masculinas elegantes e serviços de design de interiores. MP3, como é carinhosamente conhecida, opera quase como um quarteirão de cidade pequena, com um bar e uma barbearia. O que diferencia a loja de muitas outras é que ela encanta os consumidores desde o momento em que eles entram, cumprimentando vários clientes antigos pelo nome e surpreendendo novos e antigos consumidores com uma inesperada e espetacular variedade de produtos e serviços de atendimento ao cliente.

Com o crescimento do e-commerce, antigos líderes do ramo em lojas físicas temem que os consumidores só os visitem como uma espécie de showroom — vão experimentar um produto na loja para comprá-lo de outro varejista on-line, como a Amazon. Esse medo era tão palpável que uma loja australiana até começou a cobrar uma "taxa só para olhar"[7] de consumidores que entravam na loja e saíam sem comprar nada.

Com o tempo, porém, os varejistas mudaram seu foco e passaram a fornecer experiências multicanais mais memoráveis e imersivas, que conquistam a atenção do cliente e o induzem a concluir sua compra, seja na loja física ou on-line. Essa estratégia tem oferecido um caminho até para marcas falidas se reinventarem. Apenas 2 anos depois de pedir falência, a Toys 'R' Us, por exemplo, anunciou em 2019 que lançaria uma série de lojas experimentais onde as crianças poderiam "correr pelos corredores e brincar com brinquedos novos".[8]

Várias marcas até então digitais, que construíram seu sucesso incomodando os varejistas tradicionais, começaram a abrir lojas físicas, entre elas a ótica Warby Parker, a loja de cosméticos Glossier e, talvez a mais notável, a Amazon. Alguns desses esforços se apoiam em grande parte no espetáculo. Durante a Olimpíada no Rio de Janeiro, Brasil, o Galaxy Hub da Samsung personalizou celulares com a marca da Olímpiada e prêmios colecionáveis.[9] A loja on-line de colchões Casper criou a Dreamery,[10] uma loja que oferece sessões de cochilos com hora marcada para os sempre ocupados moradores de Manhattan.

Cada uma dessas experiências tira proveito da mais confiável tática para garantir riqueza de atenção: contar histórias.

A arte de contar histórias

Uma tendência recorrente em vários relatórios anteriores é a ideia de *Narrativa*, sobre a qual tenho escrito e ensinado há mais de uma década. Durante os últimos 15 anos como estrategista e palestrante, tenho sido um defensor apaixonado da importância de contar a história da marca. Criei e lecionei em um curso no nível de graduação sobre narrativa nos negócios na Universidade Georgetown. Histórias são ferramentas poderosas,[11] porque o cérebro humano é mais propenso a prestar atenção a uma narrativa envolvente do que a uma coleção de fatos. Sabendo disso, as marcas estão tentando chamar atenção e ganhar confiança compartilhando suas histórias e vulnerabilidades. Huda Kattan é um bom exemplo.

Maquiadora, empreendedora e personalidade da mídia social, a iraquiana-americana gosta de se descrever como "melhor amiga da beleza de todo mundo".[12] No caso dela, isso não está muito longe da verdade. Huda tem mais de 40 milhões de seguidores no Instagram, foi eleita uma das pessoas mais influentes da internet pela revista *Time* e é dona de um império de beleza em rápida expansão, a marca Huda Beauty.[13]

Vivendo em Dubai, Kattan mantém os fãs engajados respondendo às perguntas que fazem em seu blog e protagonizando tutoriais nos quais ela demonstra como usar seus últimos produtos. Tornando-se a acessível "melhor amiga e vizinha" e estrelando seu próprio show, Huda conquistou a lealdade dos fãs e transformou-os em clientes da linha que tem seu nome.

As grandes empresas de cosméticos estão sedentas por esse tipo de poder que chama a atenção. Só em 2018, foram 52 aquisições na indústria da beleza e cuidados pessoais, o número mais alto em uma década.[14] A maioria desses pequenos empresários não foi comprada por causa de seus produtos, os quais são fáceis de formular, mas pela riqueza de atenção que os fundadores conquistaram de uma grande e leal base de fãs.

Para cada influenciador humano como Huda, há um número cada vez maior de influenciadores artificiais, e alguns deles inspiram uma lealdade igualmente frenética de fãs.

Influência artificial

A superstar pop de 16 anos Hatsune Miku[15] se apresentou em shows lotados ao redor do mundo todo, seus vídeos ultrapassaram a marca de cem milhões de visualizações, e ela ganha muito para recomendar produtos. Mas sua rápida ascensão à fama, possibilitada pela mídia social, não é o que ela tem de mais interessante. O que a diferencia é que ela não é humana. Miku é uma personagem de anime e, desde que sua popularidade explodiu, ela tem sido convidada a recomendar produtos como o Toyota Corolla e se apresentar em shows ao vivo com backups humanos. Miku é a porta-voz da cidade de Sapporo, no Japão, onde supostamente nasceu.

Miku não é a única. Shudu é outro exemplo: uma "supermodelo digital", criada por Cameron-James Wilson,[16] fotógrafo de moda que vive em Londres. Depois que uma sessão de fotos criada digitalmente em que Shudu aparece usando um batom da Fenty Beauty se tornou viral, Wilson recebeu propostas de parceria com marcas que logo fizeram de Shudu mais que uma obra de arte digital. Lil Miquela, outra influenciadora criada digitalmente com um grande número de seguidores no Instagram, foi contratada no começo de 2019 para protagonizar ao lado da modelo Bella Hadid um controverso anúncio da Calvin Klein em que as duas se beijam.[17] O crescimento dessas celebridades inventadas é uma nova abordagem para conquistar a *Riqueza de Atenção* e um fenômeno sobre o qual escrevi para nossa tendência *Influência Artificial* em 2019.

Em muitos casos, influenciadores artificiais, como Miku, Shudu ou Lil Miquela, tornam-se um sucesso por atrair a altamente cobi-

146

çada população jovem – um segmento notoriamente difícil de abordar, cujo engajamento as marcas tentam de qualquer jeito impulsionar. Faz sentido, então, que esses influenciadores artificiais, que parecem comandar uma plateia especialmente grande dessa cética população jovem, devam se tornar ímãs para os dólares das marcas patrocinadoras.

Tais influenciadores digitais são fabricados para conquistar nossa atenção e confundem a linha entre real e falso, dificultando muito a tarefa de saber em quem confiar. Essa confiança é testada ainda mais pelo perturbador crescimento dos *deepfakes* – vídeos ou fotos manipulados –, nos quais a IA é usada para sobrepor o rosto de uma pessoa ao corpo de outra e criar uma cena enganosa.

Deepfakes e sabotagem de atenção

Em 2016, os *deepfakes* ganharam fama na mídia global quando a tecnologia foi culpada por alterar os resultados de uma eleição presidencial nas Filipinas. Uma série de vídeos falsos mostrando a candidata Leila de Lima em diversas circunstâncias íntimas e comprometedoras circularam no Facebook e sabotaram suas chances contra Rodrigo Duterte, que foi eleito.[18]

Vários meses depois do controverso resultado das eleições filipinas, uma equipe de pesquisadores da Universidade de Chicago construiu uma rede neural capaz de escrever avaliações on-line falsas de restaurantes que eram impossíveis de se distinguir daquelas escritas por humanos. Ben Zhao, um dos pesquisadores, apontou que esse tipo de tecnologia pode "abalar nossa crença no que é real ou não".[19]

Ele provavelmente está certo. A tecnologia que ajuda pessoas ou empresas com intenções de favorecimento pessoal a fabricar conteúdo que atrai atenção e distorce a verdade vai continuar se tornando cada vez mais sofisticada. Em virtude disso, vamos duvidar mais dos conteúdos em geral, mesmo aqueles produzidos por fontes de fatos verificados que são, aparentemente, legítimas.

Atenção e ultraje manipulado

No primeiro trimestre depois da eleição de Donald Trump em 2016, o *The New York Times* relatou o maior aumento de assinantes em sua história,[20] com um acréscimo de mais de 300 mil assinantes digitais em menos de um mês. De acordo com dados da Nielsen sobre a audiência da TV, a programação de canais a cabo, como Fox News, CNN e MSNBC, teve um crescimento de dois dígitos nos índices de audiência no segundo trimestre de 2017. A CNN teve sua maior audiência para o primeiro trimestre em 14 anos, e a Fox News teve o trimestre de maior audiência na história dos canais de notícias a cabo.[21]

De acordo com alguns analistas, o aumento pode ser explicado pelo crescimento de um tipo perturbador de mídia que é muitas vezes descrito como "pornô do ultraje".[22] A expressão se refere a histórias e manchetes escritas para provocar fúria. Essa é uma técnica usada frequentemente por canais de mídia com inclinação liberal e conservadora. Quando usada de maneira eficiente, é quase impossível ignorar. O ultraje, em outras palavras, tornou-se um fator que promove o lucro na indústria da mídia de notícias, porque não conseguimos deixar de prestar atenção.

Apesar dos muitos pronunciamentos da área sobre ser necessário dar mais atenção a fatos e relatos imparciais, a audiência é atraída pelo relato e pelos comentários hiperbólicos que são típicos dos canais de notícias e recompensam essa mídia com atenção.

Quando escrevi pela primeira vez sobre esse efeito em 2017, eu o chamei de *Ultraje Manipulado*. A ideia tornou-se rapidamente uma das nossas tendências mais discutidas naquele ano. Hoje, estamos diante de uma explosão de *Ultraje Manipulado* on-line, em que histórias são disseminadas nas mídias sociais por pessoas que querem explorar nossa ira ou lucrar com ela. Somos expostos a um sensacionalismo rotineiro, alimentado por canais de notícias que ficam 24 horas no ar e se desesperam para manter um fluxo eterno de notícias supostamente importantes e urgentes. No meio de todo esse apontamento de dedos televisionado, o senso comum de realidade foi perdido.

A boa notícia é que há sinais de que esse ciclo pode estar chegando ao seu limite. Como resultado da farra do sensacionalismo na mídia, as pessoas começam a duvidar do que leem, ouvem ou veem em todos os níveis. Cada alerta de URGENTE que clama desesperadamente por atenção imediata para alguma coisa que, em última análise, nem é importante, nos dessensibiliza ainda mais.[23] Em seu livro *The Attention Merchants*, Tim Wu chama esse resultado de *efeito de desencanto*. "Quando o público começa a acreditar que está sendo lesado – sobrecarregado, enganado, enrolado ou deliberadamente manipulado", explica, "a reação pode ser severa e duradoura o bastante para causar sérias consequências comerciais e exigir significativa reinvenção de abordagem".[24]

Quando o mundo está, ao que parece, em chamas, por que perder tempo se preocupando com isso, antes de sentir o cheiro de fumaça? Infelizmente, mesmo quando essa fumaça aparece, muita gente sugere que é só uma máquina de fazer fumaça. Eu me referi a isso pelo nome de "crise moderna de credibilidade", quando não sabemos em quem e em quê acreditar ou para onde voltar nossa atenção.

Quando isso acontece, recorremos à única fonte em que sentimos que podemos confiar: nós mesmos.

Mais informado e mais intolerante

Cercados pelo ruído de marcas, veículos de mídia e políticos disputando nossa atenção e confundindo os limites entre o que é real ou não, aprendemos, por força da necessidade, a direcionar nosso foco de maneira seletiva. Para isso, estamos nos voltando para dentro, para nossas crenças essenciais, e nos alinhando àqueles com quem as compartilhamos. Assim, também nos tornamos mais fechados a perspectivas diferentes das nossas, uma tendência que chamamos de *Falar a Verdade* em 2018.

Um dos efeitos dessa tendência introspectiva é que, cada vez mais, confiamos em curadores individuais para apontar aonde devemos gastar nossa riqueza de atenção. Em alguns casos, esses curadores ajudam a informar o que está acontecendo no mundo de um jeito simples e prático – como um irmão mais velho que tem opiniões próprias, mas não julga, e sempre soube de tudo.

Um exemplo popular é uma newsletter diária chamada *Daily Skimm*, das ex-produtoras de telejornais Danielle Weisberg e Carly Zakin. A newsletter é dirigida, principalmente, a mulheres *millennials* e alcança um público de mais de sete milhões de assinantes.[25] Nos últimos 2 anos, pretendi oferecer um valor semelhante aos meus leitores publicando a *Non-Obvious Newsletter* toda semana, que faz a curadoria das matérias mais interessantes e menosprezadas da semana.

Infelizmente, às vezes nossa fé nesses curadores pode ser indevida. Isso é fácil de perceber diante da popularidade de muitos âncoras de programas de entrevistas da TV a cabo, que em geral crescem provocando nossa indignação, categorizando pontos de vista contrários como idiotas e incentivando uma visão de mundo mais intolerante. Quando recebemos as notícias dessas fontes, nós permitimos que ocorra o que a jornalista do *The New York Times*, Natasha Singer, chamou de "câmara do eco on-line",[26] na qual a personalização impede que sejamos expostos a perspectivas diferentes das nossas ou que aprendamos com elas.

A ascensão desses manipuladores unilaterais apresenta um desafio poderoso para o pensamento aberto, novas ideias e até a própria democracia. Em um mundo onde é possível ser mais informado e mais intolerante ao mesmo tempo, continuar a ser alguém que pensa de modo não óbvio torna-se um desafio diário.

Uma olhada rápida em Riqueza de Atenção

Em uma economia de informação, atenção é a moeda corrente. Com o crescimento dos relatos sobre a redução do tempo de atenção, as marcas, a mídia e os políticos estão em uma verdadeira guerra para conquistar nossa atenção de todas as maneiras possíveis. Só quando a conquistam é que eles conseguem ganhar dinheiro – portanto, a atenção se tornou uma nova forma de riqueza. Para vencer essas batalhas, eles contam com o choque, a alegria ou a indignação como maneiras de engajar públicos cada vez mais céticos. Esse barulho constante nos leva a recorrer a curadores de informações confiáveis, em busca de ajuda para entender isso tudo. Alguns são dignos dessa confiança, ajudam a decifrar o barulho, enquanto outros corrompem nossa atenção com o sensacionalismo intolerante. Ao mesmo tempo, a batalha por atenção está levando algumas pessoas a tirar proveito da tecnologia para usar avatares artificiais, fabricar *deepfakes* e provocar indignação como meios para distorcer opiniões e pontos de vista.

À medida que descobrimos quanta riqueza existe em nossa atenção, vamos nos tornando mais céticos em relação a quem a merece ou não. Em um mundo onde temos mais controle sobre nossa riqueza de atenção, também temos a responsabilidade de fazer o melhor para usá-la com sabedoria.

COMO USAR RIQUEZA DE ATENÇÃO

1. Estar atento à repercussão de espetáculos.

Com a competição por atenção cada vez mais intensa, espetáculos seguirão sendo usados para atrair atenção. A verdade é que algum nível de drama pode ser necessário para romper o barulho, mas fazer alguém olhar por um segundo não é a mesma coisa que realmente engajar atenção. Além disso, se suas empresa e marca não estão em posição de ser "criadores de espetáculos", isso pode resultar em perda de credibilidade. Os custos de desrespeitar a atenção do público ou de não entregar o que promete vão dificultar a conquista de atenção no futuro, por mais que você lance mão do sensacionalismo.

2. Tornar a verdade mais transparente.

Toda organização precisa encontrar novos meios de conquistar clientes e públicos. Isso significa encontrar as fontes de informação em que seus clientes provavelmente acreditam e conectar-se com elas. Busque validação dos pares, fontes respeitadas que deem um depoimento a seu favor, ou os influenciadores certos que acreditam no seu negócio e estão dispostos a falar em nome dele.

3. Compartilhar sua história.

Para romper o barulho, compartilhe sua história, informando aos consumidores por que e como você faz o que faz. A marca de luxo

Hermès, por exemplo, lançou um comercial que leva os consumidores ao interior de um de seus moinhos de seda em Lyon, França, para ilustrar como seus produtos são feitos. Se você consegue contar sua história de um jeito interessante, mostrando sua arte ou seu ofício com humildade e vulnerabilidade, pode conseguir atrair o interesse dos atuais clientes ou de novos clientes em potencial para que eles gastem mais tempo (e mais dinheiro) com você.

A EVOLUÇÃO DA RIQUEZA DE ATENÇÃO

Uma análise de tendências anteriores que se relacionam com essa megatendência:

TRANSPARÊNCIA BRUTAL (2011)
Honestidade agressiva conduz ao marketing mais incisivo e eficiente com as marcas revelando essa tática inesperada que é bem recebida pelos consumidores.

CULTO AO COMÉRCIO (2011)
Os melhores comerciantes criam usuários apaixonados que não só compram produtos, mas também falam sobre suas experiências. Eles inspiram os que os seguem em suas redes sociais para que estes também experimentem os produtos.

TEATRO DE COMPRA (2012)
No próximo ano, mais lojas criarão experiências únicas usando os princípios do teatro com experiências memoráveis para atrair clientes.

NARRATIVA (2013 + 2018)
Organizações descobrem que levar as pessoas aos bastidores e à história de sua marca é um dos meios mais poderosos para inspirar lealdade e induzir à compra.

SENSACIONALISMO SELECIONADO (2014)
Com a linha entre notícias e entretenimento mais turva, a curadoria inteligente substitui o jornalismo, enquanto conteúdos envolventes são associados a manchetes sensacionalistas para atrair milhões de visualizações.

COMPRA REVERSA (2015)
Marcas investem cada vez mais em experiências de contato próximo na loja para construir afinidade e educar o consumidor, enquanto integram com perfeição canais on-line para concluir compras e receber pedidos.

ULTRAJE MANIPULADO (2018)
Mídia, análise de dados e propaganda se combinam para criar um fluxo eterno de barulho que pretende causar ira e provocar reações furiosas nas mídias sociais e na vida real.

FALAR A VERDADE (2018)
Com a confiança na mídia e nas instituições desmoronando, as pessoas se dedicam a uma busca pessoal pela verdade com base em observação direta e interação frente a frente.

INFLUÊNCIA ARTIFICIAL (2019)
Criadores, corporações e governos usam criações virtuais para mudar a percepção do público, vender produtos e até transformar fantasia em realidade.

ESPETÁCULO ESTRATÉGICO (2019)
Marcas e criadores usam intencionalmente espetáculos para conquistar atenção e promover engajamento.

RIQUEZA DE ATENÇÃO

10 LUCRO COM PROPÓSITO

QUAL É A MEGATENDÊNCIA?
Com consumidores e funcionários exigindo práticas mais sustentáveis e éticas dos empresários, as empresas respondem adaptando produtos, se posicionando em relação a problemas e colocando o propósito em primeiro lugar.

Há 25 anos, Yvon Chouinard, fundador da Patagonia, loja de roupas e equipamentos para prática de atividades ao ar livre, escreveu um ensaio intitulado "The Next Hundred Years" (Os próximos 100 anos), no qual expunha sua visão para o futuro.[1]

A Patagonia crescia exponencialmente, e Chouinard estava diante de uma escolha difícil: vender a empresa e criar uma fundação para as causas ambientais que defendia ou continuar construindo a marca. Ele decidiu continuar com a marca. "Talvez o verdadeiro bem ao nosso alcance fosse usar a companhia como ferramenta para mudança social", escreveu, "como um modelo para mostrar a outras empresas o bem que uma companhia pode fazer adotando a visão de longo prazo e fazendo a coisa certa".

A Patagonia fez as duas coisas.

Só na última década, a marca processou o governo dos Estados Unidos para reivindicar terras públicas, doou milhares de dólares de proventos para causas ambientais, foi pioneira na ideia do "recomércio", permitindo que os clientes trocassem equipamento usado por crédito,[2] e lançou um site interativo no qual os clientes podem acompanhar o produto desde a linha de produção até o transporte. No fim de 2018, Chouinard até reescreveu a declaração de missão da marca para torná-la mais ambiciosa: "Patagonia atua para salvar o planeta que é nosso lar".[3]

Essa defesa militante da Terra também tem sido excelente para os negócios. Nos últimos 7 anos, a receita da Patagonia quadriplicou, ultrapassando 1 bilhão de dólares por ano, enquanto a marca continua focada no impacto social em vez de mirar o crescimento.[4]

Apesar de seu sucesso, por muitos anos, a marca foi ignorada pelo mundo corporativo como um caso isolado e solitário – defendendo um nível interessante, mas irreal, de altruísmo corporativo. Hoje o mundo mudou. O crescente poder do consumidor significa que as pessoas querem trabalhar para comprar de marcas que causam um impacto positivo no mundo. O resultado é que não basta mais as marcas se concentrarem nos negócios, como sempre, e medir o sucesso apenas pelo crescimento financeiro. Espera-se com mais frequência que elas se posicionem em questões sociais e defendam suas crenças, ou corram o risco de perder clientes e funcionários. Essa é uma megatendência que chamo de *Lucro com Propósito*, e ela reflete uma nova realidade comercial, na qual se espera que as empresas não só façam negócios de maneira mais ética, mas também descubram que isso traz resultados comerciais palpáveis como retorno.

Consumidores fortalecidos

No passado, os consumidores tinham informação limitada sobre como os produtos que compravam eram feitos. É claro, podiam ler a lista de ingredientes em artigos alimentícios, cosméticos e de limpeza. Mas um consumidor curioso esgotava rapidamente as fontes de informação.

Não é mais assim. Graças à crescente transparência de informação na internet, os consumidores hoje em dia podem descobrir e denunciar as práticas de empresas em particular ou de mercados inteiros. Hoje sabemos sobre diamantes de sangue.[5] A verdade sobre os riscos do excesso de açúcar e do xarope de milho de alta frutose.[6] Além disso, empresas têm sido forçadas a revelar como usam os dados que coletam on-line sobre nós.

Em muitos casos, empreendedores e organizações criaram ferramentas para tornar contestável a informação sobre processos de produção e comportamentos da companhia, oferecendo aos consumidores cartões de pontuação sobre marcas, seus produtos, práticas no local de trabalho e suas próprias transações.

Katariina Rantanen é uma entre esses empreendedores. Sua equipe em Helsinki desenvolveu um aplicativo que permite que as pessoas verifiquem instantaneamente os ingredientes e as práticas éticas de empresas de cosméticos e beleza. Os usuários só precisam ler o código de barras de um produto, e a ferramenta, intitulada CosmEthics (uma fusão das palavras cosmético e ética, com o mesmo resultado sonoro de "cosméticos" em inglês), um nome muito inteligente, fornece dados de como determinado produto foi feito, se contém algum ingrediente proibido e se foi testado em animais.[7]

Um banco startup, habilmente chamado de Aspiration (Aspiração),[8] oferece uma conta-corrente que reúne de maneira automática dados sobre as práticas ambientais e éticas das empresas de quem você compra e calcula uma avaliação do impacto pessoal de seus gastos com base nas práticas publicadas pelas empresas cujos produtos você consome. Em 2019, uma empresa sueca de tecnologia chamada Doconomy lançou o primeiro cartão de crédito do mundo com um limite de carbono,[9] que não só mede os rastros de carbono do seu consumo, como também bloqueia todas as suas compras com o cartão assim que você atinge o limite.

Empresas como essas estão fomentando o conceito moderno de escolher com a carteira.[10] À medida que sua popularidade cresce, outros aplicativos de fortalecimento do consumidor serão lançados, ajudando-o a tomar decisões mais informadas também em outras áreas de consumo.

Em 2018, introduzimos uma tendência que chamei de *Consumo Esclarecido*, que sugeria que os consumidores viam cada vez mais suas opções sobre o que comprar, onde trabalhar e como investir como expressões significativas dos próprios valores. Desde então, temos visto esses valores personificados por heróis ativistas como Greta Thunberg, de 17 anos, cujos protestos silenciosos diante do prédio do Parlamento Sueco provocaram um movimento global de pessoas que se mobilizaram a favor do meio ambiente.[11]

Embora o movimento tenha sido retratado, em grande parte, como um esforço para obrigar governos do mundo a agir, há uma percepção crescente entre os consumidores de que eles também podem exigir transparência das corporações e causar um impacto por intermédio das coisas que escolhem comprar ou evitar.

Por exemplo, a reação a organismos geneticamente modificados (OGMs), xarope de milho de alta frutose e ingredientes artificiais levou muitas das grandes marcas mundiais, de McDonald's a Mars, a serem mais transparentes sobre a origem de seus ingredientes.[12] O público também declarou guerra contra o canudo de plástico, levando muitos restaurantes a banir o item.[13]

Outra maneira pela qual o consumidor está deixando claro seu padrão ético é o investimento sustentável. A prática de comprar ações em empresas que consideram causas sociais e ambientais para promover mudança social cresce significativamente. A Global Sustainable Investment Alliance (Aliança Global de Investimento Sustentável), um grupo que agrega dados do mundo todo, mediu um crescimento de 34% em investimentos socialmente responsáveis, passando a US$ 30,7 trilhões de 2017 a 2019.[14] Dados do Morgan Stanley's Institute for Sustainable Investing sugerem que os *millennials* têm o dobro de probabilidade, em relação à população geral, de investir em empresas ou fundos que buscam resultados sociais ou ambientais.[15]

Essa onda de interesse do consumidor e do investidor em empresas com práticas sociais sustentáveis está promovendo uma mudança correspondente nas operações de empresas éticas. Corporações seguem o consumidor, como Chouinard previu.

As marcas se posicionam

Uma das maneiras pelas quais as empresas estão se esforçando mais para atrair consumidores conscientes é o posicionamento em defesa daquilo em que acreditam. Escrevemos pela primeira vez sobre essa tendência, *Posicionamento de Marca,* em 2018. Na próxima década, marcas que declararem corajosamente no que acreditam, escolherem fazer o bem e atuarem para defender pessoas e o mundo de maneiras inesperadas continuarão conquistando o coração do público.

Um divisor de águas para essa tendência aconteceu em 2014, quando a CVS Health, a maior rede de farmácias nos Estados Unidos, parou de vender produtos com tabaco.[16] Na época, analistas estimaram que a decisão custaria à marca cerca de US$ 2 bilhões ao ano em renda. Em 2019, o CEO Larry Merlo atribuiu àquela escolha corajosa a mudança no futuro da companhia e, talvez, na área de cuidados com a saúde. Naquele período de 5 anos, a CVS adquiriu uma grande empresa de seguros de saúde (Aetna), transformou lojas em "polos de saúde", concentrou-se em serviços e produtos para a saúde e quase dobrou sua renda anual nesse processo.

Às vezes, as marcas se posicionam mais discretamente. No interior de uma das fábricas mais famosas do mundo, localizada na pequena cidade de Billund, Dinamarca, mais de cem engenheiros e cientistas trabalham juntos para recriar um produto que funcionou perfeitamente por mais de 80 anos.

O LEGO Sustainable Materials Centre (Centro LEGO de Materiais Sustentáveis), um grupo bem financiado dentro da LEGO, dedica-se a encontrar materiais mais sustentáveis na próxima década para construir os icônicos blocos da empresa. Em 2018, o grupo lançou sua primeira inovação, fabricando peças flexíveis, como folhas e palmeiras, com um plástico produzido a partir da cana-de-açúcar.[17]

Esse compromisso com o meio ambiente é profundamente sentido na LEGO. Seus esforços podem inspirar mais iniciativas como essa na indústria de brinquedos, em especial se os consumidores notarem os esforços da LEGO e exigirem compromissos semelhantes de outros fabricantes.

Heróis improváveis da mudança social

No começo da carreira, a designer de moda Stella McCartney jurou que nunca usaria couro, pele ou penas em seu trabalho.[18] Ativistas dos direitos dos animais e vegetarianos eloquentes, porém, raramente alcançam o sucesso no mundo da costura de luxo, no qual os produtos são, com frequência, feitos com produtos de origem animal. Não é surpreendente que sua escolha não ortodoxa tenha sido ridicularizada, inicialmente, dentro da indústria.

Mas McCartney não se deixou abater. À medida que aprendeu mais sobre o destrutivo impacto ambiental das indústrias de moda e têxteis –

que emite cerca de 1,2 bilhão de toneladas de gás de efeito estufa anualmente —, ela estabeleceu ambiciosos objetivos de sustentabilidade para sua empresa. Suas criações usavam algodão orgânico, fibras recicladas, madeira sustentável, embalagem de plástico biodegradável e, é claro, nada de couro ou de pele animal.

No processo, Stella se tornou uma heroína para os consumidores, que a viam como uma guerreira contra o impacto ambiental dos gigantes da moda. Com o tempo, seu sucesso desencadeou um movimento na indústria que teria sido impensável uma década antes. Em 2017, as marcas de luxo rivais, Gucci, Versace, Burberry e várias outras, anunciaram a intenção de também não usar mais pele em suas coleções.

Isso é um ciclo virtuoso. Empresas escolhem fazer o bem, consumidores as consagram como heroínas e outras companhias as imitam. E, em geral, tudo começa com um só líder visionário, como Stella McCartney ou Yvon Chouinard.

Outro efeito desse ciclo é que as empresas começam a exigir mais dos revendedores com quem trabalham, promovendo inovação responsável em toda a cadeia de fornecedores e parceiros.

Um exemplo interessante desse efeito é Robertson County, uma pequena região no norte do Tennessee que já foi dominada por fazendas de tabaco. Hoje, esses fazendeiros plantam principalmente anil, graças à empreendedora Sarah Bellos e sua empresa, a Stony Creek Colors.[19] Essas plantas azul-anil são usadas para produzir uma tintura azul natural que pode substituir a tintura sintética e tóxica que a maioria dos fabricantes de jeans costuma usar. Esse é exatamente o tipo de inovação que designers sustentáveis, como McCartney, e os consumidores empoderados que compram deles estão exigindo.

Liderar a mudança audaciosa

Incentivados por consumidores que apoiam marcas que se dispõem a ser cidadãos responsáveis do mundo, um grupo de empreendedores como Bellos está desenvolvendo planos igualmente audaciosos para mudar o mundo com suas startups — uma tendência que selecionamos pela primeira vez em 2017 e descrevemos como *Empreendedorismo de Lançamento*.

A ideia de um "lançamento" capaz de mudar o mundo é fácil de desprezar. Com certeza, há muita arrogância e devaneios alimentando muitas dessas ideias, e elas frequentemente fracassam. Porém, com o mundo enfrentando problemas cada vez mais urgentes, a necessidade de grandes soluções vai exigir esse tipo de empreendedorismo arrojado. Enquanto escrevo este livro, geleiras derretem, a Floresta Amazônica está em chamas e o clima extremo domina o ciclo das notícias globais toda semana. O resultado é que o mundo está cada vez mais pronto para aceitar ideias radicais de empresas, uma tendência que chamamos de *Velocidade do Bem*, em 2019.

O projeto Ocean Cleanup (Limpeza do Oceano) é um exemplo de como investidores e outras pessoas estão apoiando um conceito bastante ambicioso que muitos acreditavam que não tinha chance de sucesso.[20] A ideia maluca veio de um empreendedor holandês de 25 anos chamado Boyan Slat, que sonhou com a ideia de instalar imensas barreiras flutuantes que pudessem usar a corrente marítima para capturar plástico poluente de uma área conhecida como Great Pacific Garbage Patch (grande trecho de lixo do Pacífico) – há cerca de 1,3 trilhão de objetos de plástico flutuando no oceano entre o Havaí e a Califórnia.

A ideia era tremendamente ingênua e acabou enfrentando uma série de problemas quando foi lançada. Mas, em outubro de 2019, quase 7 anos depois de Boyan ter divulgado essa ideia pela primeira vez em um palco na conferência TEDx, o sistema funcionou.

O crescimento dos levantadores

Quando vemos mais projetos com propósitos sendo apoiados, notamos que eles muitas vezes surgem de uma fonte improvável: de dentro de empresas. Quando consumidores e funcionários anunciam o que é importante para eles, as empresas respondem. Em 2015, exploramos uma tendência que chamamos de *Mindfulness Convencional* para descrever uma mudança crescente em meio a companhias que investiam no poder do *mindfulness* para inspirar sua força de trabalho e resolver problemas maiores.

Duas vozes que lideravam a conexão entre propósito, *mindfulness* e desempenho organizacional eram a dra. Eliza Shah e Paresh Shah,[21] fundadoras do Lifter Leadership. Sua pesquisa inovadora identificou "levantadores", um segmento emergente que abrange todas as faixas etárias e que pode ser desenvolvido por meio de treinamento para induzir propósito, inovação, saúde e mudança no local de trabalho. Levantadores são funcionários positivos, determinados, que levantam simultaneamente colegas, clientes, comunidades e empresa. Essas iniciativas estão causando um impacto comercial tangível. De acordo com o professor de administração Raj Sisodia, organizações que adotam práticas de *mindfulness* têm desempenho aproximadamente dez vezes melhor que as que não o fazem.[22]

Por fim, as organizações que são guiadas por propósito não vão apenas se reinventar mudando seus produtos, fazendo o bem e estabelecendo objetivos ambiciosos e determinados, mas poderão mudar nosso mundo e fazer dele um lugar melhor.

Uma olhada rápida em Lucro com Propósito

No passado, as marcas se limitavam ao "soft branding" de iniciativas relacionadas a causas, preferindo assumir um papel discreto de apoiador invisível em vez de assumir uma posição pública. Essa já foi a melhor maneira de uma corporação apoiar iniciativas alinhadas a seus valores centrais sem se sentir claramente promocional.

Hoje, espera-se que as marcas sejam mais eloquentes. Sentar em cima do muro não é o suficiente. Agora as empresas precisam trabalhar para conquistar a confiança dos consumidores por intermédio de modelos positivos de negócios, tratamento ético dos trabalhadores, ações de caridade, abastecimento socialmente responsável e o compromisso diário de associar propósito *e* lucro. Da mesma forma que consumidores fazem escolhas intencionais sobre quais produtos comprar e quais marcas apoiar, funcionários também procuram locais de trabalho que permitam a eles ter um propósito maior e fazer a diferença no mundo.

COMO USAR LUCRO COM PROPÓSITO

1. Adotar uma posição de credibilidade.

Com lucro e propósito mais importantes que nunca, marcas e líderes podem cair na armadilha de se apressar para assumir uma posição ou fazer uma declaração sobre uma questão sem pensar se outras pessoas verão seu movimento como crível. Um exemplo seria uma empresa de serviços financeiros que decide lançar uma iniciativa para apoiar mulheres líderes capacitadoras na companhia, embora não haja mulher alguma em sua diretoria ou na presidência. Quando consumidores e funcionários recorrem regularmente a organizações com um forte propósito, tornam-se mais exigentes com aqueles que dizem ter propósito, mas não agem de acordo com suas palavras.

2. Focar no impacto.

Quanto mais ferramentas em tempo real (como aplicativos de leitura de códigos de barra e análises on-line) os consumidores tiverem para avaliar práticas corporativas, mais eles vão exigir não só o compromisso de fazer o bem, mas também de alcançar resultados. Aqueles que podem exibir impacto positivo claro no mundo são os que conseguem inspirar mais lealdade em consumidores e funcionários, e também retornos contínuos de investidores.

3. Praticar capitalismo consciente.

De um ponto de vista mais pessoal, como consumidores, temos o poder em nossas mãos. Podemos pensar que uma pequena escolha – talvez abandonar um produto fabricado de maneira questionável ou pagar alguns dólares a mais por um produto que é feito de maneira ética – não faz uma real diferença. Afinal, quanto de impacto uma pessoa pode ter? Porém, fazendo escolhas socialmente responsáveis de forma consistente e pensando nos impactos positivos e negativos de nossas compras, podemos contribuir para um efeito cascata. Com cada decisão que tomamos a respeito do que compramos e onde compramos, demonstramos o que é importante para nós e mandamos uma mensagem clara para as empresas: o jeito como elas fazem seus produtos e como administram os negócios importa.

A EVOLUÇÃO DO LUCRO COM PROPÓSITO

Uma análise de tendências anteriores que se relacionam com essa megatendência:

DESIGN HEROICO (2013)
O design tem um papel fundamental na introdução de novos produtos, ideias e campanhas para mudar o mundo.

BENEVOLÊNCIA DE MARCA (2015)
As empresas cada vez mais colocam o propósito da marca no centro de suas organizações para demonstrar um compromisso mais profundo de fazer o bem como parte dos negócios.

EMPREENDEDORISMO DE LANÇAMENTO (2017)
A tendência a celebrar empreendedores visionários inspira uma nova geração de fundadores de startups a pensar além do lucro e considerar o modo como seus negócios podem causar um impacto social positivo e até salvar o mundo.

POSICIONAMENTO DE MARCA (2018)
Em reação a um clima de polarização na mídia, mais marcas se sentem impelidas a assumir um posicionamento e a enfatizar seus valores centrais, em vez de tentar ser todas as coisas para todas as pessoas.

CONSUMO ESCLARECIDO (2018)
Fortalecidas com mais informações sobre produtos e serviços, as pessoas estão escolhendo fazer uma declaração sobre valores e o mundo de hoje por meio do que compram, onde compram e como investem.

VELOCIDADE DO BEM (2019)

A urgência dos problemas que a humanidade enfrenta está inspirando corporações, empreendedores e indivíduos a encontrar maneiras de fazer o bem (e gerar resultados) mais depressa.

LUCRO COM PROPÓSITO

11 ABUNDÂNCIA DE DADOS

QUAL É A MEGATENDÊNCIA?
A crescente ubiquidade de dados e as diversas maneiras de coletá-los levantam importantes questões sobre como torná-los realmente úteis, de quem são e quem deve ter o direito de lucrar com eles.

Em 1954, o guru do gerenciamento Peter Drucker escreveu: "O que pode ser medido pode ser melhorado".[1]

Durante décadas, esse mantra descreveu como o mundo vê os dados. Números são celebrados, e quem toma decisões com base neles é respeitado. As companhias mais saudáveis do mundo são as que têm acesso a grandes conjuntos de dados.

O resultado nada surpreendente de nossa cultura da reverência aos dados é que todo mundo está focado em encontrar novas e melhores maneiras de coletá-los em maior quantidade. As empresas não só coletam constantemente o *big data* pelas plataformas que possuem, como nossos dispositivos geram, continuamente, fluxos de *small data*. Aparelhos operados por voz ouvem e registram conversas. Dados de aplicativos de carona compartilhada, termostatos smart, entretenimento por streaming, jogos on-line, monitores de atividade física e de tráfego em tempo real são todos coletados e armazenados, em geral com a esperança de obter lucro com a informação.

Boa parte do *small data* vem de informações que compartilhamos espontaneamente, porque as implicações desse compartilhamento em geral não parecem perigosas. Quem se importa se a Netflix sabe exatamente que filmes você escolhe ver, ou se o Google sabe que você está procurando uma impressora nova para comprar? Em alguns aspectos, o fato de eles terem essa informação significa que podem criar uma experiência melhor e mais personalizada para você.

Porém, às vezes compartilhamos informação sem querer. Postar uma foto, por exemplo, muitas vezes envolve metadados ocultos, como uma localização exata de GPS e hora, que podem ser comparados com dados de fotos de outras pessoas para saber com quem você estava e até o que estava fazendo. O potencial para mau uso da tecnologia de reconhecimento facial é tão preocupante que San Francisco e várias outras cidades já proibiram seu uso.[2]

Além de todos esses dados colhidos por empresas e das informações compartilhadas on-line por indivíduos, há uma fonte considerável de dados que está se tornando cada vez mais disponível publicamente: *open data* (dados abertos). Essa expressão se refere a enormes depósitos de dados jogados na rede por empresas e governos em nome de transparência ou do cumprimento de medidas regulatórias. A combinação criou uma confusão que descrevi em 2018 como uma tendência que chamamos de *Poluição de Dados*. Na próxima década, esse problema vai se tornar ainda pior.

De acordo com estimativas de alguns especialistas, espantosos 90% dos dados que existem nos dias atuais no mundo foram criados nos últimos 2 anos e continuam se multiplicando exponencialmente.[3]

Esse é o mundo moderno da Abundância de Dados, no qual empresas e consumidores geram e coletam conjuntos cada vez maiores de dados, o que nos leva a enfrentar várias questões-chave. Quão significativos são todos esses dados? O que deveríamos fazer com todos eles? Quem deve ser dono dos dados? E talvez a mais importante: quem deve ter direito a lucrar com eles?

Dados bons e dados inúteis

A agricultura, atualmente dominada por dados, pode oferecer algumas respostas.

Hoje uma simples fazenda pode fornecer montanhas de dados a partir de sensores no solo, rastreadores vestíveis em animais de criação e drones para monitoramento de safras. Essa informação viabiliza uma agricultura precisa – a possibilidade de plantar a cultura perfeita no lugar certo e colher na hora certa.

Alguns grupos combinam os dados de muitas fontes a fim de criar algo que fornece valor a todo o ramo. A Farmers Business Network, com sede na Califórnia, é um exemplo.[4] A rede pede aos fazendeiros para compartilhar seus dados sobre preços de substâncias químicas, extensão de lavouras e rendimento de plantações. Essas informações fornecidas por milhares de fazendeiros participantes, que administram coletivamente mais de 22 milhões de acres de terra cultivada nos Estados Unidos e no Canadá, são inseridas em um sistema para que qualquer membro possa verificar quais são os preços justos de insumo no mercado, o desempenho da semente no mundo real e os pontos ideais de transporte de grãos.

Da mesma maneira, redes abertas estão surgindo em outras áreas. No campo médico, por exemplo, um aplicativo chamado Figure 1 recrutou quase 2,5 milhões de profissionais da medicina para compartilhar imagens de pacientes (sem os dados pessoais) para ajudar os colegas no diagnóstico de quadros difíceis ou raros. Apelidado de "Instagram para Médicos",[5] o aplicativo ajudou centenas de profissionais a oferecer um tratamento melhor para seus pacientes com o conhecimento de colegas no mundo todo.

A proliferação dessas redes abertas tem se mostrado extremamente útil para quem compartilha dos dados. Porém, isso só é verdade quando os dados são bons – atualizados, claros e administráveis. Mais nem sempre significa melhor.

Imensos conjuntos de dados de grupos governamentais e não governamentais estão sendo disponibilizados a outras pessoas para uso on-line. Em teoria, isso pode parecer uma coisa positiva, mas, infelizmente, nem todos os dados são usáveis. O GovLab Index,[6] que rastreia tendências de *open data* e publica relatórios anuais sobre a situação da adoção de *open data* por governos no mundo todo, revelou alguns pontos preocupantes:

→ Mais de um milhão de conjuntos de dados foram abertos por governos no mundo inteiro.

→ Menos de 7% desses dados são publicados tanto em formulários legíveis por máquinas quanto sob licenças abertas.

→ 96% dos países estão compartilhando conjuntos de dados que não são atualizados regularmente.

Quando se trata de dados, qualidade é mais importante que quantidade, como aprenderam as pessoas que investem seus dólares de publicidade em plataformas de mídia social.

CINCO TIPOS DE POLUIÇÃO DE DADOS

TRANSBORDAMENTO DE DADOS	Quando muitos dados são capturados, deixando as empresas confusas sobre em que focar ou o que priorizar.
MANIPULAÇÃO DE DADOS	Quando os resultados e os insights dos dados são distorcidos para embasar argumentos enviesados.
SABOTAGEM DE DADOS	Quando as pessoas compartilham intencionalmente informações incorretas ou incompletas com a intenção de causar danos.
CONTAMINAÇÃO DE DADOS	Quando os dados são coletados de várias fontes, misturados e recuperados ou deletados pelos criadores.
EXPIRAÇÃO DE DADOS	Quando os dados não são atualizados com a frequência necessária e, portanto, perdem o valor, porque não são atuais.

Publicado originalmente no *Relatório de Tendências Não Óbvias de 2018*.

Quando contas falsas arruínam os dados

O Facebook lucrou muito com a quantidade fabulosa de dados que coleta de seus usuários. Para ter acesso aos dados, anunciantes buscaram o Facebook. O volume de usuários e os detalhes que o Facebook sabe sobre cada um deles oferece aos anunciantes uma imensa oportunidade para atingir um público-alvo específico com base nas crenças dessas pessoas, em quem elas ouvem, no que gostam e no que estão procurando.

Outras plataformas on-line oferecem uma oportunidade similar para marcas, mas todas enfrentam um problema real e crescente: muitos usuários de suas plataformas são trolls, contas falsas ou robôs.[7]

Nos primeiros seis meses de 2019, o Facebook realizou o que vem se tornando um ritual necessário de expurgo de contas falsas de seu sistema. De acordo com relatórios, essa eliminação foi a maior de todas: foram removidas 3,39 bilhões de contas falsas. As contas falsas, criadas em seis meses, ultrapassavam o número de contas verdadeiras que o Facebook estima ter na plataforma, cerca de 2,4 bilhões.

É difícil dizer quantas contas em redes sociais podem ser falsas, porque as plataformas relutam em compartilhar publicamente esses números. Porém, alguns pesquisadores independentes calculam que pelo menos 15% de todos os perfis em redes sociais podem ser autogerados sem uma pessoa real por trás deles. Essa elevada porcentagem de *fakes* está frustrando os anunciantes.

Uma pessoa no comando do ataque a essa questão é o diretor de marca da Proctor & Gamble, Marc Pritchard. Em 2017, ele cortou mais de US$ 200 milhões em anúncios digitais devido à preocupação com visibilidade, fraude e falta de mensuração de qualidade. O movimento criou uma onda na indústria da mídia e promoveu uma corrida para remover contas inativas e limpar seus dados.[8]

Infelizmente, contas falsas em redes sociais não são a única forma de poluição de dados. Os próprios usuários muitas vezes contribuem com dados comprometidos ou ausentes.

Sigo meu filho de 15 anos no Instagram e, no mês passado, notei algo estranho na conta dele. Depois de semanas de viagem pela Costa Oeste no verão e muitas fotos postadas, a conta dele foi reduzida a quatro fotos de nossa viagem. Temendo que ele tivesse perdido parte de seu conteúdo, perguntei o que havia acontecido.

– Apaguei tudo – me disse.

– Por quê? – perguntei, confuso com sua resposta.

— Não precisava delas.

A maioria das postagens do meu filho tem cerca de dez vezes mais curtidas que as minhas, mas esse teste social não parece ser importante para ele. Enquanto eu uso a mídia social como uma vitrine da minha vida, ele a usa como uma peça de roupa: algo que é usado hoje e trocado amanhã. E ele não é o único.

Uma matéria no *Washington Post* relatou que adolescentes estão fazendo a curadoria de suas contas no Instagram e deletando fotos antigas que não tiveram muitas curtidas ou que não querem mais manter em seus perfis.[9] Mas quando os usuários deletam posts antigos, isso altera as visualizações e as estatísticas de tempo de engajamento da página, prejudicando os dados que o Instagram tenta monetizar. Quanto menos precisos forem os dados, menores são as oportunidades para vender publicidade. Desesperados para impedir que os usuários apaguem os dados dos quais depende seu modelo de negócios, o Instagram introduziu uma nova função que permite o arquivamento de antigas imagens, em vez de sua exclusão.

À medida que continuarmos gerando mais dados, vai haver maior urgência para garantir que esses dados sejam bons o bastante para serem usados. Também existe um custo social para nossa *Vida Superquantificada*, conforme a chamei em uma tendência do meu relatório de 2014. Em um mundo onde todas as interações on-line podem ser reduzidas a um número, as pessoas podem começar a priorizar seus números sobre todo o restante e se basear neles para orientar o próprio comportamento. Então uma experiência só poderá ser digna de compartilhamento se gerar a resposta social certa de amigos e desconhecidos on-line.

Se uma árvore cai na floresta e não tem selfie ou alguém parado diante dela, como sabemos que isso realmente aconteceu?

Para ajudar as pessoas a fugirem dessa triste gamificação das experiências de vida, o Instagram é uma plataforma que lidera um movimento para esconder os *likes* das interações.[10] A decisão tem sido tão apreciada que outras plataformas consideram adotá-la também.

Mas, vendo ou não os números, o problema em relação ao real significado deles persiste.

Entender o significado dos dados

Monitores vestíveis de atividade física, chamados *wearables*, tornaram-se muito populares nos últimos anos, com o uso entre consumidores dos Estados Unidos aumentando de 9% em 2014 para 33% em 2018.[11] Esses equipamentos coletam todo tipo de informação relacionada à saúde, de batimentos cardíacos a padrões de sono e tempo de exercício, que os fornecedores de serviços de assistência médica podem usar para determinar o bem-estar do usuário.

Mas como sugere o dr. Fred N. Pelzman da Weill Cornell Medicine, os serviços de assistência médica sempre têm muita dificuldade para entender todos os dados. "Todas as manhãs, quando acesso nosso registro eletrônico de saúde, uma parte das mensagens enviadas por pacientes é a dos que me pedem para analisar os dados que eles mesmos registraram", ele escreve no popular blog médico KevinMD. "Essa grande quantidade de dados cria possibilidades demais. Sempre pode ser alguma coisa."[12]

Em outras palavras, ter acesso a uma arca do tesouro de dados coletados por equipamentos vestíveis não traduz necessariamente seu significado para os fornecedores de serviços de saúde. Até os pacientes têm dificuldades para encontrar valor real nos dados, além das "estatísticas de bem-estar". Os equipamentos oferecem muitos tapinhas nas costas, por exemplo, exibindo imagens de fogos de artifício para comemorar cada vez que o usuário atinge um objetivo arbitrário, como caminhar dez mil passos em um dia. O resultado é a coleta de muitos dados, mas de pouco impacto de longo prazo na saúde ou na felicidade por causa disso.

Essa é uma dificuldade comum para a análise de dados em pequena escala, mas e quanto a grandes conjuntos de dados que são complexos demais para serem analisados por humanos? Nesses casos, a maioria das organizações conta com o *machine learning* e a inteligência artificial (IA) para automatizar a tarefa de analisar grandes depósitos de dados e extrapolar instantaneamente informações úteis.

A gigante chinesa do ramo de seguros Ping An é um exemplo perfeito do potencial desse método.[13] A empresa passou 3 anos aperfeiçoando seu sistema Superfast Onsite Investigation, baseado em IA, que compara fotos de veículos danificados com um banco de dados de 25 milhões de peças usadas em 60 mil diferentes marcas e modelos de carros vendidos na China. Ele então calcula o custo das peças e da mão de obra para o conserto em mais de 140 mil oficinas na China. O sistema é ampliado com reconhecimento facial, que lê as expressões dos clientes para detectar possíveis mentiras e solicitações fraudulentas. Em seu primeiro ano de operação, o sistema on-line ajudou a companhia a resolver mais de sete milhões de solicitações e economizar mais de US$ 750 milhões.

Com o grande aumento dos dados coletados, as empresas capazes de organizá-los de uma maneira significativa e oportuna terão os maiores benefícios. Porém, isso só é possível enquanto a informação estiver disponível para elas. Às vezes, pode não estar.

Propriedade de dados e dados lucrativos

A explosão das plataformas de mídia social e equipamentos conectados à internet nos permite capturar instantaneamente cada atitude e pensamento que temos. A maior parte desses dados não é solicitada ou não pertence, tradicionalmente, a marcas. Com a disputa entre *small data*, que pertence ao consumidor, e *big data*, que pertence a marcas, a questão mais premente a ser enfrentada pelas empresas nos próximos anos será se vamos ou não escolher continuar compartilhando nossos dados com elas com a mesma generosidade.

Hoje a internet é repleta de sites que nos convidam a trocar informação pessoal por algum tipo de recompensa. Quer comprar ingresso para um evento ou baixar um relatório gratuito? Forneça seu endereço de e-mail. Precisa registrar um produto? Responda a uma pesquisa rápida para ativar a garantia. Junto com esses dados coletados por formulários, quanto mais tempo passamos navegando em sites, adicionando produtos a carrinhos ou compartilhando e postando opiniões na mídia social, mais nossas informações se tornam parte do conjunto do *big data* que as empresas coletam e usam para anunciar e personalizar produtos que oferecem a nós.

Apesar de divulgarmos nossos dados espontaneamente, nós nos preocupamos com como esses dados são usados, um ponto sobre o qual escrevi em 2014, em uma tendência que chamamos de *Paranoia de Privacidade.* Mesmo assim, continuamos, porque estamos sob a influência do que a economia comportamental chama de *benefício imediato*:[14] compartilhamos informação porque os benefícios disso são imediatos, enquanto os riscos são postergados.

Ao continuarmos usando equipamentos smart que coletam enormes quantidades de dados, passaremos de criadores de dados para consumidores e proprietários deles em tempo real. Seremos capazes de destravar os dados que criamos nas plataformas que os coletaram — produtos aparentemente inofensivos como chaleiras wi-fi e pulseiras de monitoramento de humor — e poderemos compartilhá-los com quem oferece os incentivos certos para isso.

Nesse mundo, os consumidores serão diretamente beneficiados pela *Abundância de Dados* de um jeito novo. À medida que dados pessoais começarem a resultar em lucro individual, o equilíbrio, mais uma vez, vai se alterar entre o que as pessoas se propõem a compartilhar e até que ponto estão dispostas a permitir que a coleta de dados entre na vida delas. Infelizmente, às vezes elas não podem escolher.

Crédito social e avaliações

No fim de 2018, a Uber introduziu um custo social para a canalhice.

Por mais de uma década, a ideia da avaliação havia sugerido uma interação de mão única. Há plataformas para avaliar lojistas, restaurantes, médicos e professores, e todas compartilham da mesma presunção básica: o consumidor avalia. Consumidores começaram a confiar nessas classificações tão explicitamente que, em muitos casos, restaurantes podiam fechar e produtos podiam perecer nas prateleiras apenas por classificações baixas on-line.

E se essas avaliações fossem feitas no sentido contrário? A Uber e outras plataformas de transporte compartilhado usam a avaliação reversa. Você não só avalia o motorista da sua corrida, como o motorista também avalia o passageiro. Quando sua classificação na Uber fica abaixo de 4.0, você pode começar a ter suas futuras corridas recusadas.

O exemplo mais extremo de como os dados de avaliação serão usados no futuro, porém, vem da China. Nos últimos anos, o país tem testado um programa chamado Sistema de Crédito Social (SCS),[15] que oferece classificações de "crédito social" aos cidadãos baseadas em seu comportamento. Nesse sistema, você pode ser recompensado por prestar serviço militar voluntário ou pagar as contas em dia, e punido por atividades como dirigir mal ou postar notícias falsas on-line.

As punições podem variar desde não conseguir comprar passagens de avião ou trem até a limitação de perspectivas de emprego, enquanto uma boa avaliação social pode significar taxas de juros mais favoráveis ou vistos de viagem aprovados mais rapidamente. Para muitos observadores, todo o sistema parece um cenário de distopia, no qual as pessoas podem ser isoladas apenas por terem uma avaliação ruim feita por um sistema controlado pelo Estado. Outros sugerem que essas críticas se baseiam nos "piores cenários possíveis em um futuro distante",[16] e que os temores podem ser exagerados.

No futuro, essas são as questões que essa megatendência *Abundância de Dados* vai propor. Quanto mais informação coletarmos, mais desafios enfrentaremos sobre como interpretá-las – e que implicações essas interpretações terão para a vida diária.

Uma olhada rápida em Abundância de Dados
Graças à mídia social e aos equipamentos smart, empresas e consumidores acabam sendo massacrados por dados que se esforçam para entender. O problema, em muitos casos, é que esses conjuntos de dados são comprometidos ou são muito grandes para que se extraia deles conhecimento significativo. Para lidar com tal problema, os grupos que possuem e precisam analisar os dados vão recorrer cada vez mais ao *machine learning* para analisar os dados e oferecer sugestões automatizadas de informações-chave ou atitudes a tomar.

A implicação mais significativa dessa *Abundância de Dados,* talvez, se relacione com propriedade e expectativa. Quando consumidores se tornam grandes produtores de dados por meio de equipamentos smart, conectados e pessoais, exigem mais controle e propriedade sobre os dados que geram. Eles entendem melhor como usar sua informação, são mais cuidadosos sobre com quem a compartilham e mais exigentes em relação aos incentivos que esperam receber para compartilhar essa informação voluntariamente.

COMO USAR ABUNDÂNCIA DE DADOS

1. Ser digno dos dados de um consumidor.

Quanto mais controle os usuários exigem sobre os dados coletados a partir de suas ações, mais incentivos as organizações terão que oferecer para que eles compartilhem esses dados voluntariamente. Esses consumidores empoderados recorrerão, algumas vezes, a medidas extremas para reclamar a propriedade sobre seus dados, desde exigir mudanças de políticas até deletar suas contas. As empresas que quiserem continuar monetizando os dados de seus consumidores terão que se ajustar a essa nova realidade, oferecendo mais transparência, garantindo que usarão os dados do consumidor de forma ética e demonstrando claramente que valorizam seus clientes.

2. Fazer perguntas melhores por seus dados.

Em muitos casos, as questões que surgem por seguir os dados cegamente ou se sentir sobrecarregado por eles começam com uma falha ao fazer a pergunta certa para obter tais dados. Em vez de preencher as células de uma planilha, considere o desenvolvimento de uma *estratégia* de dados para descobrir quais perguntas resultariam em respostas das quais você extrairia valor e depois preste atenção a como os dados que tem (ou os novos dados que coletaria) poderiam ser usados para responder a essas maiores e melhores perguntas.

3. Limpar seus dados.

Comece priorizando quantidade, em vez de qualidade, em seus esforços de coleta de dados. Quando desenvolver uma compreensão melhor daquilo que diferencia dados bons e ruins para sua empresa, tome as devidas providências para purgar dados poluídos de seus bancos de dados existentes e atualizar seus sistemas para impedir a entrada de informação não confiável no banco de dados.

A EVOLUÇÃO DE ABUNDÂNCIA DE DADOS

Uma análise de tendências anteriores que se relacionam com essa megatendência:

MEDIÇÃO DA VIDA (2012)
Ferramentas de rastreio oferecem dados individualizados para monitorar e mensurar todas as áreas de sua vida.

VIDA SUPERQUANTIFICADA (2014)
Os chamados *wearables* oferecem novos meios de coleta de dados, mas sua utilidade segue sendo limitada à análise superficial, que não oferece informações passíveis de ação.

PARANOIA DE PRIVACIDADE (2014)
Vazamentos de dados levam à nova paranoia global sobre o que governos e marcas sabem sobre nós e como podem usar essa informação de maneiras ilícitas.

PEQUENOS DADOS (2015)
À medida que consumidores coletam as próprias informações, o *big data* de posse de marcas torna-se menos valioso que o *small data*, que pertence aos próprios consumidores e pode ser usado imediatamente.

TRANSBORDAMENTO DE DADOS (2016)
Um transbordamento de dados pessoais, abertos e corporativos leva organizações a irem além dos algoritmos e recorrerem a inteligência artificial, curadoria e startups para tornar os dados significativos.

POLUIÇÃO DE DADOS (2018)

Quando criamos mais métodos para quantificar o mundo à nossa volta, os dados são manipulados, contaminados e sabotados, tornando mais difícil separar informações verdadeiras de barulho inútil.

ABUNDÂNCIA DE DADOS

12 TECNOLOGIA PROTETORA

QUAL É A MEGATENDÊNCIA?
Quando contamos cada vez mais com tecnologia preditiva para garantir nossa segurança e a do mundo e tornar a vida mais conveniente, temos que lidar com as transações de privacidade necessárias para que isso funcione.

Durante a última década, nós nos acostumamos com a tecnologia nos protegendo – conscientes ou não disso – quando cuidamos de nossos negócios e da vida cotidiana. A caminho do aeroporto, podemos receber uma mensagem de texto informando que o horário do voo mudou. Quando fazemos uma compra maior do que costumamos fazer, o banco pode telefonar ou mandar uma mensagem para confirmar se realmente fizemos aquela transação. Depois que passamos mais de duas horas sentados trabalhando, o equipamento vestível de monitoramento de atividade física vibra para lembrar que devemos nos movimentar. Quando recebemos um e-mail, algoritmos já removeram qualquer suspeita de spam antes de ele chegar à nossa caixa de entrada.

Tecnologia smart, preditiva, não nos ajuda apenas a levar uma vida mais saudável, mais fácil, mais segura e mais produtiva; ela também nos ajuda a proteger o meio ambiente e a viver em uma sociedade mais eficiente. No entanto, quanto mais nos acostumamos com esses equipamentos, mais confiamos cegamente neles, o que levanta todo tipo de questões – desde se é mesmo uma boa ideia deixar a tecnologia tomar certas decisões por nós até se estamos deixando nós mesmos e nosso processo democrático vulneráveis a hackers, fraudadores, manipuladores e outros agentes que podem nos prejudicar. Essa é a essência da megatendência *Tecnologia Protetora*, que promete promover um debate durante muitos anos sobre as trocas que devemos fazer para tirar proveito da tecnologia protetora.

Para entender o que está em jogo, talvez não haja lugar melhor para começar que a saúde, alcançar o equilíbrio certo entre conveniência e privacidade pode ser uma questão de vida ou morte.

Roboterapia e *insideables*

Você consideraria a ideia de ter um robô como terapeuta? A dra. Alison Darcy acha que você deveria. Ela acredita que as pessoas são mais honestas quanto a si mesmas e a sua saúde quando falam com robôs em vez de falar com humanos. Robôs, afinal, não podem nos julgar. Psicóloga e pesquisadora clínica na Stanford School of Medicine, Darcy desenvolveu um *chatbot* "terapeuta" de IA conhecido carinhosamente por Woebot (o nome une a palavra *woe*, que significa aflição, angústia em inglês, e *bot*, robô).[1] A ferramenta é programada para interagir com pacientes do mesmo modo que os terapeutas cognitivos-comportamentais: fazendo perguntas abertas e incentivando o cliente a refletir sobre suas emoções. A ferramenta de *chat* baseada em aplicativo está disponível sob demanda 24 horas por dia e se baseia em *prompts* comuns, por exemplo, "Como está se sentindo?", para incentivar as pessoas a serem mais francas sobre suas emoções.

Woebot é só um dos muitos exemplos de tecnologia habilitada para IA desenvolvida para nos ajudar a cuidar melhor da saúde mental. Algumas dessas tecnologias protetoras têm potencial para salvar vidas.[2] O Facebook vem construindo ferramentas capazes de detectar conteúdo indicador de que o indivíduo pode estar pensando em causar dano a si mesmo ou a terceiros. O objetivo é que essas ferramentas proporcionem sinais precoces de alerta para amigos e membros da família, que poderão intervir rapidamente.

Em 2013, pesquisadores da Universidade de Bréscia, Itália, descobriram indivíduos que jogavam on-line e perdiam muito tinham a propensão para apostar em um previsível padrão dente de serra. Uma equipe liderada pelo psiquiatra Howard Shaffer da Harvard Medical School estabeleceu uma parceria com sites de apostas on-line para usar seus algoritmos, desenvolvidos a partir de bancos de dados, que podem intervir quando alguém demonstra um comportamento capaz de indicar que pode se tornar um jogador problemático.[3]

O uso de tecnologia preditiva para proteger a saúde mental é recente, mas a tecnologia smart tem nos ajudado já há algum tempo a acompanhar os registros de nosso corpo e como eles se desenvolvem. Monitores vestíveis de saúde tiveram um crescimento explosivo e são usados para monitorar sinais vitais, inclusive frequência cardíaca, padrões de sono e até postura. Uma nova onda de dispositivos está levando o automonitoramento um passo à frente, trabalhando dentro do corpo. Frequentemente chamados de *insideables* (introduzíveis), esses dispositivos microscópicos, que são engolidos, injetados ou implantados, enviam informação biométrica via sinais eletrônicos para ajudar a diagnosticar problemas e acompanhar a saúde como um todo.

Assistência médica preditiva

Com o avanço da tecnologia, esses sensores se tornarão mais baratos, mais fáceis de usar e, portanto, mais comuns. Além de meramente identificar problemas, começarão a colaborar com o tratamento monitorando a saúde, rastreando se tomamos os medicamentos e até identificando doenças antes de percebermos os sintomas.

A startup de tecnologia de saúde FacePrint, por exemplo, criou uma ferramenta capaz de diagnosticar doença de Parkinson pelo uso de software de reconhecimento facial e foi inspirada pela paixão de um aluno de ensino médio obcecado pelo trabalho do psicólogo Paul Ekman, que estudou "microexpressões".[4]

Esse é o futuro da assistência médica, em que tudo, desde a expressão facial em uma selfie à transmissão de dados de um dispositivo para acompanhamento de atividade física, pode ser usado para melhorar proativamente sua saúde, diagnosticar doenças e até prever suicídio e intervir antes que ele aconteça.

Com dispositivos de monitoramento e tecnologia preditiva sendo usados para administrar as saúdes física e mental, a informação que esses aparelhos coletam também começa a ser usada de outras maneiras que nos deixam incomodados.

Por exemplo, Rhea Vendors, um fabricante de máquinas de venda automatizada, lançou uma máquina de venda que pode usar reconhecimento facial para se negar a vender certos alimentos que não são saudáveis com base na idade, no histórico médico e nas compras anteriores do potencial comprador.[5] Essa máquina que nega doces e pratica "food-shaming" (expor alguém para causar vergonha em relação a alguma coisa, nesse caso, à alimentação) é um exemplo dos piores medos de muitos críticos sobre como dados referentes à saúde pessoal podem ser usados de forma abusiva.

A tensão entre o desejo de que a tecnologia ajude na vida – nesse caso, com a saúde – e a preocupação de que isso possa invadir nossa privacidade só vai crescer com essa tecnologia se tornando mais onipresente. Tudo isso levanta uma questão natural: devemos ceder tantas decisões de saúde e vida às máquinas?

Nossa casa e toda tecnologia smart no interior dela sugerem que, pelo menos em alguns ambientes, já cedemos.

Vida adulta automatizada

Imagine que você está hospedado em um hotel e percebe que esqueceu a escova de dentes. Você liga para a recepção e pede uma, e, alguns minutos depois, um camareiro robô a leva ao seu quarto. Isso é o que se pode esperar em mais de uma dezena de hotéis que trabalham com uma startup de robótica na região da Baía de San Francisco, a Savioke. A Savioke é pioneira no emergente mundo utilitário de robôs de serviço,[6] pequenos ajudantes robóticos adeptos do cumprimento das tarefas domésticas com a maior eficiência e com o maior silêncio possível. Hoje já se pode comprar um cortador de grama robótico e forno inteligente, que usa câmeras para "ler" seu alimento e determinar quanto tempo ele leva para ser cozido. Você pode comprar aspiradores de pó sensíveis a sujeira, vasos sanitários smart e fechaduras de porta com detector de presença que sabem quando você está se aproximando para entrar ou sair de casa.

Considere as outras diversas ferramentas habilitadas para tecnologia que ajudam na esfera doméstica, como aplicativos de compras de supermercado que lembram quais foram os pedidos anteriores, mensagens de texto automáticas que confirmam a nova compra da receita médica e aplicativos de finanças pessoais que pagam nossas contas. É claro que a vida adulta – cuidar de todas as tarefas corriqueiras que adultos responsáveis cumprem diariamente – é cada vez mais automatizada, uma tendência sobre a qual escrevemos pela primeira vez em 2016 e chamamos de *Vida Adulta Automatizada*. Na casa moderna, não temos que nos lembrar de tirar pó, limpar, trancar as portas, apagar as luzes ou dar descarga; tudo é feito para nós.

Tudo isso vai poder ser aplicado em breve ao local de trabalho. A sede da empresa de consultoria Deloitte (conhecida como Edge) em Amsterdã foi descrita, em 2015, como "o edifício mais inteligente do mundo".[7] O prédio se sincroniza com seu celular e sabe quando você entra no estacionamento, sugere uma mesa com base na temperatura em que você gosta de trabalhar e tem um design aberto de átrio com leves variações de calor e correntes de ar para que o interior pareça um espaço ao ar livre – mesmo quando está chovendo lá fora.

Com o desempenho da megatendência *Tecnologia Protetora* na próxima década, uma geração de jovens consumidores vai contar com a tecnologia para otimizar cada momento de sua vida. Mas quando se tornarem dependentes da tecnologia para cuidar das tarefas comuns da vida adulta, eles também vão perder a capacidade de lidar com partes mais sutis no que diz respeito a relacionamentos humanos e recorrer à tecnologia também?

Um exemplo é o corretamente ridicularizado BroApp,[8] projetado para ajudar os homens a "terceirizar" seus relacionamentos com mensagens automáticas que lembram a namorada do quanto eles a amam e enviam outras mensagens românticas. Versões menos extremas de aplicativos de gerenciamento de relacionamentos lembram o aniversário do parceiro ou enviam cumprimentos automatizados. Até o aplicativo IFTTT – If This Then That (Se isso, então aquilo) –, que permite que o usuário crie "receitas" para uma sequência de ações em múltiplos aplicativos, tem uma solução para os infelizes parceiros dos viciados em mídia social: "Receber uma notificação quando sua namorada postar uma foto nova para você poder curtir antes de ela ficar brava".

Não há dúvida de que o crescimento da tecnologia preditiva vai continuar facilitando a vida diária e aumentando sua segurança, mesmo que passemos a depender demais dela para fazer coisas que talvez fosse melhor que nós mesmos fizéssemos. Porém, o impacto da tecnologia smart no ambiente tem repercussões ainda mais significativas.

Drones contra caça e vigilância aérea

Em 2019, tive a sorte de integrar uma equipe de cientistas e guardas sul-africanos que se embrenharam na selva em uma missão para salvar rinocerontes. Nossa tarefa naquela manhã era perseguir e marcar um rinoceronte preto com um sinal – a remoção de uma pequena porção de pele de sua orelha. Por décadas, essa marcação foi o método primário para acompanhar esses animais em risco de extinção e protegê-los de caçadores ilegais. Agora essas equipes em terra também estão recebendo uma ajuda do céu. Por toda a África, grupos de conservação usam drones para policiar a selva, encontrar e prender caçadores antes que eles ataquem. Eles estão entre as diversas organizações que recorrem a dispositivos smart para automatizar a tarefa de supervisionar o território e proteger os animais e o meio ambiente.[9]

Sobre a Bacia do Rio Yangtze, o governo chinês emprega um tipo diferente de tecnologia para impactar o ambiente. O esforço, conhecido como Projeto Tianhe (Rio Céu), envolve a instalação de máquinas que produzem partículas de iodeto de prata, as quais induzem artificialmente a formação de nuvens de chuva. Estimativas iniciais sugerem que esse processo de formação de nuvens pela manipulação do clima pode acabar gerando até 7% de todo o consumo anual de água na China, uma grande ajuda para um país com 1,4 bilhão de habitantes.[10]

A indução de nuvens sempre foi usada por motivos nobres. Por exemplo, em 2008, durante as Olimpíadas, a China usou a tecnologia para garantir que as nuvens a caminho de Pequim despejassem sua chuva antes de chegarem à capital. Em um nível mais pessoal, uma empresa europeia oferece um serviço caro voltado para noivas aflitas que usam essa mesma tecnologia de indução de nuvens para dissipá-las e impedir chuva no dia de seu casamento. O serviço custa a partir de 100 mil libras.[11]

Juntos, esses casos levantam questões complexas.

Certamente, o mundo poderia se beneficiar de uma Olimpíada sem chuva, mas é ético uma empresa privada ou mesmo um governo alterar o clima em benefício de uma pessoa ou de um evento? Os drones podem ser usados para proteger a vida selvagem, mas e se forem usados por paparazzi para conseguir fotos ilícitas, ou por terroristas para interferir no controle do tráfego aéreo?

Com o benefício que essas tecnologias oferecem ao mundo, existe frequentemente um custo correspondente para a privacidade e as liberdades civis.

Questões como essa lançam uma sombra cada vez maior sobre a megatendência *Tecnologia Protetora*. Grupos de defesa e cidadãos preocupados questionam abertamente o verdadeiro custo dessa tecnologia protetora e temem que ela nos torne vulneráveis a vilões oportunistas. Já estamos começando a ver alguns deles surgirem.

O que podemos aprender com a Estônia

A Estônia, antigo estado soviético no mar Báltico, é um país de apenas 1,3 milhão de habitantes, mas, apesar de ser geograficamente pequeno, tem grande sofisticação tecnológica. Primeiro país no mundo a declarar o acesso à internet um direito humano básico, a Estônia se tornou um estudo de caso sobre como uma nação pode abandonar antigos sistemas e operar vários serviços on-line, desde bancos e impostos a eleições.[12]

Os estonianos são pioneiros em identificadores digitais, que são conjuntos únicos de dígitos designados a cada cidadão, como um número de Seguro Social nos Estados Unidos. Como muitas tarefas importantes são realizadas on-line e acompanhadas com o identificador digital, vários processos morosos que costumam envolver horas de preenchimento de formulários — como pagar impostos, abrir uma conta no banco ou conseguir uma licença comercial — são automatizados.

Como os hackers podem salvar o mundo

Com mais países transformando digitalmente seus governos e contando com a tecnologia smart para que funcionem, essas mesmas nações também se tornam alvos mais interessantes para ataques cibernéticos. Depois de se recuperar de vários ataques coordenados em 2007, a Estônia criou ferramentas para impedi-los no futuro.[13] A abordagem do país em relação à proteção de sua eleição de 2019 contra fraudes tornou-se um exemplo de como proteger a integridade do processo eleitoral democrático.

Manter processos eleitorais habilitados para tecnologia protegidos contra agentes mal-intencionados que querem influenciar os resultados tornou-se uma prioridade para a maioria dos governos do mundo, e eles estão recebendo ajuda de um grupo inesperado. Alguns anos atrás, um coletivo de hackers sediado em Hamburgo e conhecido como Chaos Computer Club[14] expôs intencionalmente falhas de segurança no software de votação antes de uma eleição na Alemanha. Eles foram amplamente reconhecidos por protegerem a integridade do processo eleitoral contra possíveis hackers russos.[15] Hoje os governos recrutam os chamados hackers do chapéu branco, que usam suas habilidades para o bem, desafiando-os a invadir sistemas existentes e recompensando-os financeiramente caso consigam. Ao hackear um sistema eleitoral, eles expõem suas vulnerabilidades, que são solucionadas antes que uma mente criminosa tire proveito delas.

Essa abordagem para salvaguardar sistemas eleitorais tecnológicos também tem recebido o apoio de grandes empresas de tecnologia. A Microsoft anunciou recentemente um software gratuito de código aberto para eleições, o ElectionGuard, que promete ajudar os governos a descobrir e prevenir tentativas de hackeamento eleitoral.

Muitos países gostariam de seguir o exemplo da Estônia, transformar e proteger digitalmente seus sistemas de governo, mas a maioria considera a ideia assombrosa. A Estônia é um país pequeno, afinal. Para países maiores, abandonar sistemas analógicos gigantescos parece quase impossível. É aí que as empresas privadas estão entrando, tornando aspectos que antes eram desafiadores, com complexos sistemas burocráticos, legais e financeiros, mais fáceis e mais seguros para os consumidores.

Processos de um botão e roboconsultores

Em 2015, Joshua Browder, um estudante norte-americano de 18 anos, desenvolveu um software para recorrer automaticamente dezenas de multas por estacionamento proibido. Nos 4 anos seguintes, seu aplicativo DoNotPay ajudou pessoas a economizarem mais de US$ 25 milhões e conquistou um investimento de fundo de capital de risco de quase US$ 5 milhões para desenvolver ainda mais a plataforma.[16]

Desde então, o aplicativo expandiu sua funcionalidade e foi relançado como "o primeiro advogado robô do mundo", prometendo ajudar as pessoas a "lutar contra corporações, vencer a burocracia e processar qualquer um apertando um botão". Ele tem sido usado para tudo, desde ajudar a buscar moradia na iminência de um despejo a simplificar o procedimento para processar grandes corporações por vazamentos de dados. A mais nova funcionalidade é uma ferramenta que permite que o usuário gere um número de cartão de crédito virtual gratuito para usar ao solicitar o período grátis de assinatura de qualquer serviço, sem ter que usar seu nome verdadeiro.[17] Quando o período grátis acaba, o cartão recusa a cobrança e a assinatura é cancelada sem que o usuário tenha que se lembrar de cancelar.

A mensagem enviada por esse aplicativo e outras ferramentas digitais que prometem proteger proativamente os consumidores é clara: a automação pode ser uma guardiã contra os serviços predatórios e pode ajudar o consumidor a se defender.

A tecnologia preditiva vai continuar ampliando os serviços profissionais que fornece, protegendo os consumidores para que não tenham de pagar tarifas exorbitantes ou receber orientação enviesada. Mas a mesma tecnologia automatizada vai provocar uma tensão crescente entre os profissionais que acompanham os avanços tecnológicos e, portanto, tornam-se ainda mais indispensáveis, e aqueles que resistem ao seu papel cada vez maior, até chegar a hora em que se tornarão obsoletos.

Uma olhada rápida em Tecnologia Protetora

No futuro, luzes anteciparão nossa chegada e se acenderão. Dispositivos de monitoramento de saúde vão acompanhar silenciosamente os sinais vitais, alertando o indivíduo quando alguma coisa não estiver bem. Monitores de investimentos habilitados para IA vão controlar nossas finanças, fazendo ajustes quando necessário. Drones protegerão a natureza e vigiarão o céu. Governos digitalizados vão permitir o pagamento preciso de impostos em minutos.

A tecnologia smart preditiva já torna a vida mais conveniente e mais segura. Mas, para ter utilidade em tempo real, essas tecnologias precisam "ouvir", coletar informações sobre nós e nosso ambiente 24 horas por dia, sete dias por semana. Com a tecnologia protetora se tornando mais sofisticada, vai haver mais debates sobre quanto da vida diária deve ser rastreável e quanto de privacidade e liberdades individuais são importantes, quando comparadas a interesses maiores da sociedade.

COMO USAR TECNOLOGIA PROTETORA

1. Ser um exemplo de tecnologia.
Da mesma maneira que as crianças têm suas primeiras impressões de como agir observando os pais, os robôs têm suas habilidades gravadas à semelhança dos humanos. Por exemplo, Al, um *chatbot* lançado para aprender a se envolver em "conversa casual e divertida" no Twitter, transformou-se notoriamente em um "babaca racista"[18] em questão de semanas. Com a tecnologia de aprendizagem mais desenvolvida, sua evolução virá em grande medida a partir da observação de humanos e da análise da mídia criada por eles – o que leva a humanidade a um desafio incomum. Da mesma forma que devemos ser exemplos para nossos filhos, vamos precisar, cada vez mais, servir de exemplo também para nossa tecnologia.

2. Reconhecer e apreciar a proteção.
A tecnologia nos protege de muitas maneiras que podem ficar ocultas, tanto que nos esquecemos até mesmo de reconhecer, apreciar ou valorizá-las. No futuro, vamos precisar de mais esforços para nos manter conscientes de onde a tecnologia oferece essa proteção para podermos evitar o excesso de confiança cega nela.

3. Exigir mais transparência da tecnologia.

Quanto mais aplicações em potencial vemos para a *Tecnologia Protetora,* mais a transparência vai se tornar importante em termos de quem tem acesso para fornecê-la em nosso nome. Os benefícios ou malefícios para a sociedade vão depender progressivamente da missão e da ética daqueles que conquistaram (ou exigiram) o direito de acesso a ela.

A EVOLUÇÃO DA TECNOLOGIA PROTETORA

Uma análise de tendências anteriores que se relacionam com essa megatendência:

PROTEÇÃO PREDITIVA (2015 + 2018)

Marcas criam cada vez mais produtos inteligentes que monitoram nossa saúde e segurança, avisando quando precisamos fazer alguma coisa.

VIDA ADULTA AUTOMATIZADA (2016)

Enquanto o amadurecimento demora cada vez mais, serviços inovadores ajudam a automatizar tarefas adultas comuns.

RENASCIMENTO DO ROBÔ (2017 + 2019)

Avanços na área da robótica, incluindo interfaces que imitam humanos, fazem que levantemos questões sobre como nos relacionamos com essa tecnologia.

TECNOLOGIA INVISÍVEL (2017)

A tecnologia se aperfeiçoa para antecipar e prever nossas necessidades, enquanto, simultaneamente, se mistura de maneira mais homogênea e imperceptível em nossa vida e no mundo à nossa volta.

TECNOLOGIA PROTETORA

13 COMÉRCIO EM FLUXO

QUAL É A TENDÊNCIA?
Com os limites entre áreas e indústrias desaparecendo, a maneira como vendemos e compramos algo muda constantemente, o que leva a rupturas contínuas de modelos de negócios, canais de distribuição, expectativas do consumidor e até da própria inovação.

Em 2012, o governo espanhol aprovou um novo imposto atroz. Em um esforço para instituir reformas econômicas e medidas de austeridade, a nova lei aumentou efetivamente o imposto de espetáculos teatrais de 8% para 21%.[1] Durante o ano seguinte, a frequência das plateias dos teatros do país despencou 30%.

Desesperados, os donos dos teatros tentaram todo tipo de novas soluções para sobreviver. Um teatro, por exemplo, vendia cenouras caras — que não eram taxadas — por 16 euros e dava ingressos de teatro "gratuitos" ao comprador.[2] Mas a solução mais criativa, talvez, tenha sido a da companhia Teatreneu de teatro de comédia. A entrada para os espetáculos deles passou a ser gratuita. Mas, ao sair, as pessoas pagavam um valor baseado em quanto *exatamente* a apresentação havia sido engraçada, na opinião delas. Cada cadeira era equipada com um tablet que usava tecnologia de monitoramento facial para detectar cada vez que o espectador sorria. Cada sorriso custava 30 centavos de euro, e o preço máximo era o valor do ingresso, 24 euros. A iniciativa *pay-per-laugh* (pagamento por risada)[3] foi um sucesso instantâneo, gerando um aumento de 35% de público e inspirando outras companhias de comédia a imitar a abordagem do Teatreneu.

Mais ou menos na mesma época em que o Teatreneu reinventava a forma de se pagar para assistir a um espetáculo de comédia, uma companhia chamada Casper mudava o jeito de comprar colchão.[4] A

Casper vende colchões de espuma on-line e os transporta, enrolados e comprimidos, em uma caixa que tem mais ou menos o tamanho de um armário de cozinha. Há uma década, a ideia de que as pessoas comprariam um colchão sem experimentar antes poderia parecer impensável. Hoje, os consumidores estão acostumados a comprar todo tipo de coisas on-line sem ver nada antes – de sapatos a óculos de grau.

Do outro lado do mundo, um livreiro japonês, Yoshiyuki Morioka, começou um experimento ousado no exclusivo distrito comercial de Ginza, em Tóquio. Sua livraria Morioka Shoten chamou atenção no mundo todo por seu modelo radical de negócios: ela só vendia um título por vez, dedicando uma semana inteira a eventos do autor, discussões da comunidade e engajamento em torno do livro em questão.

Aparentemente, cobrar da plateia de um teatro por quantas vezes ela sorri, vender colchões on-line e abrir uma livraria de um livro só podem parecer coisas sem nenhuma relação. Mas, ao longo da última década, uma das tendências mais abrangentes que temos acompanhado é a transformação não só no que escolhemos comprar ou em quem está vendendo, mas em *como* esses produtos e experiências são comprados e vendidos. Essa megatendência, *Comércio em Fluxo*, descreve como companhias bem-sucedidas desenvolvem cada vez mais seus modelos de negócios e métodos de distribuição – aspectos do negócio que antes eram fixados – e mudam a forma de inovar para acompanhar o desenvolvimento.

Esse é um tema que acompanhamos há anos. Em 2015, introduzimos uma tendência que chamamos de *Distribuição Inovadora* – uma expressão para descrever como a entrega de produtos e serviços ao consumidor final está mudando dramaticamente.

Talvez nada ilustre mais como as empresas estão adotando o *Comércio em Fluxo* que o número crescente de companhias que saem de sua zona de conforto para inovar e expandir-se para além dos limites tradicionais de sua área.

A mistura de áreas

Houve um tempo em que Red Bull era só uma bebida energética. Desde o começo da década de 1990, a marca, cuja sede fica na Áustria, cresceu e se tornou um império de mídia que inclui eventos ao vivo, publicações impressas e até um canal de televisão por streaming que funciona 24 horas por dia, sete dias por semana.[5] Essa não é a primeira vez que a Red Bull cruzou mercados durante sua expansão. A empresa também adquiriu quinze equipes de onze esportes diferentes, inclusive de futebol, Fórmula 1, vela, surf, hóquei no gelo e skate.[6] Por que levar essa postura arrojada para outras áreas de atuação?

"Como um grande difusor de conteúdo, é nosso objetivo comunicar e distribuir o 'Mundo Red Bull' em todos os segmentos da grande mídia, de televisão a mídia impressa, da nova mídia ao nosso selo de música",[7] explica Dietrich Mateschitz, cofundador da Red Bull. "O valor total da mídia editorial mais os valores de mídia criados em torno das equipes [esportivas] é superior aos gastos com publicidade."

A Red Bull é um dos muitos exemplos de como as empresas estão dispostas a ultrapassar os limites tradicionais de sua área de atuação para se diferenciar da competição e diversificar para se beneficiar de vários fluxos de receita e atrair mais atenção do consumidor.

A Capital One, por exemplo, está transformando agências de banco em confortáveis cafés e espaços de coworking.[8] Marcas varejistas como West Elm, Muji, Taco Bell e Armani estão abrindo seus próprios hotéis, apostando que os clientes que passam uma noite imersos em seus produtos e universo podem comprar mais deles.[9]

No mundo da consultoria, empresas notórias como IBM, Accenture, PwC e Deloitte esperam abrir caminhos para a indústria do marketing com seus novos grupos de serviços interativos e criativos.[10] Poderosas marcas de mídia como *The New York Times, Wall Street Journal, Forbes* e *New York Magazine* inauguraram recentemente estúdios próprios de conteúdo personalizado, onde jornalistas trabalham para produzir conteúdo de alta qualidade para marcas.[11]

Até a Amazon ultrapassou o limite das vendas on-line para entrar no ramo de alimentos com a aquisição da loja de produtos naturais Whole Foods e a inauguração de várias lojas do ramo.[12]

No passado, as fronteiras entre indústrias verticais eram traçadas de forma clara e definitiva. Hoje, esses limites não só estão mudando como começamos a questionar um dos princípios mais fundamentais do negócio propriamente dito: a propriedade.

De *ter a usar*

Durante décadas, comprar um carro foi um rito de passagem – um símbolo de liberdade, responsabilidade e maturidade.[13] Mas a combinação de populações mais velhas se mudando para áreas urbanas e a disponibilidade de serviços de transporte compartilhado estão levando muitos analistas a preverem uma ampla diminuição no número de pessoas que vão querer comprar um carro no futuro.

Parece que, cada vez mais, queremos *menos* compromisso com as coisas pelas quais pagamos: não queremos ter um carro – manter, estacionar ou lavar. Só queremos ir a algum lugar. Então, por que arcar com os custos elevados e imediatos de ter um carro quando podemos simplesmente pagar por uma carona? De maneira semelhante, por que ter uma cara e aconchegante casa de veraneio se podemos pagar para ficar na casa de outra pessoa via Airbnb sempre que quisermos?

Essa mudança levou alguns economistas a adotarem o termo "usabilidade", em vez de propriedade, para descrever o tipo de controle que cada vez mais queremos ter sobre produtos e serviços de que precisamos ou que desejamos. Em outras palavras, queremos *usar* um produto, não necessariamente *possuí-lo*. Os consumidores estão interessados em flexibilidade, não em compromisso de longo prazo e custos fixos. E estão dispostos a pagar apenas pela parte que usam diretamente ao proprietário, seja caso a caso – como quando chama um Uber ou aluga pelo Airbnb – ou de maneira recorrente.

Para responder a essa mudança de propriedade para usabilidade, as empresas de todos os ramos têm transformado seus negócios de um modelo tradicional de renda adiantada – no qual vendem um produto ou serviço e recebem o valor uma vez só – para modelos de assinatura. Escrevemos extensivamente sobre essa tendência, que chamamos de *Comércio por Assinatura*, em 2014, e ela não dá sinais de arrefecimento.

Hoje, softwares, como Microsoft Office e Adobe's Creative Cloud, por exemplo, são oferecidos apenas em regime de assinatura. Redes de cinema começam a oferecer assinatura mensal com direito a acesso ilimitado. Nomes fortes da indústria automobilística, como BMW e Volvo, experimentam modelos de assinatura mensal que permitem que os clientes troquem de carro em intervalos de alguns meses – ou com até mais frequência. No direito, o antigo fornecedor de consultoria LegalZoom se juntou recentemente a empresas de nicho, como Wevorce (um serviço que ajuda pessoas a pedir e tratar do divórcio).[14] Mediante uma tarifa mensal, eles oferecem ao cliente acesso a advogados, mediadores e recursos legais sempre que forem necessários.

Os negócios também se adaptaram ao aumento da usabilidade adotando mercados compartilhados e até mão de obra compartilhada, uma tendência sobre a qual também escrevemos em 2014 e que chamamos de *Economia Colaborativa*. Na área da hospitalidade, um serviço chamado Pared conecta restaurantes a equipes de cozinha – temporárias.[15] A Uber anunciou planos de iniciar um serviço de terceirização de mão de obra por demanda chamado Uber Works.[16] A CargoX faz a ponte entre empresas no Brasil que precisam de serviço de transporte e caminhoneiros cujos caminhões dispõem de espaço extra.[17] De maneira semelhante, uma plataforma chamada Flexe permite que qualquer pessoa alugue um espaço livre em depósitos quando precisar dele.[18] E a startup Spacious lançou um aplicativo que ajuda restaurantes exclusivos de Nova York a oferecer seu espaço durante o dia para pessoas que procuram áreas de coworking.[19]

Apesar de o aumento da usabilidade estar promovendo a transformação de modelos de negócios antes fixos para modelos de assinatura e colaborativos, isso não significa que abandonamos por completo a "propriedade". Somos uma sociedade bem materialista, afinal. Mas onde e como compramos produtos que queremos ter é algo que está mudando radicalmente.

Fluxo de varejo

Talvez nenhum ramo tenha tido que se adaptar tanto às mudanças constantes de como compramos e vendemos quanto o varejo. Alterações dramáticas em como compramos praticamente tudo, bem como expectativas crescentes do consumidor, levaram alguns analistas da área a proclamar ano após ano que esse, realmente, vai ser o ano do "apocalipse do varejo".[20] É claro, essa previsão de fim de mundo ainda não se realizou, mas, ao longo da última década, o ambiente das lojas de varejo está mudando para se tornar mais imersivo, personalizado e dinâmico.

Em muitas lojas de vestuário, por exemplo, as marcas estão usando tecnologias como espelhos smart, que permitem que o cliente compare composições lado a lado, tire fotos de si mesmo e até chame um funcionário da loja para ajudar com outra peça ou outro número.[21] As marcas também estão investindo em *nearables*,[22] totens baseados em localização que disponibilizam ofertas de descontos, ou assistência a clientes pelo celular, ou vendedores à disposição. Lojas de objetos para a casa, como a Lowe's e a IKEA, usam realidade virtual ou aumentada para oferecer aos clientes um jeito de visualizar como um projeto de remodelação vai ficar na casa deles.[23]

Grandes varejistas também estão testando "carrinhos robôs", que guiam o cliente pela loja, sincronizado com sua lista de compras para otimizar a rota e garantir que não esqueçam nada. Alguns estão até transformando seus espaços em lojas sem operadores de caixa, onde o cliente escaneia um código que o identifica e tudo que comprou, cobrando automaticamente.[24]

Varejistas também estão mudando a forma como cobram por seus produtos, bem como com que frequência e rapidez esse preço é atualizado. A "precificação dinâmica" — cobrar mais por um produto ou serviço quando a demanda por ele é grande — muda dinamicamente o preço no varejo para tudo, de alimentos a corridas compartilhadas.[25] Nesse mundo de atualizações instantâneas de preço, há quem tema que, no futuro, alguns varejistas utilizem até "robôs de precificação",[26] que conspirem habilmente contra o consumidor para garantir que ele pague sempre um preço maximizado por algoritmos.

Mudanças significativas em como compramos não só alteraram dramaticamente as estratégias e abordagens adotadas por varejistas para vender produtos e serviços — elas também transformaram a maneira como as empresas as inovam.

196

Inovar a inovação

Todos os dias vemos novas histórias sobre os incríveis benefícios da última tendência na área da saúde. Carvão ativado captura toxinas e substâncias químicas no estômago, impedindo sua absorção! Cápsulas de alga aumentam a capacidade cerebral e previnem cardiopatias! Fibra de acácia alivia dor e elimina gordura!

Algumas dessas afirmações podem até ser verdadeiras. Algumas com certeza não são. Infelizmente, ouvimos tantos conselhos contraditórios — em especial de sites que ensinam a enriquecer depressa —, que a maioria de nós acaba confusa por completo e extremamente cética. Reagimos mudando de modismo mais depressa que nunca — uma tendência, *Fadiga de Modismo*, sobre a qual escrevi em nosso relatório de 2019.

O entusiasmo em torno de um "modismo" sempre foi intenso e viral. Mas a fadiga de modismo tem tido um efeito enorme sobre como compramos (ou não compramos) produtos. Estamos simplesmente passando para o próximo sabor do mês cada vez mais depressa. Isso tem posto as empresas sob intensa pressão para encontrar novas formas de inovar. Elas estão tentando encontrar a "próxima grande coisa" e temem que nada menos que uma completa reviravolta em seus negócios seja necessária para garantir sua relevância e sobrevivência. Isso levou alguns mais desesperados a procurar recriar, de maneira ingênua, exatamente o que veem os concorrentes mais inovadores fazerem — uma tendência que descrevemos como *Inveja de Inovação* em 2019.

Algumas companhias estão respondendo a esse desafio promovendo campeonatos de inovação (como hackatons), lançando plataformas para conectar startups e equipes internas ou criando "laboratórios de inovação" internamente. A Ford Motor Company, por exemplo, criou seu Centro de Pesquisa e Inovação, um laboratório no Vale do Silício focado na interseção de tecnologia de ponta e a experiência de dirigir. Open Innovation, Kraft Heinz Springboard, Adidas Brooklyn Creator Farm e inúmeros outros laboratórios foram criados nos últimos anos. Os exemplos eram tantos que, em 2016, descrevemos uma tendência que chamamos de *Incubação Internalizada* — para descrever como as empresas estavam focadas em levar o pensamento externo para dentro da organização.

A Nordstrom, uma loja sofisticada, foi uma das primeiras a criar um laboratório de inovação, em 2013. Dois anos depois, a marca anunciou que estava reduzindo seu laboratório e remanejando os funcionários para outros grupos. Quando o site Geekwire perguntou sobre essa mudança, um porta-voz da Nordstrom disse: "em vez de haver só uma equipe focada em inovação, agora isso faz parte do trabalho de todo mundo". A evolução natural de qualquer conjunto externo de habilidades que comece por ser "internalizado" é tornar-se, com o passar do tempo, integrado à operação geral do negócio.

Mudança é a nova norma nos negócios de hoje em dia. Empresas estão percebendo que, para inovar continuamente em novos modelos de negócios, métodos de distribuição, táticas de engajamento de cliente e outras coisas necessárias para acompanhar essa mudança, elas precisam, antes, inovar como inovam.

Uma olhada rápida em Comércio em Fluxo

A maneira como compramos e vendemos produtos, quanto estamos dispostos a pagar por eles e se escolhemos comprar ou alugar são coisas que estão mudando drasticamente — e depressa.

Com as fronteiras antes bem claras entre mercados se apagando quase completamente, com modelos de negócios passando de produtos sendo vendidos não como produtos, mas como um serviço ou uma assinatura, e os métodos de distribuição sendo transformados para eliminar intermediários, os vencedores nessa nova economia são os que aceitam a mudança rápida e a natureza cada vez menos definida do comércio — aqueles que acolhem o "fluxo" e se movem com ele.

COMO USAR COMÉRCIO EM FLUXO
1. Encontrar a zona turva.
Quando pensar em como transformar sua estratégia de negócios, considere o que aconteceria se você juntasse dois modelos improváveis.

E se você vendesse carros como uma loja de donuts vende donuts? E se o Airbnb decidisse abrir uma farmácia? Essas questões que exigem verdadeiros malabarismos mentais incentivam a pensar fora da zona de conforto e a encontrar novas ideias na zona "turva" entre áreas. Algumas dessas ideias podem parecer absurdas e impossíveis, mas também podem levar a uma ideia viável quando você estiver trabalhando para sair da loucura e seguir para o possível.

2. Ser estratégico, não reativo.

Muitas vezes, as empresas confundem inovação com invenção. Não são a mesma coisa. Esse erro comum pode levar a ideação superficial, ideias de serviço ou produto unidimensionais e engajamento não diferenciado com os clientes. Olhe além dos produtos para considerar novos modelos de negócios que integram maior propósito e fornecem experiências mais robustas que encantam os clientes.

3. Procurar e apoiar os inovadores.

O primeiro de quase todo esforço corporativo bem-sucedido dedicado à inovação é encontrar novas maneiras de atrair empreendedores. Às vezes, isso toma a forma de competições de startups ou táticas mais novas, como o "switch pitch", em que marcas estabelecidas propõem a startups os desafios comerciais que enfrentam e depois as startups se juntam à marca para desenvolver soluções. Mas, além de procurar inovações do lado de fora, olhe, antes, para *dentro* de sua empresa. Identifique os funcionários que são dedicados à inovação – e que muitas vezes são deixados de lado. Procure bolsões de inovação dentro da sua organização – equipes que já podem estar fazendo coisas interessantes –, apoie suas iniciativas e use-as como ponto de partida.

A EVOLUÇÃO DE COMÉRCIO EM FLUXO

Uma análise de tendências anteriores que se relacionam com essa megatendência:

COMÉRCIO HIPERLOCAL (2013)

Novos serviços e tecnologias tornam possível que qualquer pessoa invista em negócios locais e compre de comerciantes locais.

EMPREENDEDORES INSTANTÂNEOS (2014)

Com as barreiras para abrir um novo negócio começando a cair, incentivos e ferramentas significam que qualquer pessoa com uma ideia pode criar uma startup sabendo que os custos e os riscos de fracasso não são tão altos quanto antes.

ECONOMIA COLABORATIVA (2014)

Novos modelos de negócios e ferramentas permitem que consumidores e marcas tenham acesso ao poder do compartilhamento e da colaboração para encontrar novas maneiras de comprar, vender e consumir produtos e serviços.

COMÉRCIO POR ASSINATURA (2014)

Mais empresários e comerciantes usam assinaturas para vender serviços ou produtos recorrentes em vez de focar somente em vendas únicas.

DISTRIBUIÇÃO INOVADORA (2015 + 2018)

Criadores e produtores usam novos modelos de distribuição para romper com os canais habituais, eliminar intermediários e construir conexões mais diretas com fãs e compradores.

COMPRA REVERSA (2015)
Marcas investem cada vez mais em lojas com experiências de contato próximo para construir afinidade e educar o consumidor enquanto integram, de maneira homogênea, canais on-line para concluir compras e atender a pedidos.

INCUBAÇÃO INTERNALIZADA (2016)
Empresas desesperadas para serem mais inovadoras procuram cada vez mais levar inovadores de fora para dentro da empresa, atraindo-os com orçamento, espaços bonitos para trabalhar e boas propostas.

FADIGA DE MODISMO (2019)
Consumidores se cansam de inovações que chegam para ser a próxima grande coisa e presumem que nenhuma delas vai durar muito.

INVEJA DE INOVAÇÃO (2019)
O medo leva empreendedores, empresas e instituições a invejar a concorrência e abordar a inovação com admiração ou desespero.

COMÉRCIO EM FLUXO

RELATÓRIOS DE TENDÊNCIAS ANTERIORES (2011-2019)

VISÃO GERAL: COMO LER ESTES RELATÓRIOS DE TENDÊNCIAS ANTERIORES

"Os eventos do passado podem ser usados para provar alguma coisa, se forem organizados em um padrão conveniente."
A. J. P. TAYLOR, historiador

Imagine por um momento que você pudesse voltar no tempo e reviver um momento de sua vida 10 anos atrás. O que você pensaria da maneira como costumava enxergar o mundo e em que acreditava? Talvez você tenha mudado muito, ou talvez seja o mesmo, de maneira geral. De qualquer forma, a maioria das pessoas raramente tem esse tipo de buraco na fechadura para testemunhar seu próprio crescimento.

A jornada para escrever e atualizar este livro todos os anos me deu uma chance constante de fazer isso. Quando olho para trás, para os últimos 10 anos, percebo que o presente é isso. Também tenho enfrentado a tentação de me dedicar a um pouco de revisionismo histórico.

Devo deixar cada palavra de cada previsão de tendência como está em seu estado original? O que seria mais valioso para as pessoas que leem esses insights uma, duas ou três décadas depois? Acho que a resposta para as duas perguntas foi atualizar algumas tendências por questões de clareza, mas não mudar seu significado ou intenção.

As tendências nesta seção contam uma história sobre um ponto de vista em evolução a respeito de nossa cultura. Todo ano posso dizer, honestamente — com base apenas no feedback dos leitores —, que as tendências se tornaram mais informativas e duradouras. Porém, nem todas foram exitosas.

Nas páginas a seguir, você vai ver uma compilação visual e detalhada de cada tendência anterior, publicada desde 2011. Para cada ano, começo com uma retrospectiva para dar uma ideia sobre os destaques e temas do relatório, seguida por uma classificação alfabética avaliando como cada tendência se mostrou ao longo dos anos.

As notas vão de A a D. Além de percorrer essa seção para ver as tendências avaliadas com um D (e sei que você vai fazer isso por simples curiosidade), talvez esteja se perguntando por que nenhuma tendência recebeu uma avaliação F.

Acredito que um F deva ser reservado para uma tendência que nunca foi precisa, uma situação que realmente não corresponde a essas tendências, porque, na época em que foram publicadas, elas eram realmente não óbvias.

As que foram classificadas com um D apenas deixaram de se manter além do ano em que foram previstas.

É impossível classificar a si mesmo, por isso não me baseio aqui em minhas avaliações pessoais. Em vez disso, minha equipe e eu coletamos o feedback de milhares de profissionais que participaram de uma das minhas palestras ou de uma das nossas oficinas pelo mundo. Combinamos esse feedback com informações enviadas por leitores, que escreveram para nós ou comentaram na pesquisa on-line.

Além disso, tornei um hábito que nossa equipe busque consistentemente novos exemplos de tendências previstas antes para podermos construir uma biblioteca e ver quantos outros exemplos relevantes surgem desde a publicação de uma tendência.

Esse ritual anual de revisão, classificação e crítica de tendências anteriores tornou as previsões melhores. Aprendemos com nossos erros tanto quanto celebramos nossos sucessos, e o livro que você tem em mãos hoje é resultado de uma década de refinamento.

Como escrevi no início deste livro, acredito que a coisa mais bonita em tendências selecionadas é que as novas não substituem as antigas. Não, todas elas apresentam uma coleção de observações e informações que espero que desperte sua reflexão sobre as oportunidades atuais, enquanto serve de lembrete de que a melhor maneira de conquistar o futuro é se tornando um estudioso do presente acelerador.

De qualquer maneira, as tendências podem ser uma centelha que gera ideias novas e instigadoras para a inovação. Espero que esse resumo de tendências anteriores ofereça as duas coisas, bem como uma análise interessante da evolução da última década de pesquisa e insights.

NAVEGUE POR TODAS AS TENDÊNCIAS ANTERIORES E BAIXE EXCERTOS (em inglês):
www.nonobvious.com/trends

RESUMO DE TENDÊNCIAS PREVISTAS ANTERIORMENTE

VISÃO GERAL DAS TENDÊNCIAS NÃO ÓBVIAS DE 2011
Likeonomics
Celebridade Acessível
Simplificação Desesperada
Integração Essencial
Aumento de Curadoria
Dados Visualizados
Inovação Colaborativa
RP e Atendimento ao Cliente Instantâneos
Appficação da Web
Reimaginar Caridade
Empregados Heróis
Localização Anunciada
Transparência Brutal
Aleatoriedade Viciante
Culto ao Comércio

VISÃO GERAL DAS TENDÊNCIAS NÃO ÓBVIAS DE 2012
Humanismo Corporativo
Etnomimetismo
Solidão Social
Cinema Pontilhista
Medição da Vida
Cocuradoria
Engajamento em Caridade
Marketing Medici
Pós-Vida Digital
Logística em Tempo Real
Artivismo Social
Engajamento Cívico 2.0
Realidade Identificadora
Mudança Colaborativa
Teatro de Compra

VISÃO GERAL DAS TENDÊNCIAS NÃO ÓBVIAS DE 2013

Envelhecimento Otimista
Humanização Bancária
Financiamento Pessoal
Inspiração de Marca
Narrativa
Conteúdo de Saúde
Aprendizado sem Diploma
Impresso Precioso
Publicação em Parceria
Microinovação
Visualização Social
Design Heroico
Comércio Hiperlocal
Movido por Mulheres
Shoptimização

VISÃO GERAL DAS TENDÊNCIAS NÃO ÓBVIAS DE 2014

Desintoxicação Desesperada
Porre de Mídia
Produtividade Obsessiva
Adorável Desperfeição
Utilidade de Marca
Humanidade Compartilhável
Sensacionalismo Selecionado
Expertise Distribuída
Antiestereotipagem
Paranoia de Privacidade
Vida Superquantificada
Microdesign
Comércio por Assinatura
Empreendedores Instantâneos
Economia Colaborativa

VISÃO GERAL DAS TENDÊNCIAS NÃO ÓBVIAS DE 2015

Estrelato Diário
Selfie Confidence
Mindfulness Convencional
Benevolência de Marca
Compra Reversa
Profissional de Marketing Relutante
Conteúdo de Fácil Visualização
Alinhamento de Disposição
Experimídia
Desperfeição
Proteção Preditiva
Dependência Projetada
Pequenos Dados
Distribuição Inovadora
Microconsumo

VISÃO GERAL DAS TENDÊNCIAS NÃO ÓBVIAS DE 2016

Compra por E-mpulso
Simplificação Estratégica
Envelhecimento Otimista
Marketing B2Beyond
Mapeamento de Personalidade
Utilidade de Marca
Multiculturalismo Convencional
Consumo Merecido
Antiestereotipagem
Empatia Virtual
Transbordamento de Dados
Design Heroico
Incubação Internalizada
Vida Adulta Automatizada
Produtividade Obsessiva

VISÃO GERAL DAS TENDÊNCIAS NÃO ÓBVIAS DE 2017

Feminilidade Forte
Peculiaridades Secundárias
Desintoxicação Desesperada
Lealdade Passiva
Autênticos Busca-fama
Adorável Desperfeição
Passado Preservado
Mergulho Profundo
Impresso Precioso
Tecnologia Invisível
Renascimento do Robô
Dados Autoconhecedores
Empreendedorismo de Lançamento
Excluídos Ultrajantes
Mindfulness Convencional

VISÃO GERAL DAS TENDÊNCIAS NÃO ÓBVIAS DE 2018

Falar a Verdade
Agenerizado
Consumo Esclarecido
Redução de Público-alvo
Posicionamento de Marca
Narrativa
Ultraje Manipulado
Aprendizado à Velocidade da Luz
Empatia Virtual
Modo Humano
Poluição de Dados
Proteção Preditiva
Luxo Acessível
Tocável
Distribuição Inovadora

VISÃO GERAL DAS TENDÊNCIAS NÃO ÓBVIAS DE 2019

Espetáculo Estratégico
Masculinidade Confusa
Peculiaridades Secundárias
Influência Artificial
Retroconfiança
Marketing B2Beyond
Fadiga de Modismo
Faxina Radical
Simplificação Deliberada
Empatia Empresarial
Inveja de Inovação
Renascimento do Robô
Velocidade do Bem
Super-ricos
Lealdade Passiva

VISÃO GERAL DO RELATÓRIO DE TENDÊNCIAS NÃO ÓBVIAS 2011

Publicado em 2 de janeiro de 2011
Formato original: apresentação visual

A história + retrospectiva

A primeira edição do *Relatório de Tendências Não Óbvias* concentrou-se apenas em tendências de marketing e mídia social. O relatório usou um estilo visual de vinte páginas e incluiu uma descrição breve das tendências, além de três ou quatro histórias para ilustrar cada uma. Apesar de seu escopo limitado, o documento viralizou rapidamente quando foi lançado e alcançou cem mil visualizações só nas primeiras semanas após a publicação.

Algumas das tendências mais populares introduziram muitas estreias. O relatório foi um dos primeiros a prever o *Aumento de Curadoria*, um precursor da explosão do marketing de conteúdo, e *RP e Atendimento ao Cliente Instantâneos*, o crescimento rápido do atendimento ao cliente em tempo real por meio da mídia social. Ele também definiu as tendências relacionadas de *Transparência Brutal*, *Humanidade Corporativa* e *Empregados Heróis*, todas demonstrando um nível mais profundo de transparência e humanidade em campanhas de marketing.

A tendência mais popular do primeiro relatório foi, sem dúvida, *Likeonomics*, a ideia de que as pessoas escolhem fazer negócios com outras pessoas de quem gostam. Esse conceito popular inspirou um livro de mesmo título, que escrevi e publiquei no ano seguinte.

UMA OLHADA RÁPIDA NAS TENDÊNCIAS DE 2011

Likeonomics
Celebridade Acessível
Simplificação Desesperada
Integração Essencial
Aumento de Curadoria
Dados Visualizados
Inovação Colaborativa
RP e Atendimento ao Cliente Instantâneos
Appficação da Web
Reimaginar Caridade
Empregados Heróis
Localização Anunciada
Transparência Brutal
Aleatoriedade Viciante
Culto ao Comércio

LIKEONOMICS

Marcas, produtos e serviços tiveram sucesso sendo mais humanos, voltados para uma missão e pessoalmente simpáticos por suas políticas e sua equipe, obtendo uma vantagem sobre concorrentes menos empáticos.

Avaliação de longevidade da tendência: A. A verdade fundamental das relações humanas por trás dessa tendência continua crescendo, com mais marcas concentrando-se na construção de uma ligação pessoal com clientes e sendo consistentemente simpáticas.

CELEBRIDADE ACESSÍVEL

Quando a mídia social permite acesso direto a celebridades, políticos e atletas antes inacessíveis, vemos mais dessas personalidades, para o bem ou para o mal, e podemos nos comunicar com elas como pessoas de verdade.

Avaliação de longevidade da tendência: B. Usar a mídia social para se comunicar diretamente com pessoas famosas ficou fácil, mas essa facilidade forçou as celebridades a encontrar novas maneiras de administrar o volume, filtrar perseguidores virtuais e se tornar menos acessíveis.

SIMPLIFICAÇÃO DESESPERADA

A sobrecarga de informações leva o consumidor a buscar simplicidade desesperadamente, tentando encontrar o equilíbrio entre atividades, como desfazer amizade e encontrar produtos básicos e sites para ajudar a simplificar tudo.

Avaliação de longevidade da tendência: B. Embora a "infobesidade" persista, a necessidade do consumidor por simplicidade cede espaço a ferramentas que se dedicam a otimizar ou a selecionar, em vez de eliminar, amizades ou conteúdo. A tendência persiste, mas com menos desespero.

INTEGRAÇÃO ESSENCIAL

O maior problema do profissional de marketing continua sendo integrar esforços, o que pode ser difícil, com poucos exemplos bons. Mas os maiores sucessos exibem um novo nível de integração que é raro no mundo do marketing.

Avaliação de longevidade da tendência: B. Durante os últimos 4 anos, a integração tornou-se uma questão ainda maior e uma batalha diária para os profissionais de marketing. Com mais ferramentas e plataformas para ajudar, isso se tornou menos uma tendência e mais uma prática-padrão.

AUMENTO DE CURADORIA

As marcas usam cada vez mais curadoria como um filtro muito necessário para ajudar a encontrar e unir conteúdo útil ou divertido para conquistar mais confiança e atenção dos consumidores.

Avaliação de longevidade da tendência: A. Essa tendência antecipou com sucesso a explosão do marketing de conteúdo e a importância de as marcas se dedicarem a compartilhar expertise on-line generosamente com seus clientes como uma maneira de ampliar confiança.

DADOS VISUALIZADOS

Para entender um fluxo de informação em tempo real, cada vez mais organizadores de eventos, empresas de notícias e marcas recorrem à visualização para tirar proveito dos dados, entendê--los e contar uma história mais clara.

Avaliação de longevidade da tendência: B. O uso excessivo e disseminado de infográficos criou mais ceticismo em relação à visualização, mas melhores interfaces de usuário, design gami-ficado e narrativa continuam se destacando e atraindo atenção.

INOVAÇÃO COLABORATIVA

Marcas recorrem a plataformas colaborativas para coletar ideias de consumidores em troca da recompensa do reconhecimento, ganho financeiro e por simplesmente ser ouvido pelas marcas que compram todos os dias.

Avaliação de longevidade da tendência: C+. O crescimento de plataformas para geração de solução de problemas continua, mas o foco original e estreito orientado para a marca nessa tendência não atendeu a outros tipos de mercados.

RELAÇÕES PÚBLICAS E ATENDIMENTO AO CLIENTE INSTANTÂNEOS

Contato em tempo real torna-se essencial com equipes de comunicação dedicadas à prática de relações públicas instantâneas para administrar crises sociais e ampliar o atendimento ao consumidor com métodos para lidar com problemas aqui e agora.

Avaliação de longevidade da tendência: B. O atendimento ao consumidor por canais sociais cresceu dramaticamente, mas hoje não é movido apenas por situações negativas (como previsto originalmente), mas usado como ferramenta também para engajamento positivo.

APPFICAÇÃO DA WEB

Com mais aplicativos inovadores permitindo que o consumidor evite a web para fazer transações e buscar entretenimento, muitas atividades, de transações bancárias a compras on-line, vão se transferir para os aplicativos, em vez de se manterem na internet.

Avaliação de longevidade da tendência: D. Os aplicativos cresceram muito, mas a ideia de fazer tudo por meio deles nunca se concretizou. Em vez disso, o design responsivo tornou mais importante permitir que qualquer pessoa use qualquer tamanho de tela em qualquer dispositivo.

REIMAGINAR CARIDADE

Marcas e empreendedores criam novos modelos inovadores para o bem social, reinventando como as pessoas podem fazer tudo, de doar dinheiro a compartilhar tempo e habilidades específicas.

Avaliação de longevidade da tendência: B. Essa tendência refletiu um crescimento dramático sobre como organizações de caridade e sem fins lucrativos usavam ferramentas digitais. Embora isso tenha se mantido, os esforços são mais lugar-comum e menos uma "redefinição".

EMPREGADOS HERÓIS

Marcas de todos os tamanhos procuram provar sua humanidade destacando seus funcionários como solucionadores de problemas e criadores de inovação. Essas histórias ancoram a missão da empresa no mundo.

Avaliação de longevidade da tendência: B. Essa tendência se expandiu para muito além das empresas de tecnologia mostradas inicialmente, com os funcionários sendo cada vez mais valorizados em anúncios, exibidos pelas marcas como exemplo de grande lealdade e vistos como embaixadores concretos e importantes para uma marca.

LOCALIZAÇÃO ANUNCIADA

Mais consumidores decidem anunciar sua localização, permitindo que marcas personalizem mensagens para um local específico e criem mais oportunidades para engajar seus consumidores na vida real.

Avaliação de longevidade da tendência: B. O marketing móvel oferece cada vez mais opções de *geotargeting* (segmentação geográfica). No entanto, o consumidor continua atento às questões de privacidade e preocupado com o potencial para *geo spamming* (a possibilidade de receber spams direcionados à localização em que se está) quando anda pela rua.

TRANSPARÊNCIA BRUTAL

Honestidade agressiva leva a um marketing mais incisivo e mais eficiente, com as marcas revelando essa tática inesperada que o consumidor recebe bem.

Avaliação de longevidade da tendência: A. O crescimento das plataformas sociais e do marketing de conteúdo permite que as marcas compartilhem mais verdades sobre seus negócios. Embora algumas possam não ser tão "brutais", essa honestidade continua construindo confiança.

ALEATORIEDADE VICIANTE

As marcas usam cada vez mais o poder viciante do conteúdo aleatório para engajar consumidores. Isso vai levar a mais campanhas em que consumidores podem acrescentar conteúdo a um arquivo central para navegar.

Avaliação de longevidade da tendência: D. Embora essa ideia ainda seja usada de maneira seletiva em campanhas, é um bom exemplo do tipo de tendência que previmos no começo e que, na verdade, não deveria ter sido mais que um *ingrediente* em uma tendência mais ampla.

CULTO AO COMÉRCIO

Os melhores comerciantes criam usuários apaixonados que não apenas compram produtos, mas que também divulgam suas experiências. Eles inspiram suas redes sociais a experimentar.

Avaliação de longevidade da tendência: A. O crescimento da mídia social permite uma crença contínua, similar à de um culto, nas marcas e uma disponibilidade dos fãs não só para gastar dinheiro em produtos e serviços, mas também para agir como embaixadores da marca.

VISÃO GERAL DO RELATÓRIO DE TENDÊNCIAS NÃO ÓBVIAS 2012

Publicado em 2 de janeiro de 2012
Formato original: apresentação visual

A história + retrospectiva

Aproveitando o sucesso do primeiro relatório anual, a segunda edição continuou focada em tendências de marketing e mídia social e ultrapassou a popularidade do relatório anterior. Os temas abordados nessa edição incluíam o sensível, mas emergente, campo do *Pós-Vida Digital*, o crescimento da *Solidão Social* e o aumento do *Humanismo Corporativo*. Em oposição ao relatório inaugural, essa atualização adotou um tom mais humano, com várias tendências descrevendo mudanças culturais e no comportamento do consumidor.

O segundo ano também teve alguns grandes sucessos e alguns poucos grandes erros. As tendências centradas no crescimento da humanidade em empresas e consumidores resistiram ao teste do tempo. Por outro lado, várias tendências daquele ano se revelaram conceitos de nicho muito peculiares. *Cinema Pontilhista* e *Artivismo Social* não decolaram quantitativamente como se esperava.

A mistura de tendências me ajudou a aperfeiçoar o processo e a dar um grande salto no ano seguinte, tanto na qualidade das previsões quanto nos detalhes por trás delas.

UMA OLHADA RÁPIDA NAS TENDÊNCIAS DE 2012
Humanismo Corporativo
Etnomimetismo
Solidão Social
Cinema Pontilhista
Medição da Vida
Cocuradoria
Engajamento em Caridade
Marketing Medici
Pós-Vida Digital
Logística em Tempo Real
Artivismo Social
Engajamento Cívico 2.0
Realidade Identificadora
Mudança Colaborativa
Teatro de Compra

HUMANISMO CORPORATIVO
Empresas encontram sua humanidade quando criam políticas e práticas mais favoráveis ao consumidor, dedicam mais tempo a ouvir o cliente e incentivam os funcionários a representá-las em público.

Avaliação de longevidade da tendência: A. Essa pode ser a mais duradoura de todas as tendências que previmos nos últimos 9 anos, pois continuamos a ver constantemente novos exemplos de empresas encontrando sua humanidade e evitando se mostrar sem um rosto.

ETNOMIMETISMO
A análise etnográfica de como as pessoas interagem no mundo real inspira novas ferramentas sociais ou produtos que imitam o comportamento humano e a interação social, além de se adaptarem à nossa vida.

Avaliação de longevidade da tendência: B. Embora alguns exemplos dessa tendência sejam datados (Google+), o conceito de empresas observando a interação humana e criando produtos e serviços sob medida a partir dessa observação continua sendo importante.

SOLIDÃO SOCIAL

Apesar das conexões on-line, as pessoas sentem solidão no mundo real, o que as induz a buscar maneiras de criar amizades mais profundas ou, pelo menos, uma chance de se conectar profundamente com as pessoas.

Avaliação de longevidade da tendência: A. A solidão persiste, e nossa conectividade digital continua sendo uma faca de dois gumes, que nos faz sentir mais conectados e mais isolados ao mesmo tempo, em particular em meio aos jovens e aos mais velhos.

CINEMA PONTILHISTA

Com o nome da técnica de pintura que usa pontinhos para criar imagens maiores, essa tendência descreve uma forma de cinema colaborativo em que vários clipes curtos são fundidos para contar uma história por vídeo.

Avaliação de longevidade da tendência: D. Essa tendência deve ser minha decepção favorita. Adorei a ideia, mas ela era muito restrita para realmente crescer e se tornar uma tendência completa, e deveria ter sido um ingrediente que contribuísse para uma ideia maior.

MEDIÇÃO DA VIDA

Uma crescente variedade de ferramentas de monitoramento trata dados individualizados para acompanhar e medir todas as áreas de sua vida. Eles permitem que você acompanhe sua saúde, meça sua influência social e estabeleça objetivos.

Avaliação de longevidade da tendência: A. O que foi uma grande ideia em 2012 agora se tornou comum, e parecemos estar cercados por dispositivos de monitoramento – então, é inegável que essa tendência foi acelerada.

COCURADORIA

A curadoria se torna mais colaborativa com amadores e especialistas unindo forças on-line para acrescentar seus pontos de vista únicos e reunir diversos ângulos de vários assuntos.

Avaliação de longevidade da tendência: B+. Mesmo que novas ferramentas tenham facilitado a curadoria de informações para qualquer pessoa, a ideia de que isso provocaria maior colaboração em torno dessa curadoria pode ter sido otimista demais e não se desenvolveu.

ENGAJAMENTO EM CARIDADE

Mais obras de caridade repensam seu foco nas doações rápidas e, em vez disso, promovem participação por meio de jogos e outros métodos de engajamento comportamental.

Avaliação de longevidade da tendência: B. Embora organizações de caridade e sem fins lucrativos busquem mais meios para atrair doadores, o foco previsto em participação não eliminou realmente a brecha entre doações de curto prazo e engajamento de longo prazo.

MARKETING MEDICI

Inspirada pelo livro *O efeito Medici*, essa tendência descreve como o pensamento de várias disciplinas é combinado para tornar o marketing mais envolvente, criativo ou útil.

Avaliação de longevidade da tendência: B+. O livro ainda é excelente, mas o nome era muito limitado para descrever o escopo dessa tendência. Porém, a ideia de que o marketing é (e deve ser) um caldeirão de pensamento multidisciplinar persiste.

PÓS-VIDA DIGITAL

Durante o último ano, mais empresas começaram a focar no pós--vida digital, criando ferramentas, educação e serviços para ajudar a administrar todos os dados que as pessoas amadas deixam para trás quando morrem.

Avaliação de longevidade da tendência: B. Essa tendência, talvez mais que qualquer outra, exemplifica a realidade frustrante de uma tendência que parece estar sempre surgindo como uma ideia geral, mas nunca chega realmente a ser o assunto principal.

LOGÍSTICA EM TEMPO REAL

Empresas especialistas em tecnologia usam a conversa em tempo real nas mídias sociais para gerar informações que ajudam na cadeia de abastecimento e no planejamento de logística para eliminar desperdício e maximizar os lucros.

Avaliação de longevidade da tendência: A. Softwares da cadeia de suprimentos ficam cada vez mais sofisticados, com grandes comerciantes e outros distribuidores implementando novas ferramentas para ter previsões melhores e tirar proveito da conversa social a fim de funcionar melhor.

ARTIVISMO SOCIAL

A interseção entre arte e ativismo, conhecida cada vez mais como *artivismo*, torna-se social com artistas vendo as ferramentas sociais para alcançar mais pessoas e criar maior impacto social.

Avaliação de longevidade da tendência: C. A arte é frequentemente usada para o ativismo, e a mídia social amplifica isso, mas essa tendência deveria ter feito parte de uma ideia elevada que fosse além de apenas arte para questões sociais.

ENGAJAMENTO CÍVICO 2.0

Uma crescente variedade de ferramentas digitais permite que as pessoas interajam mais ativamente com os governos locais sobre tudo, desde denunciar buracos na rua a oferecer sugestões para melhorar a comunidade.

Avaliação de longevidade da tendência: B+. Embora o engajamento civil não tenha se multiplicado anualmente, mais gente adota essas ferramentas que permitem um engajamento mais profundo do cidadão, e cidades que usam bem a tecnologia ajudam essa tendência a se acelerar para se tornar comum.

REALIDADE IDENTIFICADORA

Câmeras de celular com mais qualidade permitem que desenvolvedores criem ferramentas que podem marcar qualquer objeto na realidade para destravar conteúdo interativo.

Avaliação de longevidade da tendência: D. O uso prevalente de QR codes e tags que mapeiam a realidade para o mundo on-line dava a impressão, em 2012, de que seria enorme, mas a tendência nunca se materializou como foi previsto originalmente.

MUDANÇA COLABORATIVA

O *crowdsourcing* está evoluindo e indo além do compartilhamento de informações, e as pessoas já podem usar o poder colaborativo da união para promover mudança pessoal, social ou política.

Avaliação de longevidade da tendência: B+. A ideia básica por trás dessa tendência é o *crowdsourcing* ultrapassando a informação e alcançando a ação com as pessoas recorrendo ao poder das massas para realizar coisas reais, e isso se mantém hoje.

TEATRO DE COMPRA

No próximo ano, mais lojas vão criar experiências únicas usando os princípios do teatro para conquistar os consumidores por meio de experiências memoráveis.

Avaliação de longevidade da tendência: A. Os lojistas tentaram ser ainda mais teatrais para combater os riscos dos showrooms e o crescimento do comércio on-line. Isso tem tornado as experiências nas lojas ainda mais interativas e dramáticas que antes.

III RELATÓRIOS DE TENDÊNCIAS ANTERIORES (2011-2019)

VISÃO GERAL DO RELATÓRIO DE TENDÊNCIAS NÃO ÓBVIAS 2013

Publicado em 10 de dezembro de 2012
Formato original: apresentação visual + e-book

A história + retrospectiva

No terceiro ano do relatório de pesquisas, o nível de detalhes se expandiu para mais de cem páginas, com o relatório trazendo mais exemplos da vida real e análises mais abrangentes. Essa edição do *Relatório de Tendências Não Óbvias* não usou, a princípio, as cinco categorias introduzidas posteriormente para alinhamento com os próximos anos, por isso eu as apliquei de forma retroativa e criei os ícones. Este também foi o primeiro ano em que produzi um e-book, que foi vendido on-line e incluía dicas de como colocar as tendências em prática.

Graças ao público atraído por essas duas primeiras edições, esse volume se tornou um best-seller on-line instantâneo, primeiro em vendas na categoria Negócios. As tendências desse relatório que mais reverberaram foram *Impresso Precioso*, sobre a importância de objetos físicos e impressos; *Ascensão das Mulheres*, sobre o aumento de mulheres líderes no local de trabalho; *Narrativa*, sobre por que as pessoas confiam em empresas que contam as melhores histórias; e *Shoptimização*, sobre o foco crescente das experiências varejistas em tornar as compras mais fáceis e mais rápidas para o consumidor. Muitas ideias e temas introduzidos em 2013 continuaram reverberando e afetaram previsões de tendências anos mais tarde. Elas até forneceram a primeira inspiração para algumas das megatendências apresentadas neste livro.

UMA OLHADA RÁPIDA NAS TENDÊNCIAS DE 2013

Envelhecimento Otimista
Humanização Bancária
Financiamento Pessoal
Inspiração de Marca
Narrativa
Conteúdo de Saúde
Aprendizado sem Diploma
Impresso Precioso
Publicação em Parceria
Microinovação
Visualização Social
Design Heroico
Comércio Hiperlocal
Movido por Mulheres
Shoptimização

ENVELHECIMENTO OTIMISTA

Uma abundância de conteúdo on-line e de novas redes sociais inspira pessoas de todas as idades a se sentirem mais otimistas quanto a envelhecer.

Avaliação de longevidade da tendência: B. Esse sentimento de otimismo em relação ao futuro permanece intacto, mas é cada vez mais temperado por medos emergentes sobre a segurança do meio ambiente no longo prazo, políticas divisionistas e uma economia global em fluxo.

HUMANIZAÇÃO BANCÁRIA

Tentando reverter anos de desconfiança crescente, os bancos finalmente recuperam seu lado humano, adotando uma abordagem mais autêntica de serviços e desenvolvendo relacionamentos reais com os clientes.

Avaliação de longevidade da tendência: B. Recorrentes crises financeiras e atividades imorais ressaltam a importância dessa tendência, mas a crescente falta de qualidade e a contínua desconfiança nos bancos ainda são difíceis de superar.

FINANCIAMENTO PESSOAL

O financiamento colaborativo se torna pessoal e indivíduos procuram apoio financeiro para tudo, desde uma viagem que vai mudar a vida deles até pagar a faculdade.

Avaliação de longevidade da tendência: C. Embora muitos sites que surgiram como parte dessa tendência permaneçam disponíveis para receber doações, o uso disseminado das ferramentas para levantar financiamento pessoal não acelerou como previmos.

INSPIRAÇÃO DE MARCA

Marcas criam momentos que causam admiração, ideias inovadoras e truques dramáticos para atrair atenção e, às vezes, demonstrar seus valores ao mundo.

Avaliação de longevidade da tendência: B. Embora essa tendência tenha a ver com usar grandes momentos para inspiração, continuamos vendo uma confiança em malabarismos para chamar a atenção, uma ideia refletida também em nossa tendência de 2019, *Espetáculo Estratégico*.

NARRATIVA

As empresas descobrem que levar as pessoas aos bastidores de sua marca e história é uma das maneiras mais poderosas de inspirar lealdade e promover a compra.

Avaliação de longevidade da tendência: A. Conquistar a confiança ainda é um desafio, mas o impacto de usar histórias como um motivo para acreditar na missão de uma marca e divulgá-la continua sendo efetivo e necessário.

CONTEÚDO DE SAÚDE

Empresas de serviços de saúde sentem a pressão para criar conteúdo mais útil e substancial sobre a área a fim de satisfazer pacientes cada vez mais empoderados que duvidam das mensagens transmitidas de outras maneiras.

Avaliação de longevidade da tendência: A. A riqueza de conteúdo on-line sobre saúde explodiu assim como o volume de empresas de assistência médica confiáveis e competentes publicando e compartilhando esse conteúdo on-line em múltiplos formatos.

APRENDIZADO SEM DIPLOMA

A qualidade do conteúdo do aprendizado a distância explode com mais estudantes considerando alternativas à educação universitária tradicional.

Avaliação de longevidade da tendência: B+. Aprendizes eternos e pessoas que estão começando a carreira continuam procurando meios diretos para aprender novas habilidades, resolver problemas e saber mais sem a necessidade de um diploma associado a esse conhecimento.

IMPRESSO PRECIOSO

Graças à cultura do "tudo digital", os poucos objetos e momentos com que escolhemos interagir fisicamente se tornam mais valiosos.

Avaliação de longevidade da tendência: A. O fato de colocarmos ainda mais valor nas coisas impressas por serem mais valiosas e raras permaneceu inabalado e nos fez trazer essa tendência à tona novamente em 2017.

PUBLICAÇÃO EM PARCERIA

Aspirantes a autores em uma plataforma e profissionais experientes do mercado editorial, que precisam de parceiros e conteúdo, se associam para criar um novo modelo de publicação do tipo "fazendo junto".

Avaliação de longevidade da tendência: B. Essa tendência inspirou minha esposa e eu a fundarmos a Ideapress Publishing em 2014, e ainda está ativa no mercado editorial, mas levou ao ramo muitos ingressantes cuja ética e qualidade são questionáveis.

III RELATÓRIOS DE TENDÊNCIAS ANTERIORES (2011-2019)

MICROINOVAÇÃO

Pensar pequeno torna-se a nova vantagem competitiva, enquanto pequenas mudanças em características e benefícios criam grande valor.

Avaliação de longevidade da tendência: A–. O foco em fazer mudanças graduais em produtos de um jeito que possa transmitir valor constantemente continua levando muitas empresas a inovar de um jeito pequeno, às vezes difícil de perceber, mas ainda assim de maneira mensurável.

VISUALIZAÇÃO SOCIAL

Para tornar os dados mais acessíveis, novas ferramentas e tecnologias permitem que as pessoas visualizem conteúdo como parte de seu perfil social e de conversas on-line.

Avaliação de longevidade da tendência: A–. Ferramentas para visualização de dados continuam sendo comuns e populares. Essa é uma das tendências que estavam surgindo quando começamos a escrever, mas parecem óbvias e ainda precisas.

DESIGN HEROICO

O design tem um papel fundamental na invenção e na adoção de novos produtos, ideias e campanhas para ajudar a transformar o mundo.

Avaliação de longevidade da tendência: A. O crescimento do design thinking e a contínua necessidade global por soluções audaciosas para problemas que a humanidade enfrenta fizeram desta uma tendência da qual vemos exemplos renovados todos os anos.

COMÉRCIO HIPERLOCAL

Novos serviços e tecnologia facilitam a vida de quem quer investir em negócios locais e comprar de comerciantes locais.

Avaliação de longevidade da tendência: B. O comércio local continua sendo importante, mas ameaças de concorrentes on-line e a possibilidade de receber tudo em casa fizeram desta uma tendência que perdeu importância.

MOVIDO POR MULHERES

Líderes nos negócios, cultura pop e pesquisas pioneiras se cruzam para provar que o futuro ideal será liderado por mulheres fortes e inovadoras trabalhando na linha de frente.

Avaliação de longevidade da tendência: A. Com as mulheres assumindo papéis cada vez mais importantes nos negócios e na cultura, essa tendência continua forte. Ela foi a precursora de uma tendência popular em 2017, *Feminilidade Forte*.

SHOPTIMIZAÇÃO

A proliferação de celulares, novos aplicativos e startups permite que o consumidor otimize e intensifique o processo de compra de qualquer coisa on e off-line.

Avaliação de longevidade da tendência: A. Experiências de compras são otimizadas enquanto comerciantes de todas as categorias desenvolvem melhores interfaces para celular, quiosques mais inteligentes, aplicativos fáceis de usar e um processo mais rápido de checkout em um clique.

VISÃO GERAL DO RELATÓRIO DE TENDÊNCIAS NÃO ÓBVIAS 2014

Publicado em 18 de fevereiro de 2014
Formato original: apresentação visual + e-book

A história + retrospectiva

A quarta edição do relatório de tendências foi muito influenciada por um crescimento dramático em minhas palestras em conferências pelo mundo todo. A demanda e a popularidade do relatório também me levaram a deixar meu cargo na Ogilvy depois de 8 anos para me tornar um empreendedor, abrir minha empresa de consultoria e uma editora.

Pela primeira vez, as tendências foram divididas em cinco categorias: cultura + comportamento do consumidor, marketing + mídia social, economia + empreendedorismo, tecnologia + design e mídia + educação. Algumas das tendências mais populares de 2014 foram *Desintoxicação Desesperada*, sobre consumidores aflitos para escapar da tecnologia, sempre presente em torno deles; *Sensacionalismo Selecionado*, sobre o uso crescente de manchetes que prendem a atenção; *Comércio por Assinatura*, sobre marcas e produtos estabelecidos há muito tempo que estavam mudando para um modelo de assinatura; *Utilidade de Marca*, sobre marcas que tornam seu marketing mais útil; e *Produtividade Obsessiva*, sobre o desejo das pessoas de otimizar o tempo de todas as formas possíveis. Essas categorias foram usadas nos 5 anos seguintes.

Esse relatório também incorporou uma parte da pesquisa de tendências sobre assistência médica, que o coautor Fard Johnmar e eu publicamos em nosso livro *ePatient 2015*.

UMA OLHADA RÁPIDA NAS TENDÊNCIAS DE 2014

Desintoxicação Desesperada
Porre de Mídia
Produtividade Obsessiva
Adorável Desperfeição
Utilidade de Marca
Humanidade Compartilhável
Sensacionalismo Selecionado
Expertise Distribuída
Antiestereotipagem
Paranoia de Privacidade
Vida Superquantificada
Microdesign
Comércio por Assinatura
Empreendedores Instantâneos
Economia Colaborativa

DESINTOXICAÇÃO DESESPERADA

Consumidores tentam se conectar aos outros de maneira mais autêntica e buscar momentos de reflexão se desconectando intencionalmente da tecnologia que os cerca.

Avaliação de longevidade da tendência: A. Com a tecnologia ainda onipresente na vida de todos, continuamos vendo novos exemplos dessa tendência em ação quase toda semana. Isso nos levou a trazê-la de volta no relatório de 2017.

PORRE DE MÍDIA

Com mais mídia e entretenimento disponíveis em qualquer dispositivo por demanda, os consumidores se entregam a verdadeiras maratonas e se dispõem a pagar mais pelo conforto.

Avaliação de longevidade da tendência: B. Com as opções de streaming crescendo exponencialmente, veremos alguma fadiga relacionada à ideia de maratonar conteúdo, com o consumidor se sentindo sobrecarregado e não mais obrigado a manter-se atualizado sobre todos os programas.

PRODUTIVIDADE OBSESSIVA

Com milhares de aplicativos para otimizar a vida e orientação instantânea de gurus de autoajuda conhecedores da mídia social, tornar-se mais produtivo passou a ser a mais recente obsessão.

Avaliação de longevidade da tendência: A. As pessoas continuam se preocupando com a produtividade com novos livros prometendo dicas para a otimização de vida. Muitas abreviam suas tarefas diárias e tentam economizar tempo de todas as maneiras possíveis.

ADORÁVEL DESPERFEIÇÃO

Consumidores procuram autenticidade e recompensam pequenas imperfeições em produtos, personalidades e marcas, demonstrando maior lealdade e confiança.

Avaliação de longevidade da tendência: A. Nos 9 anos desde que o relatório é feito, essa tendência esteve entre as mais populares. Nós a levamos de volta ao relatório de 2015 com o nome de *Desperfeição*, e, em 2017, como *Adorável Desperfeição*. Ela continua sendo uma das nossas tendências mais populares.

UTILIDADE DE MARCA

Com o crescimento contínuo do marketing de conteúdo, as marcas encontram cada vez mais novos caminhos para fornecer valor, responder a perguntas e usar o marketing como uma ferramenta para educação, não apenas para promoção.

Avaliação de longevidade da tendência: A. Com o marketing de conteúdo crescendo, as marcas encontram cada vez mais novas maneiras de fornecer valor, responder a perguntas e usar o marketing como uma ferramenta para educação em vez de meramente para promoção.

HUMANIDADE COMPARTILHÁVEL

O conteúdo compartilhado na mídia social se torna mais emotivo com as pessoas compartilhando exemplos incríveis de humanidade e as marcas injetando mais sentimento nos esforços de comunicação de marketing.

Avaliação de longevidade da tendência: C. As histórias humanas são importantes, mas essa tendência foi afetada de maneira negativa pela fadiga das histórias excessivamente dramáticas e das manchetes caça-cliques, que tornaram as pessoas mais céticas em relação a essas histórias.

SENSACIONALISMO SELECIONADO

Com a linha entre notícia e entretenimento cada vez menos definida, a curadoria inteligente substitui o jornalismo com conteúdos interessantes sendo associados a manchetes sensacionalistas para alcançar milhões de visualizações.

Avaliação de longevidade da tendência: A. A mídia continua contando com o sensacionalismo, o que faz dessa tendência precursora de muitas outras tendências populares nos anos seguintes, inclusive *Falar a Verdade, Ultraje Manipulado* e *Espetáculo Estratégico.*

EXPERTISE DISTRIBUÍDA

A ideia da expertise em si mesma é mudada e se torna mais inclusiva, menos acadêmica e mais disponível sob demanda e em tempo real.

Avaliação de longevidade da tendência: A–. Aprender em diversos formatos com especialistas on-line é algo que está ganhando popularidade, e as plataformas de aprendizado crescem rapidamente. A possibilidade de acessar o conhecimento em tempo real vai continuar crescendo.

ANTIESTEREOTIPAGEM

Na mídia e no entretenimento, os papéis de gênero começam a mudar, presunções sobre estilos de vida alternativos são desafiadas, a diversidade cresce e percepções de como as pessoas são definidas continuam evoluindo.

Avaliação de longevidade da tendência: A–. Vemos novas histórias que nos ajudam a reavaliar as pessoas, enxergar gênero como algo fluido e desafiar nossas presunções mantidas por tanto tempo sobre identidade e apagar linhas que já foram distintas.

PARANOIA DE PRIVACIDADE

Novos vazamentos de dados levam a um novo sentimento global de paranoia sobre o que governos e marcas sabem sobre nós e como podem usar o *big data* de maneira potencialmente danosa.

Avaliação de longevidade da tendência: C. Privacidade continua sendo uma preocupação, mas estamos vendo essa paranoia se tornar empoderamento, com uma maior fiscalização dificultando o mau uso dos dados por parte das empresas.

VIDA SUPERQUANTIFICADA

O valor dos dados pessoais coletados por dispositivos vestíveis, por exemplo, é obscurecido por infográficos bonitinhos e resultados superficiais que impedem uma análise criteriosa dos dados e efeitos em decisões na vida.

Avaliação de longevidade da tendência: B. Encontrar valores nos dados que coletamos de nós mesmos continua sendo um desafio, mas as ferramentas analíticas e o desejo pessoal de transformar esses dados em ação ajudam a administrar o lado negativo.

MICRODESIGN

Com a comunicação se tornando mais visual, o design conquista mais respeito, e a demanda por habilidades de design cresce, levando à simplificação do acesso a pequenas porções de expertise em design.

Avaliação de longevidade da tendência: B. A necessidade por expertise em design continua crescendo, mas a visão limitada dessa tendência, focada apenas em recursos do design, limitou sua aplicação ou relevância em circunstâncias mais amplas.

COMÉRCIO POR ASSINATURA

Mais empresários e comerciantes fazem uso de assinaturas para vender serviços ou produtos recorrentes para consumidores, em vez de focar em vendas únicas.

Avaliação de longevidade da tendência: B–. Mais indústrias e marcas estão recorrendo às lições do comércio por assinatura, mas isso tem levado a um esgotamento, com o consumidor desejando, algumas vezes, comprar produtos ou serviços à moda antiga.

EMPREENDEDORES INSTANTÂNEOS

Com as barreiras para abrir um negócio começando a cair, incentivos e ferramentas permitem que qualquer pessoa com uma ideia crie uma startup, sabendo que os custos e os riscos de fracasso não são mais tão altos quanto antes.

Avaliação de longevidade da tendência: A. Embora o empreendedorismo interesse a muitos profissionais, governos em todo o mundo continuam vendo o fenômeno como um motor de crescimento e trabalham para que começar um negócio seja mais fácil para qualquer pessoa.

ECONOMIA COLABORATIVA

Novos modelos de negócios e ferramentas permitem que consumidores e marcas tenham acesso ao poder do compartilhamento e da colaboração para encontrar novos meios de comprar, vender e consumir produtos e serviços.

Avaliação de longevidade da tendência: A. Estamos bem firmes no meio da "economia de compartilhamento", conforme a ideia de propriedade muda, pessoas usam e compartilham produtos sem possuí-los, e a economia permanece colaborativa.

VISÃO GERAL DO RELATÓRIO DE TENDÊNCIAS NÃO ÓBVIAS 2015

Publicado em 1º de março de 2015
Formato original: capa dura + brochura + e-book

A história + retrospectiva

Em 2015, o relatório foi publicado primeiro em formato capa dura, e o relatório de tendências realmente decolou. O livro se tornou um best-seller instantâneo no *Wall Street Journal*. Pela primeira vez, ele revelou todo meu processo de curadoria de tendências, que eu havia compartilhado anteriormente apenas em oficinas corporativas particulares.

Além das explicações sobre se tornar um curador de tendências e usar meu Método do Palheiro, o relatório introduziu várias tendências populares que atraíram a atenção da mídia no mundo todo. Alguns destaques desse relatório incluíam *Desperfeição*, sobre a preferência que as pessoas têm, muitas vezes, por produtos e líderes naturalmente falhos e mais humanos; *Pequenos Dados*, sobre a informação pessoal que os consumidores coletam sobre o próprio comportamento; *Estrelato Diário*, sobre expectativas do consumidor, às vezes irreais, de que ele é VIP; e *Selfie Confidence,* sobre a ideia contraintuitiva de que tirar e postar selfies pode ser uma forma de construir autoestima.

Além das tendências, a popularidade do livro naquele ano apresentou a curadoria de tendências para um público muito maior, e o conceito começou a reverberar mundialmente. Os direitos do livro foram vendidos para seis países, e os convites para palestras e oficinas passaram a incluir eventos internacionais. O sucesso do livro também permitiu que a Non Obvious Company aceitasse mais sócios e novos membros para a equipe, o que, por sua vez, permitiu que expandíssemos as capacidades de pesquisa e curadoria e fizéssemos os relatórios seguintes ainda mais fortes.

UMA OLHADA RÁPIDA NAS TENDÊNCIAS DE 2015

Estrelato Diário
Selfie Confidence
Mindfulness Convencional
Benevolência de Marca
Compra Reversa
Profissional de Marketing Relutante
Conteúdo de Fácil Visualização
Alinhamento de Disposição
Experimídia
Desperfeição
Proteção Preditiva
Dependência Projetada
Pequenos Dados
Distribuição Inovadora
Microconsumo

ESTRELATO DIÁRIO

O crescimento da personalização leva muitos consumidores a esperar que interações diárias sejam transformadas em experiências de celebridade com eles como estrelas do show.

Avaliação de longevidade da tendência: A. Com as empresas usando o *big data* para personalizar e melhorar a experiência do consumidor, as expectativas dos clientes aumentam, às vezes beirando o impossível.

SELFIE CONFIDENCE

A capacidade de compartilhar uma persona virtual cuidadosamente construída permite que as pessoas usem selfies para construir a própria autoestima e a confiança, mostrando-se como querem ser vistas pelo mundo.

Avaliação de longevidade da tendência: B. A essência dessa tendência permanece inalterada, mas o modo como nos apresentamos on-line ou construímos confiança foi muito além disso, como você pode ler na megatendência *Identidade Amplificada*.

MINDFULNESS CONVENCIONAL

Meditação, ioga e contemplação silenciosa se tornam ferramentas poderosas para indivíduos e empresas melhorarem desempenho, saúde e motivação.

Avaliação de longevidade da tendência: A. Não só trouxemos essa tendência de volta em 2017, como ela passou a descrever indústrias inteiras, novas maneiras de pensar e um forte movimento para melhorarmos em casa e no trabalho.

BENEVOLÊNCIA DE MARCA

As empresas cada vez mais colocam propósito no centro de seus negócios para demonstrar um compromisso mais profundo em fazer o bem, indo além de doar dinheiro ou manter uma imagem positiva.

Avaliação de longevidade da tendência: A–. Essa foi a primeira de nossas tendências a destacar marcas que demonstravam um compromisso com o meio ambiente, questões sociais e práticas empresariais éticas, tema que é discutido na megatendência *Lucro com Propósito*.

COMPRA REVERSA

Marcas investem cada vez mais em experiências de contato próximo nas lojas para construir afinidade com a marca e educar o cliente, enquanto integra, de maneira homogênea, canais on-line para finalizar as compras e receber os pedidos.

Avaliação de longevidade da tendência: A–. Desde que essa tendência foi publicada pela primeira vez, comerciantes continuaram focados no experimental e no imersivo, fato que exploramos mais profundamente em nossa tendência *Espetáculo Estratégico*, de 2019.

PROFISSIONAL DE MARKETING RELUTANTE

Com o marketing se afastando da simples promoção, líderes e organizações abandonam silos tradicionais, adotam o marketing de conteúdo e investem na experiência do consumidor.

Avaliação de longevidade da tendência: B. O marketing continua evoluindo, afastando-se de promoção e incorporando lições de vendas, inovação, pesquisa, dados e mais, o que leva à relutância dos profissionais de marketing sobre que nome dar a si mesmos.

CONTEÚDO DE FÁCIL VISUALIZAÇÃO

Nossos períodos de atenção cada vez menores e a explosão de toda forma de conteúdo on e off-line levaram criadores a otimizar as histórias para o consumo rápido, de relance.

Avaliação de longevidade da tendência: B. Diariamente, ou a cada hora, os conteúdos chamam atenção e são atraentes porque podem ser visualizados rapidamente. Porém, isso é uma faca de dois gumes, porque força os profissionais de marketing a criarem um espetáculo.

ALINHAMENTO DE DISPOSIÇÃO

Com a tecnologia de monitoramento cada vez mais sofisticada, mídia, publicidade e experiências imersivas, como jogos e aprendizado, podem ser criados sob medida para acompanhar a disposição do consumidor.

Avaliação de longevidade da tendência: A. Com a disseminação de novas tecnologias, como o uso de IA para reconhecimento facial, a ideia do engajamento e do marketing adequado ao humor do consumidor deve ganhar mais força.

EXPERIMÍDIA

Criadores de conteúdo usam experimentos sociais e interações da vida real para estudar o comportamento humano de maneiras novas e únicas e, em última análise, construir narrativas mais realistas e interessantes.

Avaliação de longevidade da tendência: B–. Houve um tempo que parecia que a mídia apresentando experimentos sociais duraria por tempo indefinido, mas essa tendência desacelerou com a perda de popularidade de experimentos virais destinados a causar choque e admiração.

DESPERFEIÇÃO

Enquanto as pessoas buscam experiências mais humanas e pessoais, marcas e criadores focam intencionalmente em personalidade, peculiaridades e imperfeições intencionais para serem mais humanas e desejáveis.

Avaliação de longevidade da tendência: A. A ideia de que marcas e líderes estão mostrando vulnerabilidade e construindo confiança por meio da disponibilidade para compartilhar defeitos continua ressoando e é um ingrediente-chave de uma atitude mais humana.

PROTEÇÃO PREDITIVA

Uma preocupação crescente com a privacidade, aliada a expectativas elevadas do papel da tecnologia em nossa vida, leva a produtos, serviços e utensílios mais intuitivos para nos ajudar a viver melhor, com mais segurança e eficiência.

Avaliação de longevidade da tendência: A. Essa tendência é precursora da nossa megatendência *Tecnologia Protetora* e ofereceu um primeiro olhar sobre a importância desse tipo de intuição, uma ideia que também exploramos em nossa tendência *Renascimento do Robô*, de 2017.

DEPENDÊNCIA PROJETADA

A maior compreensão da ciência comportamental por trás da formação de hábito leva a um maior número de designers e engenheiros criando experiências intencionalmente viciantes que capturam o tempo, o dinheiro e a lealdade do consumidor.

Avaliação de longevidade da tendência: A. Se você considerar o crescimento de tudo, de alimentos embalados a esporte fantasy, essa tendência é fundamental para o modo como experiências podem ser projetadas para serem irresistíveis, sejam elas boas para nós ou não.

PEQUENOS DADOS

À medida que consumidores coletam cada vez mais os próprios dados de atividades on-line, o *big data* de posse de marcas se torna menos valiosos que o *small data* em certas situações.

Avaliação de longevidade da tendência: B. O potencial do *small data* para ajudar a personalizar experiências é muito grande, mas ainda é pouco utilizado e difícil de usar de forma proveitosa e significativa, embora ainda o coletemos muito.

DISTRIBUIÇÃO INOVADORA

Criadores e fabricantes usam novos modelos de distribuição para modificar os canais habituais, eliminar intermediários e construir conexões mais diretas com fãs e consumidores.

Avaliação de longevidade da tendência: A. Essa tendência explodiu nos últimos anos e, provavelmente, vai afetar ainda mais mercados. Ela é um conceito central que trouxemos de volta em 2018 e foi um condutor da megatendência *Comércio em Fluxo*.

MICROCONSUMO

Com novos modelos de pagamento, produtos e experiências disponíveis em pequenas porções, diversas indústrias vão experimentar novas microformas de precificação e pagamento.

Avaliação de longevidade da tendência: B. Essa tendência continua apresentando imenso potencial. Infelizmente, as plataformas ainda relutam diante de formatos de micromoedas. Continua sendo difícil de usar, e microtransações não são o que há de mais comum.

VISÃO GERAL DO RELATÓRIO DE TENDÊNCIAS NÃO ÓBVIAS 2016

Publicado em 25 de janeiro de 2016
Formato original: capa dura + e-book

A história + retrospectiva

Depois de lançar o livro impresso pela primeira vez em 2015, foi tentador voltar ao formato digital para as novas edições. Minhas aparições em pessoa tornaram essa opção pouco prática, por isso escolhi publicar uma atualização em capa dura do livro menos de 1 ano depois da publicação do original. A atualização seguiu o padrão dos anos anteriores, apresentando novas tendências. Porém, devido ao tempo escasso, minha equipe e eu percebemos que poderíamos abandonar algumas previsões antes de explorarmos seu significado.

O resultado disso foi que decidimos adotar uma nova convenção: todos os anos, dali em diante, selecionaríamos dez novas tendências e renovaríamos cinco previsões anteriores com uma atualização sobre como essas tendências evoluíram desde que escrevemos sobre elas pela primeira vez.

Na edição de 2016, foram apresentadas aos leitores as novas ideias de *Simplificação Estratégica*, sobre consumidores escolherem, supostamente, versões inferiores e anteriores de produtos porque elas sempre funcionavam melhor, duravam mais ou eram mais fáceis de usar; *Vida Adulta Automatizada*, sobre a crescente variedade de tecnologia tornando as coisas mais fáceis para os jovens que começavam a viver uma vida independente; e *Empatia Virtual*, sobre a ideia de que a tecnologia poderia oferecer um caminho de empatia por quem é diferente.

Pela primeira e única vez, o livro incluiu uma atualização para 2016 que não foi muito positiva, na qual cada tendência do ano anterior foi revista com mais exemplos. Muitos leitores acharam que essa atualização não era essencial e era desnecessariamente longa. Nas edições seguintes, adotamos, em vez disso, uma seção final parecida com esta para analisar previsões anteriores.

UMA OLHADA RÁPIDA NAS TENDÊNCIAS DE 2016

Compra por E-mpulso
Simplificação Estratégica
Envelhecimento Otimista
Marketing B2Beyond
Mapeamento de Personalidade
Utilidade de Marca
Multiculturalismo Convencional
Consumo Merecido
Antiestereotipagem
Empatia Virtual
Transbordamento de Dados
Design Heroico
Incubação Internalizada
Vida Adulta Automatizada
Produtividade Obsessiva

COMPRA POR E-MPULSO

Apesar dos temores de que o e-commerce pudesse acabar com a compra por impulso, o marketing em tempo real e as interfaces inteligentes induzem o consumidor a tomar decisões de compras imediatistas e emocionais também on-line.

Avaliação de longevidade da tendência: A. Com a sofisticação do e-commerce crescendo, a venda on-line oferece mais oportunidades para incentivar a compra por impulso por meio de *upselling* (oferecer outros produtos e/ou atualizações para gerar mais receita), *retargeting* (redirecionamento, ou apresentar anúncios relacionados a produtos pelos quais o consumidor, que já manteve um relacionamento com a marca, se interessou anteriormente), agrupamento de produtos e muitas outras técnicas.

SIMPLIFICAÇÃO ESTRATÉGICA

Com mais produtos e serviços sendo atualizados, os consumidores começam a rejeitar essas opções supostamente melhoradas e a recuar para versões mais simples, mais baratas e mais funcionais.

Avaliação de longevidade da tendência: A. Desde que escrevi pela primeira vez sobre essa tendência, ela ganhou vida própria na internet. Consumidores continuam buscando simplicidade, escolhendo produtos retrô e rejeitando opções exageradas.

ENVELHECIMENTO OTIMISTA
(Selecionada originalmente em 2013)

Depois de anos ouvindo e comprando soluções antienvelhecimento, uma geração de adultos em recente envelhecimento está abraçando o lado positivo de ficar mais velho e descobrindo o otimismo no tempo que a "terceira idade" pode oferecer.

Avaliação de longevidade da tendência: B. O otimismo em relação ao futuro permanece intacto. Porém, ele é temperado por medos emergentes relacionados ao meio ambiente, a políticas divisionistas e a uma economia global em fluxo.

MARKETING B2BEYOND

Marcas B2Beyond aceitam sua humanidade, se inspiram em outros setores e pensam de maneira mais ampla sobre usar o marketing efetivamente para atingir primeiro pessoas que tomam as decisões, depois o nicho de compradores B2Beyond.

Avaliação de longevidade da tendência: B. Essa foi uma daquelas tendências frustrantes que foram bem previstas e quantitativamente verdadeiras, mas que teve dificuldade para acelerar porque muitas marcas B2Beyond resistem a pensar diferente.

246

MAPEAMENTO DE PERSONALIDADE

Quando ferramentas de mensuração comportamental constroem um mapa detalhado de nossa personalidade, empresas podem usar essa informação para reunir pessoas de mentalidade parecida e engajá-las mais efetivamente.

Avaliação de longevidade da tendência: B. Essa tendência tem um alto potencial para engajar pessoas com base no que elas apreciam, mas, nos últimos anos, foi desperdiçada por segmentação excessiva de públicos ou por tentar vender alguma coisa a eles.

UTILIDADE DE MARCA
(Selecionada originalmente em 2014)

As marcas começam a focar em uma combinação de marketing de conteúdo e maior integração entre marketing e operações para oferecer valor por meio de utilidade na vida do consumidor.

Avaliação de longevidade da tendência: A. Com o marketing de conteúdo crescendo, as marcas encontram cada vez mais novas maneiras de fornecer valor, responder a perguntas e usar o marketing como uma ferramenta para educação em vez de meramente para promoção.

MULTICULTURALISMO CONVENCIONAL

Depois de anos sendo ignoradas, as demografias de nicho, cidadãos multiculturais e suas culturas encontram ampla aceitação por intermédio de uma crescente integração de ideias diferentes na cultura e na mídia.

Avaliação de longevidade da tendência: A–. Embora essa tendência continue sendo alvo de uma oposição perturbadora formada por políticos xenófobos de mentalidade pequena, existe uma crescente propensão geracional para a aceitação e o acolhimento de múltiplas culturas.

CONSUMO MERECIDO

O desejo por experiências autênticas torna os consumidores mais dispostos a merecer seu direito de consumo, oferecendo aos negócios uma chance de construir mais lealdade e engajamento ao deixar os consumidores "pagarem".

Avaliação de longevidade da tendência: B. A busca por status e reconhecimento continua atraindo consumidores e pode ser recompensadora para as marcas certas, mas ainda é uma tarefa difícil manter-se digno desse tipo de consumidor.

ANTIESTEREOTIPAGEM

(Selecionada originalmente em 2014)

Por toda a mídia e o entretenimento, papéis de gênero começam a ser revertidos, presunções sobre estilos alternativos de vida são contestadas, a diversidade aumenta e as percepções de como as pessoas são vistas continuam evoluindo.

Avaliação de longevidade de tendência: A–. Continuamos vendo novas histórias que nos ajudam a reavaliar pessoas, ver o gênero como algo fluido e desafiar, de forma geral, nossas presunções, mantidas por muito tempo, sobre identidade, bem como um apagamento de linhas que antes eram distintas.

EMPATIA VIRTUAL

O grande crescimento da realidade virtual e da tecnologia imersiva permite que criadores contem histórias mais profundas e que as pessoas vejam o mundo sob outro ponto de vista, alimentando sua empatia por quem é diferente.

Avaliação de longevidade da tendência: A. Os exemplos de realidade virtual e tecnologia usados para melhorar e quantificar a empatia humana tornaram-se numerosos demais para serem contados. Essa tendência foi tão popular que a trouxemos de volta em 2018.

TRANSBORDAMENTO DE DADOS

A quantidade crescente de dados pessoais e corporativos misturados a dados abertos cria novos desafios para ferramentas melhores de análise automatizada, mais IA, curadoria mais inteligente e mais investimento em startups.

Avaliação de longevidade de tendência: A. Essa é a primeira de uma série de tendências relacionadas a dados de 2015 a 2019 que se concentram nos aspectos bons e ruins dos dados. Um claro "mau" impulsionando a relevância contínua dessa tendência: há muito disso.

DESIGN HEROICO
(Selecionada originalmente em 2013)

O design tem um papel fundamental na introdução de novos produtos, ideias e inspiração para mudar o mundo de um jeito matizado, audacioso, irreverente e, às vezes, inesperadamente heroico.

Avaliação de longevidade de tendência: A. O crescimento do *design thinking* e uma contínua necessidade global por soluções audaciosas para problemas que a humanidade enfrenta fizeram desta uma tendência da qual vemos exemplos renovados todo ano.

INCUBAÇÃO INTERNALIZADA

Empresas desesperadas para serem mais inovadoras buscam cada vez mais trazer inovadores externos para dentro da empresa, atraindo-os com orçamento, belos espaços de trabalho e um clima bom.

Avaliação de longevidade da tendência: B–. Embora essa atividade tenha permanecido popular durante alguns anos, resultados limitados e um foco exacerbado no teatro da inovação levaram a uma redução, um ponto que apontamos na tendência *Inveja de Inovação*, de 2019.

VIDA ADULTA AUTOMATIZADA

Com mais pessoas passando por um período prolongado de amadurecimento até a vida adulta, uma crescente variedade de serviços e tecnologia ajuda a automatizar todos os adultos dessa jornada para a maturidade.

Avaliação de longevidade da tendência: A. Novas ferramentas para a vida automatizada, casas inteligentes e tecnologia preditiva se associam a opções de coabitação para ajudar a guiar jovens adultos, tanto no aspecto emocional quanto no físico, a se tornarem plenamente independentes.

PRODUTIVIDADE OBSESSIVA

(Selecionada originalmente em 2014)

Graças a nossos períodos de atenção cada vez menores e à tecnologia sempre ligada, a necessidade de ser produtivo em todos os momentos evoluiu rapidamente para uma obsessão que permeia todos os momentos.

Avaliação de longevidade da tendência: A. Mais de 3 anos depois de essa tendência ser selecionada, as pessoas continuam preocupadas com a produtividade, reduzindo o tempo gasto fazendo determinadas coisas e buscando desesperadamente economizar tempo de todas as maneiras possíveis.

VISÃO GERAL DO RELATÓRIO DE TENDÊNCIAS NÃO ÓBVIAS 2017

Publicado em 5 de dezembro de 2016
Formato original: capa dura + e-book

A história + retrospectiva

Se você já pesquisou um novo modelo de carro para comprar, sabe que os fabricantes não mudam o design inteiro todos os anos. Em alguns anos, o modelo permanece relativamente inalterado, e, em outros, ele é atualizado de maneira significativa. Esse foi um ano de "manutenção" para a série *Tendências Não Óbvias*: o design interno e o formato permaneceram os mesmos de 2016. O livro teve mais uma vez um grande lançamento e, pela primeira vez, foi amplamente distribuído em pontos desejáveis, como livrarias de aeroportos, o que ajudou a ampliar o público.

Mais leitores descobriram o relatório, e mais traduções entraram no mercado. Enquanto isso, meus compromissos com palestras e oficinas continuaram crescendo. De uma perspectiva de conteúdo, 2017 foi um ano popular com várias tendências se destacando, inclusive *Lealdade Passiva*, sobre uma mudança em como as marcas conquistam lealdade; *Feminilidade Forte*, sobre a nova revolução em como mulheres são retratadas na mídia e na cultura; e *Tecnologia Invisível*, sobre como a tecnologia antecipa cada vez mais nossas necessidades e se mescla à nossa vida sem ser notada.

Essa edição de 2017 também ganhou a primeira de muitas homenagens que viriam, uma Medalha de Prata por Teoria de Negócios no disputadíssimo Axiom Book Awards.

UMA OLHADA RÁPIDA NAS TENDÊNCIAS DE 2017

Feminilidade Forte
Peculiaridades Secundárias
Desintoxicação Desesperada
Lealdade Passiva
Autênticos Busca-fama
Adorável Desperfeição
Passado Preservado
Mergulho Profundo
Impresso Precioso
Tecnologia Invisível
Renascimento do Robô
Dados Autoconhecedores
Empreendedorismo de Lançamento
Excluídos Ultrajantes
Mindfulness Convencional

FEMILINIDADE FORTE

A mulher forte, independente surgiu em anos recentes, redefinindo o conceito de feminilidade e repensando os papéis de gênero.

Avaliação de longevidade da tendência: A. Eventos atuais e o clima político e cultural continuam alterando o modo como percebemos o lugar da mulher na sociedade moderna. Desde a publicação dessa tendência, vemos uma nova história reforçando sua validade quase semanalmente.

PECULIARIDADES SECUNDÁRIAS

Uma mudança global em direção ao individualismo levou a um aumento de projetos secundários, empreendedores movidos por paixão e de uma apreciação renovada pelo que torna as pessoas únicas.

Avaliação de longevidade da tendência: A. As pessoas continuam gerando valor a partir de seus hobbies, paixões e peculiaridades de personalidade. Esse desejo de se dedicar a projetos secundários e o crescimento global do individualismo nos inspirou a trazer essa tendência de volta em 2019.

DESINTOXICAÇÃO DESESPERADA

Com a tecnologia, o acúmulo de mídias e a sobrecarga de equipamentos tornando a vida cada vez mais estressante, as pessoas estão buscando momentos de reflexão e de pausa.

Avaliação de longevidade da tendência: A–. A saturação tecnológica continua levando as pessoas a procurar uma pausa. Aplicativos ajudam a desconectar, lugares no mundo real oferecem zonas livres de tecnologia e as pessoas procuram mais paz e quietude.

LEALDADE PASSIVA

Uma nova compreensão do que é lealdade está desafiando as marcas a serem mais inteligentes sobre como podem gerar entusiastas.

Avaliação de longevidade da tendência: A. Marcas que visam ao futuro reformulam seus programas de lealdade e experimentam o encantamento para inspirá-la. Considerando o foco dessa tendência, decidimos publicá-la novamente em 2019.

AUTÊNTICOS BUSCA-FAMA

Uma nova geração de criadores recorre à mídia social para estabelecer marcas, atrair visualizações e se tornar a próxima grande coisa.

Avaliação de longevidade da tendência: B. Influenciadores continuam sendo uma força on-line, mas sua busca constante para atrair nossa atenção está provocando uma fadiga de sua suposta autenticidade e levando a atenção para outros lugares.

ADORÁVEL DESPERFEIÇÃO
(Selecionada originalmente em 2014)

Hoje, campanhas de marketing bem-sucedidas se dedicam mais a usar o poder da personalidade, peculiaridades e imperfeições para criar conexões autênticas com o consumidor.

Avaliação de longevidade da tendência: A. A ideia de que marcas e líderes estão demonstrando vulnerabilidade e construindo confiança por meio de uma disposição para compartilhar defeitos continua reverberando e é um ingrediente fundamental na atuação mais humana das marcas.

PASSADO PRESERVADO
(Selecionada originalmente em 2014)

A tecnologia oferece novos meios para preservar a história, mudando a maneira como experimentamos, lembramos e aprendemos com o passado.

Avaliação de longevidade da tendência: A. Essa tendência segue tendo importância vital com a continuação do trabalho para preservar artefatos digitalmente e criar bibliotecas 3D de sítios culturais antes que sejam danificados por guerras ou por desastres naturais.

MERGULHO PROFUNDO

Enquanto as marcas competem com mais conteúdo do que nunca por nossos períodos de atenção cada vez menores, muita gente prefere mergulhar fundo nos assuntos e nas experiências que realmente captam seu interesse.

Avaliação de longevidade da tendência: A. As pessoas ainda encontram satisfação em conteúdos e histórias que as levam fundo em assuntos interessantes. Podcasts, jornalismo investigativo, cinema imersivo e outras experiências de formato mais extenso continuam sendo atraentes.

IMPRESSO PRECIOSO
(Selecionada originalmente em 2013)

Graças à revolução digital, as pessoas estão desenvolvendo um relacionamento mais significativo e emotivo com objetos físicos e materiais impressos.

Avaliação de longevidade da tendência: A. O fato de darmos ainda mais valor às coisas impressas por elas serem mais valiosas e raras se manteve, o que nos fez integrar essa tendência a outra de 2018, *Tocável*.

TECNOLOGIA INVISÍVEL

Cada vez mais sofisticada, a tecnologia se aperfeiçoa em prever e antecipar necessidades, nos proteger e oferecer utilidade, enquanto se mescla de forma homogênea em nossa vida.

Avaliação de longevidade da tendência: A. A tecnologia continua tornando as tarefas cotidianas mais fáceis, mais baratas e mais eficientes. Esses benefícios tornam a tendência continuamente relevante e um elemento-chave de nossa megatendência *Tecnologia Protetora*.

RENASCIMENTO DO ROBÔ

Com a utilidade do robô alcançando a casa e o local do trabalho, eles passam a ter interfaces mais humanas e micropersonalidades.

Avaliação de longevidade da tendência: A. Enquanto vivemos essa "era do renascimento" dos robôs, enfrentamos grandes questões sobre o que queremos e não queremos que eles façam. O debate e a tendência poderiam moldar a década seguinte.

DADOS AUTOCONHECEDORES

Com os avanços da tecnologia, algoritmos e inteligência artificial tornam a análise em tempo real tão rápida que ela pode passar da entrada ao insight e à ação, tudo por conta própria.

Avaliação de longevidade da tendência: A–. Em oposição às tendências mais alarmistas de *Transbordamento de Dados* e *Poluição de Dados*, essa tendência sugere que os dados podem criar valor analisando a si mesmos — algo que está dando sinais de estar acontecendo.

EMPREENDEDORISMO DE LANÇAMENTO

Uma nova geração de empreendedores está pensando além do lucro e colocando o impacto social, não o desempenho financeiro, no centro da missão da empresa.

Avaliação de longevidade da tendência: A. Os problemas do mundo continuam complexos, e empreendedores geram impacto social e preenchem a lacuna deixada por governos ineficientes. Essa tendência também inspirou outra, *Velocidade do Bem*, do relatório de 2019.

EXCLUÍDOS ULTRAJANTES

Algumas das atuais ideias mais inovadoras e influentes surgem de excluídos cujas peculiaridades nada convencionais abalam mercados inteiros.

Avaliação de longevidade da tendência: B. Os excluídos continuam interferindo em mercados, países e no mundo. Esperamos que essa tendência continue afetando tudo, da política à música, na próxima década.

MINDFULNESS CONVENCIONAL
(Selecionada originalmente em 2015)

Meditação, ioga e contemplação silenciosa se tornam ferramentas poderosas para indivíduos e empresas melhorarem seu desempenho, saúde e motivação.

Avaliação de longevidade da tendência: A. Desde que foi prevista, há vários anos, essa tendência continuou descrevendo mercados inteiros, novas maneiras de pensar e um forte movimento para que melhoremos em casa e no trabalho.

VISÃO GERAL DO RELATÓRIO DE TENDÊNCIAS NÃO ÓBVIAS 2018

Publicado em 5 de dezembro de 2017
Formato original: capa dura + e-book

A história + retrospectiva

Para essa edição, envolvi uma equipe completamente nova e lançamos um layout atualizado e mais visual. O livro abrangeu mais fotografias e uma cor única em seu miolo para conferir maior contraste.

Algumas das tendências mais populares desse relatório foram *Falar a Verdade*, sobre por que confiamos mais em interações cara a cara do que em outras; *Posicionamento de Marca*, sobre por que os consumidores compram de marcas que não têm medo de divulgar aquilo em que acreditam; *Aprendizado à Velocidade da Luz*, sobre por que esperamos aprender alguma coisa mais rápido que nunca; e *Ultraje Manipulado*, sobre o que acontece quando uma cultura do ultraje na mídia de notícias começa a definir a identidade de um indivíduo.

Graças, em parte, às atualizações, bem como a indicações a muitos outros prêmios da área editorial, a edição de 2018 ganhou mais seis homenagens do mercado de livros, inclusive a seleção como finalista para o prestigiado Leonard L. Berry Marketing Book Prize da American Marketing Association.

UMA OLHADA RÁPIDA NAS TENDÊNCIAS DE 2018

Falar a Verdade
Agenerizado
Consumo Esclarecido
Redução de Público-alvo
Posicionamento de Marca
Narrativa
Ultraje Manipulado
Aprendizado à Velocidade da Luz
Empatia Virtual
Modo Humano
Poluição de Dados
Proteção Preditiva
Luxo Acessível
Tocável
Distribuição Inovadora

FALAR A VERDADE

Com a erosão da confiança na mídia e nas instituições, as pessoas se dedicam a uma busca pessoal pela verdade com base na observação direta e na interação cara a cara.

Avaliação de longevidade da tendência: A. Com a disseminação da desconfiança na mídia, nos governos e nas corporações, essa importante tendência descreve um mecanismo de defesa crítico de avaliação interna que não dá sinais de enfraquecimento.

AGENERIZADO

Mudanças nas definições dos papéis tradicionais de gênero estão levando algumas pessoas a rejeitar completamente a ideia de gênero, enquanto outras buscam mascarar o gênero em produtos, experiências e até na própria identidade.

Avaliação de longevidade da tendência: A. Essa tendência não só cresceu muito rapidamente como também tem mudado e definido tanto a cultura que selecionamos uma versão dela ligeiramente redefinida e elevada como uma de nossas mega-tendências, *Agenerização*.

CONSUMO ESCLARECIDO

Fortalecidas por informações sobre produtos e serviços, as pessoas estão optando por fazer uma declaração sobre seus valores e o mundo por intermédio do que compram, onde trabalham e como investem.

Avaliação de longevidade da tendência: A. Essa é uma tendência crítica a ser observada por causa da velocidade com que acessamos informações em tempo real para avaliar o impacto que nossa compra tem no mundo.

REDUÇÃO DE PÚBLICO-ALVO

Atraídas pela promessa de grandes dados, as empresas segmentam os públicos de maneira muito restritiva e, sem querer, acabam abandonando grandes grupos de consumidores potencialmente lucrativos.

Avaliação de longevidade da tendência: B. Embora as empresas reduzam seu público frequentemente e sem necessidade, em muitos casos, as grandes questões ou os desafios que previmos inicialmente não foram levantados.

POSICIONAMENTO DE MARCA

Reagindo a um clima de polarização na mídia, mais marcas se sentem compelidas a assumir uma posição e ressaltar seus valores centrais em vez de tentar ser tudo para todo mundo.

Avaliação de longevidade da tendência: A. No ano seguinte à publicação dessa tendência, houve muitos exemplos de marcas utilizando esse efeito para inspirar crença, compartilhar valores e desenvolver lealdade.

NARRATIVA
(Selecionada originalmente em 2013)

As empresas usam o poder de contar histórias para compartilhar legado, missão e razão de existir com o público. O objetivo é conquistar lealdade e se posicionar como um local de trabalho desejável.

Avaliação de longevidade da tendência: A. Se existe uma tendência que poderia ser descrita como universalmente importante seria essa. Embora tenha sido trazida de volta ao longo do tempo, a ideia de história como meio para as marcas se destacarem continua sendo uma estratégia eficiente.

ULTRAJE MANIPULADO

Mídia, análise de dados e publicidade unem forças para criar um fluxo perpétuo de barulho cuja intenção é provocar ira e induzir reações furiosas na mídia social e na vida real.

Avaliação de longevidade da tendência: A. Essa tendência continua sendo importante, infelizmente, por causa da contínua manipulação praticada por empresas maléficas e políticos autocentrados. Ela é exacerbada pela mídia ingênua, que ajuda a amplificar a manipulação.

APRENDIZADO À VELOCIDADE DA LUZ

O caminho para dominar qualquer assunto se torna mais rápido com a ajuda de pequenos módulos de aprendizado que fazem a educação mais eficiente em relação ao tempo, mais envolvente, útil e divertida.

Avaliação de longevidade da tendência: A. Essa tendência tem promovido mudanças reais nos negócios e resultados positivos e serviu como uma das inspirações primárias para nossa megatendência de *Conhecimento Instantâneo*.

EMPATIA VIRTUAL
(Selecionada originalmente em 2016)

Experiências imersivas possibilitadas por tecnologia e interações pessoais aumentam a empatia, ajudando as pessoas a enxergarem o mundo por olhos desconhecidos.

Avaliação de longevidade da tendência: A. Essa tendência se ampliou para além da tecnologia da realidade virtual para incluir exemplos de instalações, projetos de arte e experiências ao vivo que oferecem meios para as pessoas sentirem mais empatia.

MODO HUMANO

Com o aumento da automação, pessoas ávidas por experiências mais autênticas e pessoais começam a pagar por consultoria, serviços e interação que envolvem outras pessoas.

Avaliação da longevidade da tendência: A. Com o crescimento da automação, veremos um crescimento na importância das interações humanas e uma disposição continuada de pagar um valor a fim de ter a ajuda de uma pessoa real na vida real.

POLUIÇÃO DE DADOS

Quando criamos mais métodos para quantificar o mundo à nossa volta, dados são manipulados, contaminados e sabotados, tornando mais difícil separar informações verdadeiras de barulho inútil.

Avaliação da longevidade da tendência: A. Não há dúvida de que a avalanche de dados está crescendo, e examiná-la para descobrir o que realmente importa é um problema sério que nem a IA conseguiu resolver.

PROTEÇÃO PREDITIVA
(Selecionada originalmente em 2015)

As empresas criam produtos, serviços e componentes conectados mais inteligentes que podem proteger nossa segurança, saúde e meio ambiente, prevendo nossas ações ou necessidades.

Avaliação da longevidade da tendência: A. Essa tendência foi uma precursora da nossa megatendência *Tecnologia Protetora*. Voltou ao relatório mais uma vez depois de ter surgido na edição de 2015.

LUXO ACESSÍVEL

Luxo não é mais definido por escassez e privilégio, mas por experiências humanas mais autênticas e práticas que criam momentos inesquecíveis dignos de serem compartilhados.

Avaliação da longevidade da tendência: A. Além do luxo que era acessível, havia o luxo que estava ainda mais fora do alcance, criado para os *Super-ricos*, conforme descrito em nossa previsão de 2019.

TOCÁVEL

Sobrecarregados pelo digital, os consumidores se voltam para produtos e experiências que podem tocar, sentir e testar para ter um necessário sentimento de calma, simplicidade e humanidade.

Avaliação da longevidade da tendência: A. Quanto mais as coisas se tornam digitais, mais importantes são as experiências táteis. Às vezes nós só queremos uma experiência mais real e tangível, que possamos segurar.

DISTRIBUIÇÃO INOVADORA
(Selecionada originalmente em 2015)

Modelos tradicionais de distribuição são reinventados com empresas de todos os tamanhos buscando mais eficiência, construindo conexões diretas com os consumidores e repensando os próprios modelos de negócios.

Avaliação da longevidade da tendência: A. Essa tendência explodiu nos últimos anos e, provavelmente, vai impactar ainda mais mercados desde que a previmos em 2015. Ela também foi uma propulsora para a megatendência *Comércio em Fluxo*.

VISÃO GERAL DO RELATÓRIO DE TENDÊNCIAS NÃO ÓBVIAS 2019

Publicado em 1º de janeiro de 2019
Formato original: capa dura + e-book

A história + retrospectiva

Mantendo o layout apresentado em 2018, essa edição teve uma aparência e um jeito igualmente visuais. Tendências populares dessa edição incluíram *Inveja de Inovação*, sobre empresas copiando umas às outras em vez de realmente pensar de maneira diferente; *Masculinidade Confusa*, sobre nossa compreensão cultural em transformação compreendendo o que significa ser um homem; *Influência Artificial*, sobre como acreditamos cada vez mais em influenciadores que são criados para nós; e *Retroconfiança*, sobre por que confiamos em produtos e marcas que foram parte do nosso passado.

Essa nova edição também incluiu ilustrações personalizadas, visual atualizado e um apêndice abrangente com a revisão de todas as tendências anteriores. Em termos de visibilidade, o público do relatório e as tendências continuaram crescendo e atraindo atenção mundial em 2019. Várias outras edições foram publicadas em língua estrangeira, mais contratos de tradução foram fechados e continuei apresentando os insights em palcos maiores e fazendo palestras mais frequentes. Pressagiando a publicação dessa edição de *Megatendências*, tais apresentações se tornaram mais continuamente focadas nos insights apresentados em vários anos e nas mudanças selecionadas ao longo da década anterior, em vez de se limitarem a insights de um único ano.

UMA OLHADA RÁPIDA NAS TENDÊNCIAS DE 2019

Espetáculo Estratégico
Masculinidade Confusa
Peculiaridades Secundárias
Influência Artificial
Retroconfiança
Marketing B2Beyond
Fadiga de Modismo
Faxina Radical
Simplificação Deliberada
Empatia Empresarial
Inveja de Inovação
Renascimento do Robô
Velocidade do Bem
Super-ricos
Lealdade Passiva

ESPETÁCULO ESTRATÉGICO

Marcas e criadores usam intencionalmente espetáculos para conquistar a atenção e promover o engajamento.

Avaliação de longevidade da tendência: A. O uso de espetáculos continua crescendo como tendência. A dificuldade de conquistar atenção foi um fator importante para a definição da megatendência *Riqueza de Atenção*.

MASCULINIDADE CONFUSA

O crescente empoderamento das mulheres e a reavaliação de gênero provocam confusão e aflição abrangentes sobre o que significa ser homem hoje em dia.

Avaliação de longevidade da tendência: A. Tem havido sinais contínuos desde a publicação dessa tendência de que a confusão se torna mais pronunciada e, em alguns casos, leva a reavaliações significativas de identidade por parte dos homens.

264

PECULIARIDADES SECUNDÁRIAS
(Selecionada originalmente em 2017)

Uma mudança global em direção ao individualismo leva as pessoas a seguirem sua paixão, começar um projeto secundário e apreciar peculiaridades umas nas outras.

Avaliação de longevidade da tendência: A. Desde que publicamos essa tendência pela primeira vez, o mundo parece estar se tornando mais peculiar que nunca. O individualismo cresce, subgêneros crescem, e muitos parecem procurar e encontrar novas maneiras de se expressar.

INFLUÊNCIA ARTIFICIAL

Criadores, corporações e governos usam criações virtuais para alterar a percepção pública, vender produtos e até transformar fantasia em realidade.

Avaliação de longevidade da tendência: B. Embora a influência da inteligência artificial continue crescendo, estamos vendo maneiras sutis e diretas pelas quais as pessoas enfrentam e combatem essa influência fabricada e exigem mais autenticidade.

RETROCONFIANÇA

Muitas vezes inseguros sobre em quem confiar, os consumidores se voltam para empresas e experiências com marcas que têm um legado, bem como aquelas com as quais têm uma história pessoal.

Avaliação de longevidade da tendência: A. Essa tendência teve muitas histórias novas no ano seguinte à primeira vez que a destacamos e desempenhou um papel fundamental na definição de nossa megatendência *Revivalismo*.

MARKETING B2BEYOND
(Selecionada originalmente em 2016)

Marcas B2Beyond usam métodos não tradicionais para incorporar sua humanidade e alcançar tomadores de decisão, além de um público mais amplo.

Avaliação de longevidade da tendência: B. Essa foi uma daquelas tendências frustrantes que foram bem previstas e quantitativamente verdadeiras, mas que teve dificuldade para acelerar porque muitas marcas B2Beyond resistem a pensar de modo diferente.

FADIGA DE MODISMO

O consumidor se cansa de inovações que anunciam ser a próxima grande coisa e presumem que nenhuma delas vai durar muito tempo.

Avaliação de longevidade da tendência: A. Talvez inevitavelmente a rapidez da inovação levou a uma relevância continuada dessa tendência com as pessoas sentindo essa mesma fadiga e, por consequência, mantendo o ceticismo em relação a todos os modismos.

FAXINA RADICAL

Para simplificar a vida cotidiana, as pessoas se desfazem do excesso de coisas e procuram experiências reduzidas e maneiras de limpar também sua identidade digital.

Avaliação de longevidade da tendência: A. Não há indicações de que essa busca, às vezes desesperada, para reduzir o entulho e a bagunça esteja diminuindo. Em vez disso, as pessoas procuram ainda mais maneiras de simplificar, de se livrar das "tralhas" e limpar a vida diária.

SIMPLIFICAÇÃO DELIBERADA
(Selecionada originalmente em 2016)

Com os produtos habilitados para tecnologia dominando, os consumidores escolhem recuar para versões mais simples, mais baratas ou funcionais.

Avaliação de longevidade da tendência: A. Essa tendência, ligeiramente revisada a partir da original *Simplificação Deliberada × Estratégica*, continua sendo muito citada, enquanto o consumidor recusa opções excessivamente aperfeiçoadas e escolhe sua opção preferida.

EMPATIA EMPRESARIAL

Empatia torna-se um motor de inovação e renda, bem como um ponto de diferenciação para produtos, serviços, contratação e experiências.

Avaliação de longevidade da tendência: A. Uma evolução de *Empatia Virtual*, essa tendência foi escrita para englobar as diversas empresas que hoje usam a empatia como uma vantagem competitiva muito além de empresas de tecnologia, que são pioneiras em experiências de Realidade Virtual.

INVEJA DE INOVAÇÃO

O medo leva empreendedores, empresas e instituições a invejar a concorrência e abordar a inovação com admiração ou desespero.

Avaliação de longevidade da tendência: A. Essa foi, talvez, a tendência mais popular do relatório de 2019, inspirando líderes corporativos a promover iniciativas internas para garantir que não estavam envolvidos eles mesmos em *Inveja de Inovação*.

RENASCIMENTO DO ROBÔ
(Selecionada originalmente em 2017)

Com os robôs adotando interfaces mais humanas e micropersonalidades, surgem novas questões e dúvidas sobre como nos relacionamos com a tecnologia.

Avaliação de longevidade da tendência: A. Enquanto vivemos essa "era do renascimento" dos robôs, enfrentamos grandes questões sobre o que queremos e não queremos que eles façam. O debate e a tendência poderiam moldar a década seguinte.

VELOCIDADE DO BEM

A urgência dos problemas enfrentados pela humanidade inspira corporações, empreendedores e indivíduos a encontrar meios de fazer o bem e gerar resultados mais rapidamente.

III RELATÓRIOS DE TENDÊNCIAS ANTERIORES (2011-2019)

Avaliação de longevidade da tendência: A. Surgem mais exemplos de bem praticado por empreendedores e grandes marcas, que sentem a urgência de causar impacto e dividi-lo com consumidores conscientes que se importam.

SUPER-RICOS

A crescente desigualdade de renda provoca mais culpa entre os abastados, induzindo-os a buscar mais maneiras de retribuir.

Avaliação de longevidade da tendência: A. Com o aumento da desigualdade de renda, os ricos tentam encontrar maneiras de ajudar, mas frequentemente falham. Soluções para questões tão grandes como essa ainda não foram encontradas por nós. Essa tendência não mudou muito.

LEALDADE PASSIVA

(Selecionada originalmente em 2017)

Mudar de marca fica mais fácil, e as companhias reavaliam quem é leal, quem não é e como inspirar lealdade verdadeira.

Avaliação de longevidade da tendência: A. Marcas que estão de olho no futuro reformulam seus programas de lealdade e experimentam o encantamento para inspirá-la. Considerando o foco dessa tendência, decidimos publicá-la novamente em 2019.

CONCLUSÃO

Aparentemente, o mundo vai acabar em 16 de março de 2880.

Encontrei esse dado quando dava os toques finais na primeira edição de *Não óbvio*. Li em uma matéria que uma equipe de cientistas descobriu uma chance de 0,3% de o mundo acabar nesse dia em decorrência de um curso de colisão cósmica entre a Terra e um asteroide conhecido apenas como 1950 DA.

A história me pareceu imediatamente o exemplo perfeito do tipo de previsão que costumamos encontrar hoje em dia: proclamações exageradas de alguma desgraça iminente e conselho relativamente inútil sobre o que podemos mudar para alterar esse desfecho.

Um dos objetivos deste livro é modificar modos de pensar preguiçosos ou óbvios que são, infelizmente, tão inúteis quanto essas previsões hiperbólicas do futuro. De fato, ver o mundo de um jeito restrito ou unidimensional é ainda mais prejudicial que uma profecia de fim do mundo, porque, muitas vezes, leva a pessoa a tomar decisões falhas *hoje* – não apenas espalhar o medo vazio de um futuro distante.

Este livro não oferece argumentos geopolíticos para explicar por que a Dinamarca vai se tornar uma das maiores potências mundiais até 2050 graças à produção de energia eólica nem palpites sedutores sobre como carros voadores e autodirigíveis podem habilitar o turismo de realidade virtual durante os trajetos percorridos diariamente. Previsões desse tipo são divertidas de escrever e de ler. Algumas podem até se tornar realidade. Mas a maioria é repleta de incertezas.

Prever o futuro deve envolver menos adivinhação.

Selecionar tendências certamente tem a ver com enxergar o que outras pessoas não veem. Mas também tem a ver com o desenvolvimento de uma mentalidade de curiosidade e atenção reflexiva. É deixar de ser alguém que "lê rápido" e passar a ser alguém que "compreende rápido", como escreveu Isaac Asimov. O futuro vai ser desses pensadores não óbvios que usam seus poderes de observação para ver conexões entre mercados, ideias e comportamentos e selecionar tudo isso para ter uma compreensão mais profunda do nosso presente acelerador.

O pensamento não óbvio pode nos salvar de um asteroide daqui a 860 anos? Espero que sim. Contudo, mais imediatamente, adotar esse modo de pensar pode mudar o jeito como encaramos a vida e nossas empresas hoje. Preparar-se para o futuro começa com você filtrando o barulho e melhorando sua compreensão do presente — como sempre foi.

AGRADECIMENTOS

A ideia para este livro nasceu há 10 anos. Desde aquele humilde primeiro relatório, esse projeto de uma década foi inspirado por milhares de pessoas que debateram, retrucaram e compartilharam cada edição desses insights e ajudaram a melhorá-los a cada ano – então, é apropriado que os agradecimentos comecem por todas elas.

Além dos leitores, cada edição de *Não óbvio* também se beneficiou de um pequeno exército de profissionais incrivelmente talentosos que me ajudou a transformar uma pilha de papéis, anotações feitas a mão e post-its no livro que você agora tem em mãos. Assim, eu gostaria de oferecer este agradecimento especial a cada um deles:

A minha intrépida editora, Genoveva, que tornou os argumentos deste livro mais inteligentes, identificou brechas nas argumentações e ofereceu uma leitura detalhada do livro que o fez melhor em todos os aspectos.

A minha equipe editorial, que inclui Herb, Christina, Gretchen, Terry, Kay, Michele, Bev, Paresh, Eliza e Matthew, por oferecerem uma constante tábua de salvação na forma de orientação editorial de alto impacto – tanto quanto trabalharam neste livro ou nas edições anteriores.

A Frank, Anton, Jessica, Joss, Maureen, Jeff e Kelly, por toda a expertise na criação do design do livro e por torná-lo tão bonito por dentro e por fora.

A Marleen, Chrys e a equipe de direitos internacionais, por ajudarem a levar o livro a tantos públicos novos pelo mundo.

A Renee e Katie por me ajudarem a levar essa mensagem a tantos palcos pelo mundo com palestras e oficinas – eu não teria conseguido nada disso sem o apoio de vocês.

A Viveca, Hugo e toda a equipe da China, por me ajudarem a levar esses insights, e o pensamento não óbvio, ao mercado chinês.

A Marnie, por todo seu trabalho para manter este e outros projetos da Ideapress nos trilhos.

A Rich, por ser um grande parceiro, trabalhar com um cronograma maluco e sempre conseguir fazer tudo.

A minha esposa Chhavi, que sempre consegue lidar alegremente com um processo de escrita que requer que eu às vezes desapareça por dias para terminar capítulos e "visualizar" ideias espalhando minhas anotações por áreas inconvenientes da casa. Como uma colaboradora diária, ela ajudou a fortalecer argumentos, me desafiou a pensar mais alto e tornou a jornada de 10 anos por trás deste livro muito melhor em todos os aspectos. É fácil imaginar o futuro quando se é casado com alguém que inspira você.

E, finalmente, a meus garotos Rohan e Jaiden, por se manterem suficientemente curiosos sobre o mundo e, assim, me motivarem a observar mais, julgar menos e sempre ouvir com os dois ouvidos.

De vez em quando, todo mundo precisa de um lembrete desse tipo.

BIBLIOGRAFIA

Introdução

Os próximos 100 anos: Uma previsão para o século XXI, de George Friedman (BestSeller, 2009).

Vire a empresa do avesso, de Robert Townsend (Saraiva, 2017).

It's Been a Good Life, de Isaac Asimov e Janet Jeppson Asimov (Prometheus, 2002).

1 Os cinco mindsets dos pensadores não óbvios

Mindset: A nova psicologia do sucesso, de Carol Dweck (Objetiva, 2017).

Guia de escrita: Como conceber um texto com clareza, precisão e elegância, de Steven Pinker (Contexto, 2016).

As leis da simplicidade: Vida, negócios, tecnologia, design, de John Maeda (Novo Conceito, 2006).

Desenhando negócios: Como desenvolver ideias com o pensamento visual e vencer nos negócios, de Dan Roam (Alta Books, 2011).

How to Make Sense of Any Mess: Information Architecture for Everybody, de Abby Covert (Createspace, 2014).

2 O Método do Palheiro para a curadoria de ideias não óbvias

Megatendências: As dez grandes transformações ocorrendo na sociedade moderna, de John Naisbitt (Nova Cultural, 1987).

Superprevisões: A arte e a ciência de antecipar o futuro, de Philip E. Tetlock e Dan Gardner (Objetiva, 2016).

Words that Sell: More than 6000 Entries to Help You Promote Your Products, Services, and Ideas, de Richard Bayan (McGraw-Hill Companies, 2006).

Future Babble: Why Pundits Are Hedgehogs and Foxes Know Best, de Dan Gardner (Plume, 2012).

3 Como aplicar o pensamento não óbvio para diversão e lucro

The Trend Forecaster's Handbook, de Martin Raymond (Laurence King Publishing, 2019).

Persuadable: How Great Leaders Change Their Minds to Change the World, de Al Pittampalli (Harper Business, 2016).

Small data: Como poucas pistas indicam grandes tendências, de Martin Lindstrom (HarperCollins, 2016).

Trend-Driven Innovation: Beat Accelerating Customer Expectations, de Henry Mason, David Mattin, Maxwell Luthy e Delia Dumitrescu (Wiley, 2015).

Mindset da disrupção: Por que algumas organizações se transformam e outras falham, de Charlene Li (Alta Books, 2019).

The Trend Management Toolkit: A Practical Guide to the Future, de Anne Lise Kjaer (Palgrave Macmillan, 2014).

4 Identidade amplificada

The Selfie Generation: How Our Self-Images Are Changing, de Alicia Eler (Skyhorse Publishing, 2017).

Oversharing: Presentations of Self in the Internet Age, de Ben Agger (Routledge, 2012).

The End of Forgetting: Growing up with Social Media, de Kate Eichhorn (Harvard University Press, 2019).

The Lies That Bind: Rethinking Identity, de Kwame Anthony Appiah (Liveright, 2018).

The Narcissism Epidemic: Living in the Age of Entitlement, de Jean M. Twenge e W. Keith Campbell (Free Press, 2010).

5 Agenerização

Delusions of Gender: How Our Minds, Society, and Neurosexism Create Difference, de Cordelia Fine (W. W. Norton & Company, 2011).

Sejamos todos feministas, de Chimamanda Ngozi Adichie (Companhia das Letras, 2014).

Otherhood: Modern Women Finding a New Kind of Happiness, de Melanie Notkin (Seal Press, 2014).

The Athena Doctrine: How Women (and the Men Who Think Like Them) Will Rule the Future, de John Gerzema e Michael D'Antonio (Jossey-Bass, 2013).

Má feminista: Ensaios provocativos de uma ativista desastrosa, de Roxane Gay (Novo Século, 2016).

The Madness of Crowds: Gender, Race and Identity, de Douglas Murray (Bloomsbury Continuum, 2019).

6 Conhecimento instantâneo

College (Un)bound: The Future of Higher Education and What It Means for Students, de Jeffrey J. Selingo (Houghton Mifflin Harcourt, 2013).

Como aprendemos: A surpreendente verdade sobre como, onde e por que o aprendizado acontece, de Benedict Carey (Elsevier, 2014).

Education That Works: The Neuroscience of Building a More Effective Higher Education, de Dr. James Stellar (Ideapress Publishing, 2017).

Ultralearning: Master Hard Skills, Outsmart the Competition, and Accelerate Your Career, de Scott H. Young (Harper Business, 2019).

The End of College: Creating the Future of Learning and University of Everywhere, de Kevin Carey (Riverhead Books, 2016).

Leveraged Learning: How the Disruption of Education Helps Lifelong Learners, and Experts with Something to Teach, de Danny Iny (Ideapress Publishing, 2018).

7 Revivalismo

The Attention Merchants: The Epic Scramble to Get Inside Our Heads, de Tim Wu (Knopf, 2016).

Acredite, estou mentindo: Confissões de um manipulador das mídias, de Ryan Holiday (Companhia Editora Nacional, 2014).

O guia contra mentiras: Como pensar criticamente na era da pós-verdade, de Daniel J. Levitin (Objetiva, 2019).

The Persuaders: The Hidden Industry That Wants to Change Your Mind, de James Garvey (Icon Books, 2017).

Brandwashed: O lado oculto do marketing, de Martin Lindstrom (Alta Books, 2018).

Savvy: Navigating Fake Companies, Fake Leaders and Fake News in the Post-Trust Era, de Shiv Singh and Rohini Luthra (Ideapress Publishing, 2019).

8 Modo humano

A vingança dos analógicos: Por que os objetos de verdade ainda são importantes, de David Sax (Anfiteatro, 2017).

Words Onscreen: The Fate of Reading in a Digital World, de Naomi S. Baron (Oxford University Press, 2015).

Minimalismo digital: Para uma vida profunda em um mundo superficial, de Cal Newport (Alta Books, 2019).

The Missing Ink: The Lost Art of Handwriting, de Philip Hensher (Faber & Faber, 2013).

Shop Class as Soulcraft: An Inquiry into the Value of Work, de Matthew B. Crawford (Penguin Books, 2010).

A Craftsman's Legacy: Why Working with Our Hands Gives Us Meaning, de Eric Gorges e Jon Sternfeld (Algonquin Books, 2019).

9 Riqueza de atenção

Alone Together: Why We Expect More from Technology and Less from Each Other, de Sherry Turkle (Basic Books, 2012).

O poder da empatia: A arte de se colocar no lugar do outro para transformar o mundo, de Roman Krznaric (Zahar, 2015).

The Empathy Effect: Seven Neuroscience-Based Keys for Transforming the Way We Live, Love, Work, and Connect across Differences, de Helen Riess (Sounds True, 2018).

Caos criativo: Como ser criativo e resiliente em um mundo que gosta de arrumação, de Tim Harford (Belas Letras, 2019).

10 Lucro com propósito

Capitalismo consciente: Como liberar o espírito heroico dos negócios, de John Mackey e Raj Sisodia (Alta Books, 2018).

People, Power, and Profits: Progressive Capitalism for an Age of Discontent, de Joseph E. Stiglitz (W. W. Norton & Company, 2019).

Do Good: Embracing Brand Citizenship to Fuel Both Purpose and Profit, de Anne Bahr Thompson (AMACOM, 2017).

Os vencedores levam tudo, de Anand Giridharadas (Alta Books, 2020).

Lições de um empresário rebelde, de Yvon Chouinard (WMF Martins Fontes, 2015).

Satisfação garantida, de Tony Hsieh (HarperCollins, 2017).

11 Abundância de dados

Os robôs e o futuro do emprego, Martin Ford (Best Business, 2019).

Automating Inequality: How High-Tech Tools Profile, Police, and Punish the Poor, de Virginia Eubanks (St. Martin's Press, 2018).

Life 3.0: Being Human in the Age of Artificial Intelligence, de Max Tegmark (Knopf, 2017).

Inevitável: As 12 forças tecnológicas que mudarão nosso mundo, de Kevin Kelly (HSM, 2017).

Overcomplicated: Technology at the Limits of Comprehension, de Samuel Arbesman (Portfolio, 2017).

12 Tecnologia protetora

Weapons of Math Destruction: How Big Data Increases Inequality and Threatens Democracy, de Cathy O'Neil (Crown Books, 2016).

Dataclisma: Quem somos quando achamos que ninguém está vendo, de Christian Rudder (Best Seller, 2015).

O sinal e o ruído: Por que tantas previsões falham e outras não, de Nate Silver (Intrínseca, 2013).

Todo mundo mente, de Seth Stephens-Davidowitz (Alta Books, 2018).

The Formula: How Algorithms Solve All Our Problems... and Create More, de Luke Dormehl (TarcherPerigee, 2015).

Avalie o que importa: Como o Google, Bono Vox e a Fundação Gates sacudiram o mundo com os OKRs, de John Doerr (Alta Books, 2019).

DataStory: Explain Data and Inspire Action Through Story, de Nancy Duarte (Ideapress Publishing, 2019).

13 Comércio em fluxo

Subscribed: Why the Subscription Model Will Be Your Company's Future – and What to Do About It, de Tien Tzuo e Gabe Weisert (Penguin Publishing, 2018).

The Membership Economy: Find Your Super Users, Master the Forever Transaction, and Build Recurring Revenue, de Robbie Kellman Baxter (McGraw-Hill, 2015).

Business Model Generation: A Handbook for Visionaries, Game Changers, and Challengers, de Alexander Osterwalder e Yves Pigneur (John Wiley & Sons, 2010).

NOTAS

O processo de curadoria de megatendências apresentado neste livro envolveu a leitura de dezenas de milhares de artigos e centenas de livros. Conduzimos dezenas de entrevistas e fomos beneficiados pelo conhecimento de milhares de leitores. Nesta seção, você vai ver uma lista abreviada das fontes que citamos no livro, bem como detalhes para leitura complementar.

Introdução

1. Essa história é extraída da abertura do best-seller de Townsend, *Up the Organization: How to Stop the Corporation from Stifling People and Strangling Profits* (Knopf, 1970).

2. Essa história é extraída de várias fontes, inclusive um artigo da *Slate* e uma entrevista em vídeo gravada com Green durante um Projeto Google, quando a consultaram sobre trazer de volta a campanha da Avis de 2012:

   Seth Stevenson: "We're No. 2! We're No. 2! How a Mad Men− era ad firm discovered the perks of being an underdog", *Slate*, 12 ago., 2013.

   Project Re: Brief − Paula Green − Re-imagining Avis, "We Try Harder", Google, abr., 2012. Vídeo completo (em inglês) disponível em: https://www.youtube.com/watch?v=QamKVlqoh5Q

3. Renomado intelecto de Asimov. Uma história presente em sua autobiografia póstuma (*It's Been a Good Life*, p. 177) menciona que, enquanto Asimov e o romancista Kurt Vonnegut bebiam após um painel de discussão, Vonnegut perguntou: "Como você se sente por saber tudo?", e Asimov respondeu: "Eu só sei como é ter a reputação de saber tudo. Nada fácil".

4. Uma lista completa das obras publicadas de Asimov varia entre 468 e 506 livros, dependendo da inserção dos livros que incluem cartas que Asimov escreveu antes de morrer, mas foram publicados postumamente. Uma lista completa de seus livros publicados

pode ser encontrada (em inglês) on-line em: http://www.asimo-vonline.com/oldsite/asimov_titles.html.

5. "I have found a new way to watch TV, and it changes everything" Disponível (em inglês) em: http://www.washingtonpost.com/news/wonk/wp/2016/06/22/i-have-found-a-new-way-to-watch-tv-and-it-changes-everything/.

6. "Best Speed Reading Apps." Disponível (em inglês) em: https://www.lifewire.com/best-speed-reading-apps-4137047.

7. Essa história foi extraída de conversas diretas com a equipe do museu, reportagens disponíveis on-line sobre a fundação e textos fornecidos a visitantes no museu.

8. Você ainda pode ler o primeiro relatório de tendências completo como foi publicado originalmente (em inglês) em: www.nonobvious.com/trends/.

1 Os cinco mindsets dos pensadores não óbvios

1. *Mindset: A nova psicologia do sucesso*, de Carol Dweck, é cheio de analogias e relatórios como este para ilustrar o valor de uma mentalidade de crescimento, em vez de outra correção.

2. Cristóvão Colombo merece poucas das homenagens que recebe e, na verdade, ele nem pisou na América durante sua famosa viagem em 1492. Ouça a história completa (em inglês) aqui: www.npr.org/templates/story/story.php?storyId=141164702.

3. O renomado linguista Steven Pinker discute essa "maldição do conhecimento" em seu livro *Guia de escrita: Como conceber um texto com clareza, precisão e elegância* (Contexto, 2016), no qual aponta que, quanto mais nos especializamos sobre um assunto, mais difícil achamos simplificar ou explicar esse assunto para pessoas que não são tão versadas quanto nós.

4. Retirei a história de Jeff Karp e a bioinspiração do artigo "Porcupine Barbs For Better Wound Healing", de Josh Cassidy e Laura Shields. NPR, 9 abr., 2019.

2 O Método do Palheiro para a curadoria de ideias não óbvias

1. Essa validação é de Bob Ingle no *Atlanta Journal Constitution*.
2. Afirmações retiradas de uma entrevista com John Naisbitt veiculada no USA Today, 24 set., 2006.
3. "The Flight of the Birdman: Flappy Bird Creator Dong Nguyen Speaks Out", *Rolling Stone*, 11 mar., 2014.
4. Michael Moss é jornalista investigativo e ganhador do Prêmio Pulitzer. Para um breve resumo de sua história sobre os cientistas que encontraram e exploraram o "ponto de êxtase", ver esse excerto de seu livro reimpresso no *The New York Times*, 24 fev., 2013.
5. Em seu livro, Schüll explora ideia de um estado como de transe que ela chama de "zona da máquina", em que os viciados em jogo jogam não para ganhar, mas simplesmente para continuar jogando. Quando esse projeto de máquina é associado ao foco dos cassinos no "gerenciamento de ambiente", o resultado é a dependência.

3 Como aplicar o pensamento não óbvio para diversão e lucro

1. Entrevista com Jim Cramer, fundador da RumChata, sobre conquistar os *millennials* com a marca de bebida alcoólica nº 1 nas redes sociais. Publicada na CNBC *Mad Money*, 15 set., 2017.
2. "How Carrots Became The New Junk Food", Douglas McGray. Publicado na *Fast Company,* 22 mar., 2001.

4 Identidade amplificada

1. "Pictures Reveal the Isolated Lives of Japan's Social Recluses", Laurence Butet-Roch e Maika Elan (fotos). Publicado na *National Geographic*, 14 fev., 2018.
2. "Growth of the 'Me-Time' Generation", Korea Herald. Publicado na *Star Online*, 25 set., 2016.
3. "The Startling Rise of the Narcissist and How to Recognise the Signs", Amanda Cassidy. Publicado em *Image*, 3 ago., 2019.

4. "Understanding the Multiple Horseshoe Bend Deaths and What to Do in Page, Arizona Instead". Disponível (em inglês) em: theobriensabroad.com, 23 out., 2019.
5. Will Storr em *Selfie,* p. 256 (Londres: Picador, 2017).
6. "Selfies Are Good for Girls", Rachel Simmons. Publicado em *Slate*, 20 nov., 2013.
7. "The Truth about Online Lying", Diane Aguilera. Publicado na *Stanford Magazine*, set., 2018.
8. "How Social Media Affects Our Wellbeing", Caitlin Hayes. Publicado na *Cornell Research*, s.d.
9. Embora sua citação seja amplamente conhecida, a história por trás da ascensão de Carnegie e como suas ideias se tornaram populares somente depois de ele ter passado 24 anos ministrando seu curso é uma história fascinante que é contada nesta biografia: *Dale Carnegie: The Man Who Influenced Millions*, de Giles Kemp e Edward Claflin (New York: St. Martin's Press, 1989). Também recontei essa história na abertura do meu livro *Likeonomics*.
10. "The Matrimony Matinee", Shobita Dhar. Publicado no *Times of India*.
11. "The Bizarre, Lucrative World of 'Unboxing' Videos", Heather Kelly. Publicado na revista CNN *Business*, 13 fev., 2014.
12. "Hacking the Attention Economy", dana boyd. Publicado em *Points, Data and Society Research Institute*, 5 jan., 2017.
13. "Bullying as True Drama", danah boyd e Alice Marwick. Publicado no *New York ; Times*, 22 set., 2011.
14. *Humilhado: Como a era da internet mudou o julgamento público*, Jon Ronson, p. 269 (Rio de Janeiro: Record, 2018).
15. "Deepfakes Are Dangerous – and They Target a Huge Weakness". Publicado no *Washington Post*, 16 jun., 2019.
16. "The Digital Afterlife Is Open for Business: But It Needs Rules", Dan Robitzski. Disponível (em inglês) em: futurism.com, 18 abr., 2018.
17. "How Dead Celebrities Are Being Created as Realistic Holograms". Publicado na *Wired*, 10 mai., 2018.

18. "Meet the Keswanis, the Family That's About to Become Your New Obsession", Julia Emmanuele. Publicado na revista *People*, 30 out., 2015.

19. "Rise of Xenophobia Is Fanning Immigration Flames in EU and US", Simon Tisdall. Publicado no *Guardian*, 22 jun., 2018.

20. "Racial Prejudice Has Declined as a Reaction to Trump's Presidency, a New Study Suggests", Isaac Stanley-Becker. Publicado no *Washington Post*, 24 mai., 2019.

21. "The Data Are In: Young People Are Increasingly Less Racist Than Old People". Publicado em *Quartz*, 24 mai., 2017.

5 Agenerização

1. Você pode ler mais sobre o projeto e ver o e-book completo com 40 colaboradores (em inglês) em: www.rohitbhargava.com/ personalityproject.

2. *Facebook Diversity*, publicado no Facebook, 26 fev., 2015.

3. "What I Learned from 'Gender Revolution'", Katie Couric. Publicado no *Huffpost*, 16 fev., 2017.

4. "54 Gender Identity Terms Every Ally Should Know", Kasandra Brabaw. Publicado em *Refinery29*, 31 mai., 2019.

5. "Butt-Kicking Teenage Girls: Coming Soon to a Theater Near You", Lily Rothman. Publicado na revista *Time*, 27 mar., 2014.

6. "Study: Generation Z and Gender", Shepherd Laughlin. Publicado em *J. Walter Thompson Intelligence*, 20 mai., 2015.

7. "What Women Want: How Orange Is the New Black Changed Female Narratives", Arielle Bernstein. Publicado no *Irish Times*, 26 jul., 2019.

8. *Priya's Shakti*. Ram Devineni, Lina Srivastava e Dan Goldman, (2014).

9. "#MeToo Brought Down 201 Powerful Men. Nearly Half of Their Replacements Are Women", Audrey Carlson, Maya Salam, Claire Cain Miller, Denise Lu, Ash Ngu, Jugal K. Patel, e Zach Wichter. Publicado no *The New York Times*, 29 out., 2018.

10. "The Fierce Female Characters of Film in 2018", Elizabeth Blair. Publicado no site npr.org, 27 dez., 2018.

11. "The Otherhood: Single Women Face 'Circumstantial Infertility'", Jacoba Urist. Publicado em *Today*, 4 mar., 2014.

12. "Publishing's Queen of the Teen Romance Finds Success with a Formula", Elizabeth Mehren. Publicado no *Los Angeles Times*, 20 abr., 1986.

13. "What Do Men Think It Means to Be a Man?" Ella Koeze e Anna Maria Barry-Jester. Publicado em *Five Thirty Eight*, 20 jun., 2016.

14. "Today's Masculinity Is Stifling", Sarah Rich. Publicado em *The Atlantic*, 11 jun., 2018.

15. "The Evolution of Fatherhood: Meet Dad 2.0". Disponível (em inglês) em: mdgadvertising.com, 16 jun., 2017.

16. "Football Player Breaks Gender Norms in Tide Ad", Bryce Covert. Publicado no site thinkprogress.org, 19 nov., 2013.

17. "Eight Facts about American Dads", Gretchen Livingstone e Kim Parker. Publicado pelo Pew Research Center, 12 jun., 2019.

18. "Why Millions of Mothers Are Overwhelmed by Stress", Alison Escalante. Publicado no *Psychology Today*, 6 mar., 2019.

19. "The New Dad", Brittany Levine Beckman. Publicado em Mashable, s.d.

20. "How Gender Fluidity Went Mainstream", Beth Desmond. Publicado em *New Statesman*, 12 jun., 2019.

21. "Which Box Do You Check? Some States Are Offering a Nonbinary Option", Amy Harmon. Publicado no *The New York Times*, 29 mai., 2019.

22. "The New Face of Covergirl Is a Guy", Jake Woolf. Publicado na *GQ*, 12 out., 2016.

23. "GQ's Verdict on Boy de Chanel", Teo Van den Broeke. Publicado na *GQ*, 18 dez., 2018.

24. "Men's Personal Care Market to Reach $166 Billion, Globally, by 2022", Yogita Sharma. Comunicado de imprensa, *Allied Market Research*, s.d.

25. "Girls' Legos Are a Hit? But Why Do Girls Need Special Legos?", Neda Ulaby. Publicado no site npr.com, 29 jun., 2013.

26. "Study: Generation Z and Gender", Shepherd Laughlin. Publicado no JWT Intelligence, 20 mai., 2015.

6 Conhecimento instantâneo

1. "Evolution of Behavioral and Brain Symmetries in Primates", William Hopkins. Disponível no YouTube, 8 dez., 2011.
2. "In 18 Years, a College Degree Could Cost about $500.000", Venessa Wong. Publicado em *Buzzfeed News*, 17 mar., 2017.
3. "Here's the Average Cost of College Tuition Every Year since 1971", Michael B. Sauter. Publicado em *USA Today*, 18 mai., 2019.
4. "Playing Different Games", Kevin Kiley. Publicado em *Inside Higher Ed.*, 16 jan., 2013.
5. *The End of College: Creating the Future of Learning and University of Everywhere*, Kevin Carey (Nova York: Riverhead Books, 2015).
6. "Why an Honors Student Wants to Skip College and Go to Trade School", Douglas Belkin. Publicado no *The Wall Street Journal*, 5 mar., 2018.
7. "Radical Programming School '42' Still Solving for the Skills Gap", Vivienne Walt. Publicado na revista *Fortune*, 16 mar., 2019.
8. "60 Years of Higher Ed – Really?", Alina Tugend. Publicado no *The New York Times*, 10 out., 2019.
9. "25 Years of 'Slacker' and the Quarter Century of Indie Cred It Spawned", Mike McPadden. Publicado em *Kindland*, 1º ago., 2016.
10. "Fazedor Faminto de Tempo." Disponível (em inglês) em: http://www.nonobvious.com/guides.
11. "Fender Is Expanding Its Audience through More Than Just Guitars", Amy X. Wang. Publicado na *Rolling Stone*, 18 out., 2018.
12. "How BuzzFeed Makes Money from Its Tasty Food Videos", April Glaser. Publicado na *Vox*, 15 fev., 2017.
13. "Hip-Hop Edtech Company Challenges Traditional Teaching Flow", Nigel Roberts. Publicado na *NewsOne*, 27 fev., 2017.
14. "The Idea That Successful People Can Teach Their Secrets Isn't New. Now MasterClass Is Selling It for $180", David S. Rudin. Publicado na *Vox*, 16 jan., 2019.

15. "Virtual Reality: A New Frontier for HVAC Training", Robert Waters. Disponível (em inglês) em: hpacmag.com, 23 fev., 2018.

16. "Virtual Reality Gets Real in the Operating Room", Andrew Zaleski. Publicado na *Fortune*, 9 jan., 2019.

17. "UPS Enhances Driver Safety Training with Virtual Reality". Comunicado de imprensa, UPS, 6 jun., 2019.

18. Project Zero, um grupo fundado na Harvard Graduate School of Education, estudou esse efeito do aprendizado lento e como "aprender é uma consequência de pensar" por mais de quatro décadas.

19. "The Race to Save the World's Disappearing Languages", Nina Strochlic. Publicado na *National Geographic*, 16 abr., 2018.

20. Idem.

21. "Here Are Some Essential Skills We've Lost from Our Ancient Ancestors", George Dvorsky. Publicado em *Gizmodo*, 23 set., 2015.

22. "Millennials May Be Losing Their Grip", Natalie Jacewicz. Disponível (em inglês) em: npr.com, 13 jun., 2016.

23. *The Shallows: What the Internet Is Doing to Our Brains*, Nicholas Carr (New York: Norton, 2011).

24. "Passive Haptic Learning: Learn to Type or Play Piano without Attention Using Wearables", Thad Starner e Caitlyn Seim. Publicado em *Georgia Tech GVU Center*, s.d.

25. "Elon Musk's Neuralink Says It's Ready for Brain Surgery", Ashlee Vance. Publicado em *Bloomberg Busdisnessweek*, 17 jul., 2019.

26. "Penn Study Finds Gray Matter Increases during Adolescence". Publicado em *Penn Medicine News*, 26 mai., 2017.

27. "Bilinguals of Two Spoken Languages Have More Gray Matter Than Monolinguals". Comunicado de imprensa, Georgetown University Medical Center, 16 jul., 2015.

28. "If You Want to Learn Faster, Overclock Your Audio and Video", Clive Thompson. Publicado em *Wired*, 11 fev., 2017.

29. "Using Time-Compression to Make Multimedia Learning More Efficient: Current Research and Practice", Raymond Pastore e Albert D. Ritzhaupt. Publicado em *TechTrends 59*, no. 2 (2015): 66–74.

7 Revivalismo

1. The Office "Local Ad" (Destaque de episódio). Disponível no YouTube, 20 out., 2017.
2. "After 79 years in print, Newsweek goes digital only", Jennifer Saba e Peter Lauria. Publicado em *Newsweek*, 18 out., 2012.
3. PwC's Global Entertainment & Media Outlook 2018-2022.
4. "Readers Still Prefer Physical Books", Ellen Duffer. Publicado em *Forbes*, 28 mai., 2019.
5. "Millennials and Gen Z Would Rather Text Each Other Than Do This, According to a New Study", Bill Murphy Jr. Publicado em *Forbes*, 26 out., 2017
6. "Why the Humble Notebook Is Flourishing in the iPhone Era", Josephine Wolff. Publicado em *The New Republic*, 21 jun., 2016.
7. "These online galleries are helping millennials become art collectors", Elisabeth Kiefer. Publicado em *The Washington Post*, 24 jul., 2018.
8. "The rise and rise of tabletop gaming", Don Jolin. Publicado em *The Observer*, 25 set., 2016.
9. "The Right to Repair Our Things", Bob Garfield. Publicado em *On the Media*, 22 mai., 2015.
10. "The real reason Boeing's new plane crashed twice". Disponível no canal Vox no YouTube, 15 abr., 2019.
11. "Global Smartphone Shipments Reached Record 1.55 Billion Units in CY 2017", Shobhit Srivastava. Publicado em *Counterpoint*, 2 fev., 2018.
12. "'Dumbphone' Sales Rise as People Seek to Disconnect and Be More Mindful", Rachel Hosie. Publicado em *Independent*, 20 ago., 2018.
13. "Wearables With Style?", Sara Kessler. Publicado em *FastCompany*, 14 nov., 2014.
14. "How to hack elections on Georgia's electronic voting machines", Mark Niesse. Publicado em *The Atlanta Journal-Constitution*, 18 abr., 2018.
15. "Should You Be Afraid of Election Hacking? Here's What Experts Say", Alejandro de la Garza. Publicado em *Time*, 25 out., 2018.

16. "'Putin Has Won': Mueller Report Details the Ways Russia Interfered in the 2016 Election", Dustin Volz e Alan Cullison. Publicado em *The Wall Street Journal*, 19 abr., 2019.

17. "Should You Be Afraid of Election Hacking? Here's What Experts Say", Alejandro de la Garza. Publicado em *Time*, 25 out., 2018.

18. Anúncio Kodak. Kosmo Foto, 20 set., 2019.

19. "Eastman Kodak Files for Bankruptcy", Michael J. de la Merced. Publicado em *Dealbook*, 19 jan., 2012.

20. "How Kodak Failed", Chunka Mui. Publicado em *Forbes*, 18 jan., 2019.

21. "Kodak invented the digital camera – then killed it. Why innovation often fails", David Gann. Publicado em *World Economic Forum*, 23 jun., 2016.

22. "The rise and fall of Kodak: By the numbers", 3 out., 2011.

23. "What Happened to Super 8 Film, and Why Was It So Great?", Remy Melina. Publicado em *Live Science*, 8 jun., 2011.

24. "Kodak's Magazine Kodachrome Celebrates All Things Print", 23 abr., 2018

25. "Kodak wants to resurrect itself. So it's looking to analog-obsessed teens", Kaitlyn Tiffany. Publicado na *Vox*, 13 set., 2018.

26. "When Arcade Games Meet Hipster Bars: The Resurgence of '80s Culture in Buenos Aires", Valentin Muro. Publicado em *Culture Trip*, 9 jul., 2018.

27. "The competition heats up: pair of new arcade bars open in Edmonton Friday", Margeaux Maron. Publicado em *Global News*, 19 set., 2019.

28. "U.S. Video Game Sales Reach Record-Breaking $43.4 Billion in 2018", 22 jan., 2019.

29. "Bit by Bit: Inside the Rise of Retro Gaming", Jake Rossen. Publicado em *MF*, 26 set., 2017.

30. "The Matrix: How have other 'fourth' films fared?", Paul Glynn. Disponível (em inglês) em: bbc.com, 21 ago., 2019.

31. "'Star Trek' Boss: Picard Leads 'Radically Altered' Life in CBS All Access Series", Aaron Couch e Lesly Goldberg. Publicado em *The Hollywood Reporter*, 8 jan., 2019.

32. "In the Quest for Italy's Rain Man", Ann Hood. Publicado na *National Geographic Traveller India*, 9 ago., 2018.
33. "Kari Voutilainen and Watchmaking by Hand", Simon de Burton. Publicado no *The New York Times*, 22 mar., 2018.
34. "Archaeology's future lies in 3D scanning the past", Tom Cheshire. Publicado em *Wired UK*, 8 jan., 2016.
35. "Preserving the Past for Museum Visitors of the Future", Geraldine Fabrikant. Publicado no *The New York Times*, 23 out., 2019.
36. "My Travels With Pinchas Gutter", Meredith Shifman. Publicado no blog do Museum of Jewish Heritage, 26 set., 2017.

8 Modo humano

1. Os números são de relatórios publicados em 2019: Uniform Application for Investment Adviser Registration e Report by Exempt Reporting Advisers.
2. "Financial Robo-Advisers Are Finding That a Little Human Touch Goes a Long Way", John Detrixhe. Publicado em *Quartz*, 26 jul., 2017.
3. "Where Machines Could Replace Humans – and Where They Can't (Yet)", Michael Chui, James Manyika e Mehdi Miremadi. Publicado em *McKinsey Digital*, s.d.
4. "How Shinola Went from Shoe Polish to the Coolest Brand in America", Robert Klara. Publicado em *AdWeek*, 22 jun., 2015.
5. "The Real History of America's Most Authentic Fake Brand", Stacy Perman. Publicado em *Inc.*, s.d.
6. "Koreans Have an Insatiable Appetite for Watching Strangers Binge Eat", Elise Hu. Disponível (em inglês) em: npr.com, 24 mar., 2015.
7. "Please Don't Kill Yourself", Anna Akana. Publicado em YouTube, 27 set., 2013.
8. "Beautiful, Gross, Strong, Thin, Fat, Pretty, Ugly, Sexy, Disgusting, Flawless, Woman", Amy Schumer. Publicado em Twitter, 30 nov., 2015.

9. "Winnie Harlow Proudly Shows Off Her Vitiligo in Stunning Body-Positive Selfie", Katie O'Malley. Publicado em *Elle*, 17 ago., 2017.

10. "One Fashion Brand Takes the 'No Photoshop Pledge.' Who's Next?", Megan Gibson. Publicado em *Time*, 19 ago., 2014.

11. "Tesco in Forres Introduces 'Relaxed' Lane". Disponível (em inglês) em: bbc.com, 18 jan., 2017.

12. "A Starbucks Opens Its First 'Signing Store' for the Deaf and Hard of Hearing in DC Today", Adia H. Robinson. Publicado em *Washingtonian*, 23 out., 2018.

13. "Microsoft Wants Autistic Coders. Can It Find Them and Keep Them?", Vauhini Vara. Publicado em *Fast Company*, 6 set., 2016.

14. "Tommy Hilfiger Releases Their Spring 2018 Adaptive Collection Campaign", Makita Rivas. Publicado em *Teen Vogue*, 4 abr., 2018.

15. "'1000 Cut Journey' Launches at Tribeca Film Festival", Brown Institute, Universidade Columbia, 26 abr., 2018.

16. "Welcome to Your Cell". Publicado em *Guardian Weekly*, s.d.

17. "How Virtual Reality Can Create the Ultimate Empathy Machine", Chris Milk. Publicado em *TED2015*, mar., 2015.

18. "Alone on the Open Road: Truckers Feel Like 'Throwaway People'", Trip Gabriel. Publicado em *The New York Times*, 22 mai., 2017.

19. "Japan's Prisons Are a Haven for Elderly Women", Shiho Fukada. Publicado em *Bloomberg Businessweek*, 16 mar., 2018.

20. "Older People Projected to Outnumber Children for the First Time in U.S. History", press release, U.S. Census, 13 mar., 2018.

21. "Preparing for an Aging Population", Danielle Arigoni. Publicado em AARP Livable Communities, mai., 2018.

22. "They Welcomed a Robot into Their Family; Now They're Mourning Its Death". Publicado em *Verge*, 19 jun., 2019.

9 Riqueza de atenção

1. "The Reality of Always Missing Out", Rohit Bhargava. Disponível (em inglês) em: medium.com, s.d.

2. "You Now Have a Shorter Attention Span Than a Goldfish", Kevin McSpadden. Publicado em *Time*, 14 mai., 2015.

3. Ver o site (em inglês) da Red Bull: www.redbullflugtagusa.com.
4. "Why Brands Are Building Their Own 'Museums', Where Immersion Is the Price of Entry", Kristina Monllos. Publicado em *AdWeek*, 7 ago., 2016.
5. Ver (em inglês): https://www.showclix.com/event/candytopia san-francisco.
6. "North Loop Men's Shop MartinPatrick3 Planning Another Expansion", Jahna Pelquin. Publicado em *Star Tribune*, 15 jun. 2018.
7. "Store Charges $5 'Showrooming' Fee to Looky-Loos", Amanda Kooser. Disponível (em inglês) em: cnet.com, 26 mar., 2013.
8. "Toys 'R' Us Announces First New Stores, But You Might Not Recognize Them". Publicado em *Forbes*, 18 jul., 2019.
9. "Samsung Delivers 12,500 Galaxy S7 Edge Olympic Games Limited Edition Phones to Rio 2016 Olympians". Comunicado de imprensa, Samsung, 4 ago., 2016.
10. Ver o site (em inglês) da Dreamery: https://dreamerybycasper.com/.
11. "Why Your Brain Loves Good Storytelling", Paul J. Zak. Publicado em *Harvard Business Review*, 28 out., 2014.
12. "Huda Kattan Spills the Beans on How She Built Her Beauty Empire", Sneha Mankani. Publicado em *Vogue*, 7 set., 2017.
13. "The 26 Most Influential People on the Internet". Publicado em *Time*, 26 jun., 2017.
14. "The Latest Acquisition Targets Are Indie Beauty Brands", Stephanie Holi-Nga Wong. Publicado em *Bloomberg Businessweek*, 23 mar., 2017.
15. "Japanese Pop Star Hatsune Miku Is Taking Over America – Never Mind That She's Not Human", Charles Poladian. Publicado em *International Business Times*, 1º jun., 2016.
16. "Interview with Cameron-James Wilson, Creator of Shudu, 'The World's First Digital Supermodel'", Aida Alti. Disponível (em inglês) em: wersm.com, 10 dez., 2018.
17. "Bella Hadid Makes Out with Lil Miquela in Calvin Klein Campaign", Nicole Sanders. Publicado em *Harpers Bazaar*, 16 mai., 2019.

18. "Why Crafty Internet Trolls in the Philippines May Be Coming to a Website Near You", Shibani Mahtani e Regine Cabato. Publicado em *Washington Post*, 25 jul., 2019.

19. "Researchers Taught AI to Write Totally Believable Fake Reviews, and the Implications Are Terrifying", Rob Price. Publicado em *Business Insider*, 29 ago., 2017.

20. "New York Times Subscription Growth Soars Tenfold, Adding 132,000, after Trump's Win", Matthew J. Belvedere e Michael Newberg. Disponível (em inglês) em: cnbc.com, 29 nov., 2016.

21. "Cable News Ratings: MSNBC, CNN, Fox News Post Double-Digit Growth in Q2", Joe Otterson. Publicado em *Variety*, 27 jun., 2017.

22. "The Liberal Response to Trump Is Devolving into Outrage Porn", Eric Sasson. Publicado em *New Republic*, 25 nov., 2016.

23. "How 'Breaking News' Broke the News", David Weigel. Publicado em *Slate*, 20 abr., 2012.

24. *The Attention Merchants*, Tim Wu (Nova York: Knopf, 2016), 23.

25. "TheSkimm Is Raising $12 Million from Google Ventures and Other Investors to Build Its Subscription Basis", Peter Kafka. Disponível (em inglês) em: vox.com., 15 mar., 2018.

26. "The Trouble with the Echo Chamber Online", Natasha Singer. Publicado em *The New York Times*, 28 mai., 2011.

10 Lucro com propósito

1. "The Next Hundred Years", Yvon Chouinard. Apresentado no Design of Prosperity 09, Universidade de Boras, 2 nov., 1995.

2. *Footprint Chronicles*, s.d. Disponível (em inglês) em: https://www.patagonia.com/footprint.html.

3. "Patagonia Founder Yvon Chouinard Is in Business to Save the Earth – Not Wall Street", Emily Stifler Wolfe. Publicado em *Esquire*, 24 abr., 2019.

4. "Patagonia's Unapologetically Political Strategy and the Massive Business It Has Built", Lindsay Blakely. Publicado em *Inc.*, 30 nov., 2018.

5. "Blood Diamonds", Aryn Baker. Publicado em *Time*, s.d. Disponível (em inglês) em: https://time.com/blood-diamonds/.
6. "What Is High-Fructose Corn Syrup? What Are the Health Concerns?" Katherine Zeratsky. Publicado em *Mayo Clinic*, s.d.
7. "CosmEthics Unveils the Truth behind Beauty Products". Publicado em *Helsinki Smart Region*, s.d.
8. "Meet AIM: The Aspiration Impact Measurement", Andrei Cherny. Publicado em Aspiration (blog), 26 abr., 2018.
9. "This Credit Car Won't Let You Buy Anything Else after You've Hit Your Annual Carbon Limit", Adele Peters. Publicado em *Fast Company*, 6 mai., 2019.
10. "Seventy-Three Percent of Millennials Are Willing to Spend More Money on This One Type of Product", Melanie Curtin. Publicado em *Inc.*, 20 mar., 2018.
11. "The Fifteen-Year-Old Climate Activist Who Is Demanding a New Kind of Politics", Masha Gessen. Publicado em *The New Yorker*, 2 out., 2018.
12. "Why Brands Are under Increasing Pressure to Be Transparent about What They Believe In", Dan Tynan. Publicado em *AdWeek*, 15 abr., 2018.
13. "How the Plastic Straw Ban Became the Biggest Trend of 2018", Brenna Houck. Publicado em *Eater*, 27 dez., 2018.
14. "Global Sustai nable Investments Rise 34 Percent Investments Rise to $30.7 Million", Emily Chasan. Disponível (em inglês) em: bloomberg.com, 1º abr., 2019.
15. "Millennials Drive Growth in Sustainable Investing". Publicado em *Morgan Stanley*, 7 ago., 2017.
16. "How Quitting Tobacco Reshaped CVS: Q&A with CEO Larry Merlo", Nathan Bomey. Publicado em *USA Today*, 3 set., 2019.
17. Disponível (em inglês) em: https://www.lego.com/en-us/aboutus/news-room/ 2018/march/pfp.
18. "Stella McCartney Is on a Quest to Save You from the Fashion Industry", Oliver Franklin-Watts. Publicado em *Wired*, 6 dez., 2018.

19. "Stony Creek Colors Is Convincing Tobacco Farmers to Grow Indigo, Building a Business on Natural Dyes", Amy Feldman. Publicado em *Forbes*, 17 ago., 2017.

20. "An Engineering Wunderkind's Ocean Plastics Cleanup Device Hits a Setback", Michel Martin e Amanda Morris. Disponível (em inglês) em: npr.com, 5 jan., 2019.

21. Dr. Eliza Shah e Paresh Shah, além de serem autores do livro *Lifters*, associaram-se à Non-Obvious Company, um empreendimento fundado pelo autor deste livro. Ver www.iamalifter.com.

22. "Companies that Practice 'Conscious Capitalism' Perform 10x Better", Tony Schwartz. Publicado em *Harvard Business Review*, 4 abr., 2013.

11 Abundância de dados

1. The Practice of Management, Peter Drucker, 1954.

2. "Why Some Cities Are Banning Facial Recognition Technology", vídeo da produtora Aubrey Patti. Publicado em *Wired*, 8 ago., 2019.

3. "The Big Data Explosion Sets Us Profound Challenges – How Can We Keep Up?", Daniel Zeichner. Publicado em *The Guardian*, 2 jul., 2016.

4. "How Farmers Business Network Plans To Disrupt Big Agra, One Farm At A Time", Alex Konrad. Publicado em *Forbes*, 7 mar., 2017.

5. "How Figure 1, The 'Instagram For Doctors' App, Plans To Introduce AI", Steven Melendez. Publicado em *FastCompany*, 14 jun., 2017.

6. The GovLab Index: govlab.com.

7. "Facebook Removed Nearly 3.4 Billion Fake Accounts In 6 Months", Vanessa Romo. Disponível (em inglês) em: npr.com, 23 mai., 2019.

8. "When Procter & Gamble Cut $200 Million in Digital Ad Spend, It Increased Its Reach 10%", Lauren Johnson. Publicado em *AdWeek*, 1º mar., 2018.

9. "13, right now", Jessica Contrera. Publicado em *The Washington Post*, 25 mai., 2016.
10. "Instagram is hiding likes in 6 more countries so you can post like no one's watching", MIX. Disponível (em inglês) em: thenextweb. com, 18 jul., 2019.
11. "Latest trends in medical monitoring devices and wearable health technology", Alicia Phaneuf. Publicado em *Business Insider*, 19 jul., 2019.
12. "Doctors and patients are drowning in data. What can be done about it?", Fred N. Pelzman, MD. Disponível (em inglês) em: kevinmd.com, 30 dez., 2017.
13. "Chinese Giant Ping An Looks Beyond Insurance To A Fintech Future", Shu-Ching Jean Chen. Publicado em *Forbes*, 6 jun., 2017.
14. "The Law & Economics of 'Owning Your Data'", Will Rinehart. Publicado em *American Action Forum*, 18 abr., 2018.
15. "China has started ranking citizens with a creepy 'social credit' system – here's what you can do wrong, and the embarrassing, demeaning ways they can punish you", Alexandra Ma. Publicado em *Business Insider*, 29 out., 2018.
16. "How the West Got China's Social Credit System Wrong", Louise Matsakis. Publicado em *Wired*, 29 jul., 2019.

12 Tecnologia protetora

1. "The Chatbot Therapist Will See You Now", Megan Molteni. Publicado em *Wired*, 7 jun., 2017.
2. "Can Facebook's Machine-Learning Algorithms Accurately Predict Suicide?", Diana Kwon. Publicado em *Scientific American*, 8 mar., 2017.
3. "Can Gambling Machines Prevent Addiction?", Dirk Hanson. Publicado em *Scientific American*, 1º nov., 2013.
4. "Episode 25: Meet the High School Student Who Is Changing Parkinson's Disease Diagnosis", Erin Smith. Podcast *The Parkinson's Foundation*, 27 mar., 2018.

5. "This Vending Machine Can Use Facial Recognition to Deny You Junk Food", Jenn Harriss. Publicado em *Los Angeles Times*, 10 dez., 2014.

6. "Delivery Robot Company Savioke Raises $13.4 Million to Expand into Hospitals", Khari Johnson. Publicado em *VentureBeat*, 28 jun., 2018.

7. "The Smartest Building in the World", Tom Randall. Publicado em *Bloomberg Businessweek*, 23 set., 2015.

8. "BroApp Sends Texts to Your GF, So You Can Spend More Time with Your Bros", John Brownlee. Publicado em *Fast Company*, 27 fev., 2014.

9. "High Above, Drones Keep Watchful Eyes on Wildlife in Africa", Rachel Nuwer. Publicado no *The New York Times*, 13 mar., 2017.

10. "China Is Launching Weather-Control Machines across an Area the Size of Alaska", Trevor Nace. Publicado em *Forbes*, 10 mai., 2018.

11. "Here's How We'll Control the Weather in 100 Years", Uma Sharma e Alyssa Pagano. Publicado em *Business Insider*, 19 jul., 2019.

12. "Is This Tiny European Nation a Preview of Our Tech Future?", Vivienna Walt. Publicado em *Fortune*, 27 abr., 2017.

13. "Attacks against Elections Are Inevitable – Estonia Shows What Can Be Done", Lilsa Past and Keith Brown. Publicado em *The Conversation*, 28 mar., 2019.

14. "Chaos Computer Club: How Did Computer 'Freaks' in Germany Come Together?", Jose Miguel Calatayud. Disponível (em inglês) em: politicalcritique.org, 8 jan., 2019.

15. "ElectionGuard available today to enable secure, verifiable voting", Tom Burt. Publicado em *Microsoft Press release*, 24 set., 2019.

16. "British 22-Year-Old's 'Robot Lawyer' App Raises $4.6m from Facebook Backers", James Titcomb. Publicado em *Telegraph*, 4 jul., 2019.

17. "This Clever New Service Auto-Cancels Your Free Trials", Emily Dreyfuss. Publicado em *Wired*, 17 jul., 2018.

18. "Twitter Taught Microsoft's AI Chatbot to Be a Racist Asshole in Less Than a Day", James Vincent. Publicado em *Verge*, 24 mai., 2016.

13 Comércio em fluxo

1. "Spain Abandons the Theatre", Fiona Govan. Publicado em *The Guardian*, 26 mar., 2013.
2. "To Get Around Tax Hike, Spanish Theater Sells Carrots, Not Tickets", Lauren Frayer. Disponível (em inglês) em: npr.org, 12 nov., 2012.
3. Veja o vídeo promocional desta campanha aqui: https://vimeo.com/97413457.
4. "Online Sales Boom for Mattresses Squished into Boxes", Rick Romell. Publicado em *Milwaukee Journal Sentinel*, 8 mai., 2017.
5. "Red Bull's billionaire maniac becomes a media mogul", Duff McDonald. Publicado em *Bloomberg Businessweek*, 22 mai., 2011.
6. "The Red Bull sporting dynasty: From football to F1 teams—all you need to know", Sam Few. Publicado em *Mirror*, 23 fev., 2019.
7. Disponível (em inglês) em: http://www.nbcnews.com/id/43112711/ns/business-us_business/t/red-bulls-billionaire-maniac-becomes-media-mogul/#.XylrwyhKjIU.
8. "Capital One Cafés: Coffee Shops or Bank Branches?", Jeffrey Pilcher. Publicado em *The Financial Brand*, s.d.
9. "Taco Bell's pop-up hotel reservations sell out in 2 minutes", Sherry Barkas. Publicado em *Palm Springs Desert Sun*, 28 jun., 2019.
10. "The Race – How IBM, Accenture, PwC and Deloitte Are Shaking Up the Marketing Industry", E. J. Schultz. Publicado em *AdAge*, 2 mai., 2017.
11. "Publishers are expanding their content studios to do more agency work", Max Willens. Publicado em *Digiday*, 4 out., 2018.
12. "Can Amazon Reinvent the Traditional Supermarket?", Barbara Kah e Mark Cohen. Publicado em *Knowledge@Wharton*, 21 mar., 2019.

13. "Demographic Shifts: Shaping the Future of Car Ownership", colaboradores parceiros. Publicado em *Knowledge@Wharton*, 21 fev., 2017.
14. "This Company Is Making Divorce Less Painful", Jeff Bercovici. Publicado em *Inc.*, out., 2015.
15. "Restaurants Are Using An App to Staff Their Kitchens", Kate Krader. Publicado em *Bloomberg Businessweek*, 18 abr., 2019.
16. "Uber launches staffing business in Chicago", John Pletz. Publicado em *Crain's Chicago Business*, 2 out., 2019.
17. "How Brazil's 'Uber For Trucks' Quietly Reached A $200 Million Run Rate In Just Six Years", Alex Konrad. Publicado em *Forbes*, 9 mar., 2018.
18. "On-demand warehouses power today's hip consumer brands", Patrick Sisson. Publicado em *Curbed*, 24 mai., 2019.
19. "Sorry, Power-Lunchers. This Restaurant Is a Co-Working Space Now", Nellie Bowles. Publicado no *The New York Times*, 8 jul., 2018.
20. "The retail apocalypse: traditional retail chains are dying across America", equipe Vox. Publicado em *Vox*, 1º abr., 2019.
21. "Smart Mirrors Transform Retail", Sabrina Sandalo. Publicado em *Antedote*, s.d.
22. "How Nearables Will Change Your Business", Amy Webb. Publicado em *Inc.*, set., 2015.
23. "Lowe's is using VR and AR to get people into stores", Suman Bhattacharyya. Publicado em *Digiday*, 25 jul., 2018.
24. "Skip the checkout: Cashier-free tech on the rise", Sophia Kunthara. Publicado em *San Francisco Chronicle*, 16 dez., 2018.
25. "How Online Shopping Makes Suckers of Us All", Jerry Useem. Publicado em *The Atlantic*, mai., 2017.
26. "Price-bots can collude against consumers", editores do *The Economist*. Publicado em *The Economist*, 6 mai., 2017.

Fontes ANTWERP, EUCLID FLEX
Papel ALTA ALVURA 90 g/m²
Impressão RR DONNELLEY